A Treatise on Money

• 1930 •

U0404307

约翰·梅纳德·凯恩斯文集

JOHN MAYNARD KEYNES

货币论

1

货币的纯理论

[英]约翰·梅纳德·凯恩斯 著
李井奎 译

復旦大學 出版社

中文版总序

约翰·梅纳德·凯恩斯 (John Maynard Keynes, 1883—1946) 是 20 世纪上半叶英国最杰出的经济学家和现代经济学理论的创新者,也是世界公认的 20 世纪最有影响的经济学家。凯恩斯因开创了现代经济学的"凯恩斯革命"而称著于世,被后人称为"宏观经济学之父"。凯恩斯不但对现代经济学理论的发展做出了许多原创性的贡献,也对二战后世界各国政府的经济政策的制定产生了巨大而深远的影响。他逝世 50 多年后,在 1998 年的美国经济学会年会上,经过 150 名经济学家的投票,凯恩斯被评为 20 世纪最有影响力的经济学家(芝加哥学派的经济学家米尔顿·弗里德曼则排名第二)。

为了在中文语境里方便人们研究凯恩斯的思想,由李井奎教授翻译了这套《约翰·梅纳德·凯恩斯文集》。作为这套《约翰·梅纳德·凯恩斯文集》中文版的总序,这里不评述凯恩斯的经济学思想和理论,而只是结合凯恩斯的生平而简略地介绍一下他的著作写作过程,随后回顾一下中文版的凯恩斯的著作和思想传播及翻译过程,最后略谈一下翻译这套《约翰·梅纳德·凯恩斯文集》的意义。

一

1883 年 6 月 5 日,约翰·梅纳德·凯恩斯出生于英格兰的剑桥郡。凯恩斯的父亲约翰·内维尔·凯恩斯 (John Neville Keynes, 1852—1949) 是剑桥的一位经济学家,曾出版过《政治经济学的范围与方法》(1891) 一书。凯恩

斯的母亲佛洛伦丝·艾达·凯恩斯（Florence Ada Keynes, 1861—1958）也是剑桥大学的毕业生，曾在 20 世纪 30 年代做过剑桥市的市长。1897 年 9 月，年幼的凯恩斯以优异的成绩进入伊顿公学（Eton College），主修数学。1902 年，凯恩斯从伊顿公学毕业后，获得数学及古典文学奖学金，进入学剑桥大学国王学院（King's College）学习。1905 年毕业后，凯恩斯获剑桥文学硕士学位。毕业后，凯恩斯又留剑桥一年，师从马歇尔和庇古学习经济学，并准备英国的文官考试。

1906 年，凯恩斯以第二名的成绩通过了文官考试，入职英国政府的印度事务部。在其任职期间，凯恩斯撰写了他的第一部经济学著作《印度的通货与金融》（*Indian Currency and Finance*, 1913）。

1908 年凯恩斯辞去印度事务部的职务，回到剑桥大学任经济学讲师，至1915 年。他在剑桥大学所讲授的部分课程的讲稿被保存了下来，收录于英文版的《凯恩斯全集》（*The Collected Writings of John Maynard Keynes*, London: Macmillan 1971—1983）第 12 卷。

在剑桥任教期间，1909 年凯恩斯以一篇讨论概率论的论文入选剑桥大学国王学院院士，而另以一篇关于指数的论文曾获亚当·斯密奖。凯恩斯的这篇概率论的论文之后稍经补充，于 1921 年以《概率论》（*A Treatise on Probability*）为书名出版。这部著作至今仍被认为是这一领域中极具开拓性的著作。

第一次世界大战爆发不久，凯恩斯离开了剑桥，到英国财政部工作。1919 年初，凯恩斯作为英国财政部的首席代表出席巴黎和会。同年 6 月，由于对巴黎和会要签订的《凡尔赛和约》中有关德国战败赔偿及其疆界方面的苛刻条款强烈不满，凯恩斯辞去了英国谈判代表团中首席代表的职务，重回剑桥大学任教。随后，凯恩斯撰写并出版了《和平的经济后果》（*The Economic Consequences of the Peace*, 1919）一书。在这部著作中，凯恩斯严厉批评了《凡尔赛和约》，其中也包含一些经济学的论述，如对失业、通货膨胀

和贸易失衡问题的讨论。这实际上为凯恩斯在之后研究就业、利息和货币问题埋下了伏笔。这部著作随后被翻译成多种文字，使凯恩斯本人顷刻之间成了世界名人。自此以后，"在两次世界大战之间英国出现的一些经济问题上，更确切地说，在整个西方世界面临的所有重大经济问题上，都能听到凯恩斯的声音，于是他成了一个国际性的人物"（Partinkin，2008，p.687）。这一时期，凯恩斯在剑桥大学任教的同时，撰写了大量经济学的文章。

1923 年，凯恩斯出版了《货币改革论》（*Tract on Monetary Reform*，1923）。在这本书中，凯恩斯分析了货币价值的变化对经济社会的影响，提出在法定货币出现后，货币贬值实际上有一种政府征税的效应。凯恩斯还分析了通货膨胀和通货紧缩对投资者和社会各阶层的影响，讨论了货币购买力不稳定所造成的恶果以及政府财政紧缩所产生的社会福利影响。在这本著作中，凯恩斯还提出了他自己基于剑桥方程而修改的货币数量论，分析了一种货币的平价购买力，及其与汇率的关系，最后提出政府货币政策的目标应该是保持币值的稳定。凯恩斯还明确指出，虽然通货膨胀和通货紧缩都有不公平的效应，但在一定情况下通货紧缩比通货膨胀更坏。在这本书中，凯恩斯还明确表示反对在一战前的水平上恢复金本位制，而主张实行政府人为管理的货币，以保证稳定的国内物价水平。

1925 年，凯恩斯与俄国芭蕾舞演员莉迪亚·洛波科娃（Lydia Lopokowa，1892—1981）结婚，婚后的两人美满幸福，但没有子嗣。

在《货币改革论》出版不到一年后，凯恩斯就开始撰写他的两卷本的著作《货币论》（*A Treatise on Money*，1930）。这部著作凯恩斯断断续续地写了5 年多，到 1930 年 12 月才由英国的麦克米兰出版社出版。与《货币改革论》主要是为关心现行政策有所不同，《货币论》则是一本纯货币理论的著作。"从传统的学术观点来看，《货币论》确实是凯恩斯最雄心勃勃和最看重的一部著作。这部著作分为'货币的纯理论'和'货币的应用理论'上下两卷，旨在使他自己能获得与他在公共事务中已经获得的声誉相匹配的学术声誉"

003

(Partinkin, 2008, p.689)。该书出版后不久，凯恩斯在 1936 年 6 月 "哈里斯基金会" 所做的一场题为 "论失业的经济分析" 讲演中，宣称 "这本书就是我要向你们展示的秘密——一把科学地解释繁荣与衰退（以及其他我应该阐明的现象）的钥匙"（Keynes, 1971—1983, vol.13, p.354）。但是凯恩斯的希望落了空。这部书一出版，就受到了丹尼斯·罗伯逊（Dennis Robertson）、哈耶克（F. A. von Hayek）和冈纳·缪尔达尔（Gunnar Myrdal）等经济学家的尖锐批评。这些批评促使凯恩斯在《货币论》出版后不久就开始着手撰写另一本新书，这本书就是后来的著名的《就业、利息和货币通论》（Keynes, 1936）。

实际上，在这一时期，由于凯恩斯广泛参与了英国政府的经济政策的制定和各种公共活动，发表了多次讲演，在 1931 年凯恩斯出版了一部《劝说集》（*Essays in Persuasion*, 1931），其中荟集了包括著名的凯恩斯关于 "丘吉尔先生政策的经济后果"（The Economic Consequence of Mr Churchill, 1923）、"自由放任的终结"（The End of Laissez-faire, 1926）等小册子、论文和讲演稿。1933 年，凯恩斯出版了《通往繁荣之道》（*The Means to Prosperity*, 1933），同年还出版了一本有关几个经济学家学术生平的《传记文集》（*Essays in Biography*, 1933）。

在极其繁忙的剑桥的教学和财务管理工作、《经济学杂志》的主编工作及广泛的社会公共事务等等活动间歇，凯恩斯在 1934 年底完成了《就业、利息和货币通论》（《通论》）的初稿。经过反复修改和广泛征求经济学家同行们的批评意见和建议后完稿，于 1936 年 1 月由英国麦克米兰出版社出版。在《通论》中，凯恩斯创造了许多经济学的新概念，如总供给、总需求、有效需求、流动性偏好、边际消费倾向、乘数、预期收益、资本边际效率、充分就业，等等，运用这些新的概念和总量分析方法，凯恩斯阐述了在现代市场经济中收入和就业波动之间的关系。他认为，按照古典经济学的市场法则，通过供给自行创造需求来实现市场自动调节的充分就业是不可能的。因为社会

004

的就业量决定于有效需求的大小，后者由三个基本心理因素与货币量决定。这三个基本心理因素是：消费倾向，对资本资产未来收益的预期，对货币的流动偏好（用货币形式保持自己收入或财富的心理动机）。结果，消费增长往往赶不上收入的增长，储蓄在收入中所占的比重增大，这就引起消费需求不足。对资本资产未来收益的预期决定了资本边际效率，企业家的预期的信心不足往往会造成投资不足。流动偏好和货币数量决定利息率。利息率高，会对投资产生不利影响，也自然会造成投资不足。结果，社会就业量在未达到充分就业之前就停止增加了，从而出现大量失业。凯恩斯在就业、利息和货币的一般理论分析基础上所得出的政策结论，就是应该放弃市场的自由放任原则，增加货币供给，降低利率以刺激消费，增加投资，从而保证社会有足够的有效需求，实现充分就业。这样，与古典经济学家和马歇尔的新古典经济学的理论分析有所不同，凯恩斯实际上开创了经济学的总量分析。凯恩斯本人也因之被称为"宏观经济学之父"。实际上，凯恩斯自己也更加看重这本著作。在广为引用的凯恩斯于 1935 年 1 月 1 日写给萧伯纳（George Bernard Shaw）的信中，在谈到他基本上完成了《就业、利息和货币通论》这部著作时，凯恩斯说："我相信自己正在撰写一本颇具革命性的经济理论的书，我不敢说这本书立即——但在未来 10 年中，将会在很大程度上改变全世界思考经济问题的方式。当我的崭新理论被人们所充分接受并与政治、情感和激情相结合，它对行动和事务所产生的影响的最后结果如何，我是难以预计的。但是肯定将会产生一个巨变……"（转引自 Harrod, 1950, p.545）。诚如凯恩斯本人所预期到的，这本书出版后，确实引发了经济学中的一场革命，这在后来被学界广泛称为"凯恩斯革命"。正如保罗·萨缪尔森在他的著名的《经济学》（第 10 版）中所言："新古典经济学的弱点在于它缺乏一个成熟的宏观经济学来与它过分成熟的微观经济学相适应。终于随着大萧条的出现而有了新的突破，约翰·梅纳德·凯恩斯出版了《就业、利息和货币通论》（1936）。从此以后，经济学就不再是以前的经济学了。"（Samuelson, 1976, p.845）

在《通论》出版之后，凯恩斯立即成为了在全世界有巨大影响的经济学家，他本人也实际上成了一位英国的杰出政治家（statesman）。1940年，凯恩斯重新回到了英国财政部，担任财政部的顾问，参与二战时期英国政府一些财政、金融和货币问题的决策。自《通论》出版后到第二次世界大战期间，凯恩斯曾做过许多讲演，这一时期的讲演和论文，汇集成了一本名为《如何筹措战费》（*How to Pay for the War*, 1940）的小册子。1940年2月，在凯恩斯的倡议下，英国政府开始编制国民收入统计，使国家经济政策的制定有了必要的工具。因为凯恩斯在经济学理论和英国政府经济政策制定方面的巨大贡献，加上他长期担任《经济学杂志》主编和英国皇家经济学会会长多年，1929年他被选为英国科学院院士，并于1942年被英国国王乔治六世（George VI）晋封为勋爵。

自从1940年回到英国财政部，凯恩斯还多次作为英国政府的特使和专家代表去美国进行谈判并参加各种会议。1944年7月，凯恩斯率英国政府代表团出席布雷顿森林会议，并成为国际货币基金组织和国际复兴与开发银行（后来的世界银行）的英国理事，在1946年3月召开的这两个组织的第一次会议上，凯恩斯当选为世界银行第一任总裁。

这一时期，凯恩斯除了继续担任《经济学杂志》的主编外，还大量参与英国政府的宏观经济政策的制定和社会公共活动。极其紧张的生活和工作节奏，以及代表英国在国际上的艰苦的谈判，开始损害凯恩斯的健康。从1943年秋天开始，凯恩斯的身体健康开始走下坡路。到1945年从美国谈判回来后，凯恩斯已经疲惫不堪，处于半死不活的状态（Skidelsky, 2003, part 7）。最后，1946年4月21日，凯恩斯因心脏病突发在萨塞克斯（Sussex）家中逝世。凯恩斯逝世后，英国《泰晤士报》为凯恩斯所撰写的讣告中说："要想找到一位在影响上能与之相比的经济学家，我们必须上溯到亚当·斯密。"连长期与凯恩斯进行理论论战的学术对手哈耶克在悼念凯恩斯的文章中也写道："他是我认识的一位真正的伟人，我对他的敬仰是无止境的。这个世界没

有他将变得更糟糕。"(Skidelsky, 2003, p.833)半个多世纪后，凯恩斯传记的权威作者罗伯特·斯基德尔斯基在其1 000多页的凯恩斯传中最后说："思想不会很快随风飘去，只要这个世界需要，凯恩斯的思想就会一直存在下去。"（同上，p.853）

二

1929—1933年，西方世界陷入了有史以来最为严重的经济危机。面对这场突如其来的大萧条，主要西方国家纷纷放弃了原有自由市场经济的传统政策，政府开始以各种形式干预经济运行，乃至对经济实施管制。当时，世界上出现了德国和意大利的法西斯主义统制经济和美国罗斯福新政等多种国家干预经济的形式。第二次世界大战期间，许多西方国家按照凯恩斯经济理论制定和实施了一系列国家干预的政策和措施。凯恩斯的经济理论随即在世界范围内得到广泛传播。这一时期的中国，正处在南京国民政府的统治之下。民国时期的中国经济也同样受到了世界经济大萧条的冲击。在这样的背景之下，中国的经济学家开始介绍凯恩斯的经济理论，凯恩斯的一些著作开始被翻译和介绍到中国。从目前来看，最早将凯恩斯的著作翻译成中文的是杭立武，他翻译的《自由放任的终结》（书名被翻译为《放任主义告终论》，凯恩斯也被译作"坎恩斯"），1930年由北京一家出版社出版。凯恩斯1940年出版的小册子《如何筹措战费》，也很快被翻译成中文，由殷锡琪和曾鲁两位译者翻译，由中国农民银行经济研究处1941年出版印行。在民国时期，尽管国内有许多经济学家如杨端六、卢逢清、王烈望、刘觉民、陈国庆、李权时、陈岱孙、马寅初、巫宝三、杭立武、姚庆三、徐毓枬、滕茂桐、唐庆永、樊弘、罗蘅苏、胡代光、刘涤源和雍文远等人，都用中文介绍了凯恩斯的经济学理论，包括他的货币理论和财政理论，但由于凯恩斯的货币经济学著作极其艰涩难懂，他的主要经济学著作在民国时期并没有被翻译成中文。这一时期，凯恩斯的经济学理论也受到一些中国经济学家的批评和商榷，如哈耶克的弟

子、时任北京大学经济学教授的蒋硕杰,等等。

在中文语境下,最早完成凯恩斯《通论》翻译的是徐毓枬。徐毓枬曾在剑桥大学攻读经济学博士,还听过凯恩斯的课。从剑桥回国后,徐毓枬在中国的高校中讲授过凯恩斯的经济学理论。实际上,早在1948年徐毓枬就完成了《通论》的翻译,但经过各种波折,直到1957年才由三联书店出版。后来,徐毓枬翻译的凯恩斯的《通论》中译本也被收入商务印书馆的汉译世界学术名著丛书系列(见宋智丽、邹进文,2015,第133页)。1999年,高鸿业教授重译了凯恩斯的《通论》,目是前在国内引用最多和最权威的译本。2007年南海出版社曾出版了李欣全翻译的《通论》,但在国内并不是很流行。1962年,商务印书馆出版过由蔡受百翻译的凯恩斯的《劝说集》。凯恩斯的《货币论》到1997年才被完整地翻译为中文,上卷的译者是何瑞英(1986年出版),下卷则由蔡谦、范定九和王祖廉三位译者翻译,刘涤源先生则为之写了一个中译本序言,后来,这套中译本也被收入商务印书馆的汉译世界学术名著丛书。2008年,陕西师范大学出版社出版了凯恩斯《货币论》另一个汉译本,上卷由周辉翻译,下卷由刘志军翻译。凯恩斯的《和约的经济后果》由张军和贾晓屹两位译者翻译成中文,由华夏出版社2008年出版。凯恩斯的《印度的货币与金融》则由安佳翻译成中文,由商务印书馆2013年出版。凯恩斯的《货币改革论》这本小册子,多年一直没见到甚好的中译本,直到2000年,才由改革出版社出版了一套由李春荣和崔铁醴编辑翻译的《凯恩斯文集》上下两卷,上卷中包含凯恩斯的《货币改革论》的短篇,由王丽娜、陈丽青和李晶翻译。到2013年,由中国社会科学出版社重新出版了这套《凯恩斯文集》,但分为上、中、下三卷,由李春荣和崔人元主持编译。

三

尽管凯恩斯是20世纪最有影响力的经济学家,但是,由于其经济学理论尤其难懂且前后理论观点多变,英语语言又极其优美和灵活,加上各种各样

的社会原因，到目前为止，英文版的 30 卷《凯恩斯全集》还没有被翻译成中文。鉴于这种状况，李井奎教授从 2010 年之后就致力于系统地翻译凯恩斯的主要著作，先后翻译出版了《劝说集》(2016)、《通往繁荣之路》(2016)、《〈凡尔赛和约〉的经济后果》(2017)、《货币改革略论》(2017)。这些译本将陆续重新收集在本套丛书中，加上李井奎教授重译的凯恩斯的《货币论》《印度的通货与金融》《就业、利息和货币通论》，以及新译的《论概率》《传记文集》等，合起来就构成这套完整的《约翰·梅纳德·凯恩斯文集》。这样，实际上凯恩斯出版过的主要著作绝大部分都将被翻译成中文。

自 1978 年改革开放以来，中国开启了从中央计划经济向市场经济的制度转型。到目前为止，中国已经基本形成了一个现代市场经济体制。在中国市场化改革的过程中，1993 年中国的国民经济核算体系已经从苏联、东欧计划经济国家采用的物质产品平衡表体系（简称 MPS）的"社会总产值"，转变为西方成熟市场经济体制国家采用的国民经济统计体系，简称 SNA 核算，从而国内生产总值（即 GDP）已成了中国国民经济核算的核心指标，也就与世界各国的国民经济核算体系接轨了。随之，中国政府的宏观经济管理包括总需求、总供给、CPI，货币、金融、财政和汇率政策，也基本上完全与现代市场经济国家接轨了。这样一来，实际上指导中国整个国家的经济运行的经济理论也不再是古典经济学理论和斯大林的计划经济理论了。

现代的经济学理论，尤其是宏观经济学理论，在很大程度上可以说是由凯恩斯所开创的经济学理论。但是，由于一些经济学流派实际上并不认同凯恩斯的经济学理论，在国际和国内仍然常常出现一些对凯恩斯经济学的商榷和批判，尤其是凯恩斯经济学所主张的政府对市场经济过程的干预（实际上世界各国政府都在这样做），为一些学派的经济学家所诟病。更为甚者，一些经济学人实际上并没有认真读过凯恩斯的经济学原著，就对凯恩斯本人及其经济学理论（与各种各样的凯恩斯主义经济学有区别，英文为"Keynesian economics"）进行各种各样的批判，从而实际上在许多方面误读了凯恩斯原

本的经济学理论和主张。在此情况下，系统地把凯恩斯的主要著作由英文翻译成中文，以给中文读者一个较为容易理解和可信的文本，对全面、系统和较精确地理解凯恩斯本人的经济学理论，乃至对未来中国的理论经济学的发展和经济改革的推进，都有着深远的理论与现实意义。

是为这套《约翰·梅纳德·凯恩斯文集》的总序。

韦 森

2020 年 7 月 5 日谨识于复旦大学

参考文献

Harrod, Roy, F., 1951, *The Life of John Maynard Keynes*, London：Macmillan.

Keynes, John Maynard, 1971-1983, *The Collective Writings of John Maynard Keynes*, 30 vols., eds. by Elizabeth S. Johnson, Donald E., Moggridge for the Royal Economic Society, London：Macmillan.

Partinkin, Don, 2008, "Keynes, John Maynard", in Steven N. Durlauf & Lawrence E. Blume eds, *The New Palgrave Dictionary of Economics*, 2nd ed., London：Macmillan, vol.4, pp.687-717.

Samuelson, Paul A. 1976, *Economics*, 10th ed., New York：McGraw-Hill.

Skidelsky, Robert, 2003, *John Maynard Keynes 1883-1946*, *Economist*, *Philosopher*, *Stateman*, London：Penguin Book.

宋丽智、邹进文，2015，《凯恩斯经济思想在近代中国的传播与影响》，《近代史研究》，2015 年第 1 期，第 126—138 页。

作者序言

在这部专论第三篇和第四篇，关于货币理论的那些基本问题，我提出了一套新颖的研究方法。我的目的一直是要找到这样一种方法，它不仅可以用来描述静态均衡的特征，而且也可以用来描述非均衡的特征。同时，对于货币体系从一种均衡状态过渡到另外一种均衡状态背后隐藏的动态规律，也可以藉由它来发现。对这一问题的讨论，构成了本书第一卷《货币的纯理论》的核心内容。在第二卷《货币的应用理论》中，我力图结合定量和定性的方法，并主要以英、美两国今日之事实，对所讨论的数量的量级尽我所能地善加估计。在本卷中，我也描述了现代银行与货币体系的主要特点，讨论了实践领域当中货币管理的目标与方法。

当我阅读本书校样时，深感其中大有缺点存焉。写作此书，耗费了我好几年的光阴，其间还有不少其他的工作，使得时间拖得很长。在这个过程当中，我的思想不断发展和变化，由此造成的结果是，本书各部分之间彼此并不是完全协调。写完这本书时我的思想与刚开始写作它时的想法已经相去甚远。因此，恐怕这会使本书中很多内容代表的，乃是我摈弃原有看法并寻求今日之认识的过程。本书的字里行间，必有许多已为我抛弃之内容充斥其间。是故，如果我把此书从头写过，或可写得更好一些，也会简短得多。我感到自己就像一个从莽莽榛榛的丛林当中奋力钻出来的人。如今，我已经钻了出来，回首望去，才发现原本是可以走另外一条更加直接的终南捷径的。当日途中那些困扰我的问题和疑难，今日视之，意义已殊为不同。虽然如

此，我还是希望能够将本书敬呈于全世界面前，因为即便本书只代表着一种资料汇编，而不是一部技艺精湛之作，就现阶段而言，此书的出版也仍有其价值所在。

其次，我在本书中试图以一种系统性的专论形式，兼具纯理论与应用理论，与许多原可独立成篇的专题讨论结合起来，如此处理也许显得不够聪明。这些准离题的讨论中最重要的部分，是关于指数的第二篇以及关于投资率波动的第六篇。尤其是第二篇，把本书第三篇和第四篇中对基本理论进行的主要探讨推后了许多页；可能有些读者在阅读时宁愿略过这些章节，或者先行跳过，然后再回头去看。

令我感到苦恼的另外一个不利条件，是没有任何模式可以供我依循，从而对不同主题进行正确的安排和整理。对此类问题进行阐述，其最佳之途只能经由一系列的著作者们的经验，逐渐体悟。不过，虽然我的研究领域举世的大学都设课立学，但令人倍感奇特的是，据我所知，尚还没有人以哪一种语言印行过有关此的任何专论，对风行于现代世界的代用货币 (representative money) 之理论与事实进行系统而透彻的研究。我希望用我现在所掌握的经验，在较小的规模上，预作铺垫，尝试着发现解释这一问题的最佳途径。

我认为，对本书所论主题的正确理解，就世界的福利言之，当有极大的实际意义。如果我对此能做出一点贡献，那也是受益于我在剑桥工作时的切磋讨论之风。D. H. 罗伯特逊 (D. H. Roberterson) 先生对某些基本的问题提出了敏锐的看法，如果没有他在思想上的帮助，本书断不可能呈现出它当下的这种形式。在本书逐渐发展定型并得以避免许多错误上，我最要感谢的是剑桥大学国王学院的 R. F. 卡恩先生 (R. H. Kahn)，在本书的许多篇章里，都留有他细心而敏锐的痕迹，而且索引也是出于他手。在写作本书的不同阶段，还有很多人提供了帮助，其中尤其值得一提的是 H. D. 亨德森先生 (H. D. Henderson)。

在本书绝大部分已经付印后，我被委派到由麦克米兰勋爵 (Lord Mac-

millan）担任主席的财政部金融与工业委员会工作。所以，本书第二卷中提出来的实际建议，只代表我到该委员会工作以前的意见，不代表该委员会将来进行报告时的意见。

对于爱丁堡的两位克拉克先生，我深表谢忱，他们抱持着极大的耐心，对校样精益求精；由于持续不断的修改和增补，使他们的校样曾长时间地保持着铅字版的样式，这都是我一定要向他们二位谨致谢意的原因。

J. M. 凯恩斯

1930 年 9 月 14 日写于剑桥大学国王学院　xix

外文版序言[1]

自从本书英国版于 1930 年秋季出版以来，世界事务当中大事件迭出。不惜忍受苦痛和担负高昂的成本而于战后得到恢复的、具有重要历史影响的金本位制度，业已分崩离析；要让它旧貌换新颜，重振昔日雄风，已不可复得。撰写此书之际，我是相当悲观的，但我仍然认为，向这个世界实际运行的制度安排致以应有的敬意还是无可厚非的。我感到，这个世界主要的中央银行从来都不愿意放弃任何现有形式的金本位制度；我也不希望发生一场足够猛烈的大灾难，使它们很不情愿地摆脱金本位制度。因此，唯一现实的希冀就是以现有的金本位制度为起点，逐步向世界管理通货制度的各种形式演变。基于这些考虑，我写道（本书第二卷，原书第 302 页）[2]：在实际恢复金本位制度之前，我曾拥护其他的方案（见拙著《货币改革略论》），"尽管国际金本位自其五年前恢复以来，运行之无效率令人咋舌（坐实了反对者最糟糕的担心和最暗淡的预言），给全世界所带来的经济损失除这一次大战之外无出其右，"但既然已经恢复了金本位制度，那就最好接受这一既成事实，并把它作为我们的起点。

但我也提及（本书第二卷，原书第 261 页），如果在其他方案下进行，这

1　本序言是凯恩斯为本书日文版撰写的，时间是 1932 年 4 月。在凯恩斯未出版的文稿中，有一篇写给德文版的序言，除了若干字句略有差别，其他均与本文相同，由于该文稿标明的时间是 1931 年 10 月，所以译者就选择了这篇日文版序言译出。——译者注

2　本译文行文中提到的相关页码，均为英文版原书页码。在本译稿中，英文版原书页码以边码形式标注。——译者注

种演变可能会是另外一番景象。如果拥护金本位制度的人想要避免一场革命，那么，他们就必须非常明智且温文一些才行。而事实上，他们既不明智，也不温文，而且革命已然大兵压境。就在我写下这些文字之时，金本位的世界体系中很大一部分已经崩解。因此，现在我们至少没有什么必要再对这一事实上的制度安排表示尊重了。我们可以自由地重建一项新的计划，有鉴于新的环境，我有意重提九年前在拙著《货币改革略论》中所给出的那些一般性发展建议。现在，我看到了不远的将来所存在的这样一种可能性：这个世界，各个国家将会分成两大集团，其中一个还会在一段时间内坚持严格的金本位制度，另外一个则旨在追求某种形式的物价稳定，同时维持着与黄金之间明确但又不那么严格的关系。例如，我内心中所设想的是通货联盟的思想，这个联盟可能包括大英帝国、日本、南美洲、中欧和斯堪的纳维亚诸国，它们共享着一套通货单位，该单位的价值在通常情况（比如说）的 5% 左右范围内保持稳定（即波动幅度为 10%）。这一通常情况乃是按照由主要国际贸易商品构成的复合商品计算所得到的结果，而这些商品也是拥护新通货联盟的国家所主要感兴趣的商品。不同国家的通货单位与新国际单位之间的关系，将以按照恢复到 1929 年之前水平的商品价值之方式来确定，不同国家通货单位按照货币成本计算的内在价值在 1929 年之前与世界其他国家处于失衡状态时的某些调整，也应考虑在内。此外，新通货单位与黄金之间总是保持一种明确的，但并非不可变的关系。也就是说，新通货联盟的中央银行将发布它们的黄金买卖价格（拥有着比此前在本书第二卷第三十六章所建议的那些更加宽广的黄金输送点），只要为求价格稳定而参照根据黄金计算的国际物价波动需要做出这样的波动，即可以根据共同的协议而不时地加以改变，尽可能一段时期内保持在（比如说）1% 的阶段上。按照我的设想，新联盟的中央银行应不定期会商，以探讨有关银行利率、信贷量、新货币发行市场以及黄金价格等的共同政策。

在这里，我假设某些主要的国家将继续坚持严格的金本位制度，而如果

真是这种情况，这也会切实有助于管理新国际单位。这是因为，金本位国家必然首当其冲，受到国际贸易量波动以及按照黄金计算的均衡工资水平波动对世界投资的影响的冲击。另外一方面，如果**所有**主要国家都打算（或迟或早而已）表明它们有意放弃金本位制度而加入管理货币这个国际计划，科学地草拟计划方案而不顾恤那些陈腐的愚见，情况当然就会是另外一番景象。对于这番景象，我将热烈欢迎；对于其可能性，我也会加以探究。

还有一些纯理论上的兴趣，我也希望借此机会提上几句。对于我在本书第三篇所提到的那些理论，有些特性我发现曾被广泛地误解。下面，我假设读者已经对本书第三篇的内容已经有所了解。

在货币理论中，**储蓄**与**投资**的区分，或者至少是强制储蓄与自愿储蓄之间的区分，并不是全新的概念。在本书第一卷，（原书）第154页，我曾就这方面的文献加以评述。由于米塞斯教授在1912年出版了他的《货币与信贷原理》一书，所以这类观念在德国和奥地利的文献中已经得到流传，尤其是在熊彼特教授的著作以及哈耶克博士的近期作品里，这类观念尤为见重；罗伯特逊的《银行政策与物价水平》一书于1926年将其引介到了英国经济学中来。但我发现，许多读过我的作品的读者却忽略了我的理论与其先行者某些重要的差异，借此机会，我对此重新加以强调。

我认为，这种差别源自于先前对**储蓄**或**自愿储蓄**的含义缺乏清晰的定义。人们认为我对**收入**的定义自相矛盾，这是因为我把意外所得之盈利或亏损排除在了收入之外（这一点后文进行了解释），而我把储蓄定义为上述定义下的收入超过用于消费支出的部分，从而与我对**收入**的定义相互因应。但我认为，那些反对这些定义的人们自始至终都是在拒绝这些定义的情况下得出他们的结论的。这是因为，设若意外所得之盈利与亏损包含在收入之内，即收入不是被定义为 E，而是 $E+O$（按照第一卷第十章的符号来表示），而储蓄是如此定义之下的收入超出消费支出的部分，那么，我们就可以得出这样的结论：储蓄在所有情况下均与当前的投资价值相等。也即是说，总储蓄

量不再是一个独立存在的因素。它的量不可能受到收入的不同所有者的自愿决策所影响，这类自愿决策即他们把其收入中的多少用于消费的决策；这个量仅仅取决于当前投资价值碰巧是多少。对于我来说，这里之所以令人感到自相矛盾，似乎与我对这些术语的使用有关，而且我也的确不是非常清楚在"自愿"储蓄和"强制"储蓄之间这个定义的确切差异到底在哪里。

这就把话题转到了一个更为基本的问题上来。除我自己的理论之外的所有其他理论均认为"强制"储蓄（根据他们的术语来理解）乃是由于银行系统的某种行为所导致的现象，他们对这种现象的描述也五花八门，有的把它说成是一种通胀行为，有的说是信贷的扩张表现，还有的把它说成是银行体系偏离了"中性"的角色定位所致。有的时候，强制储蓄量被认为与货币量或信贷量的增量，又或者超出维持"中性"角色所需信贷量的增量相等。有的时候，还需要再添上其他条件，例如，罗伯特逊先生在近期有关这一主题的著作中，特别将它与增加通货贮存量所带来的效果，或者在扩大或抵消银行系统扩张或压缩信贷之影响而由公众持有的银行货币的效果联系了起来。如果我的理解没错的话，那么通货投资的货币价值（或换种说法，生产的货币成本，但这个概念也不总是清楚可辨）之概念，即这个社会资本当前增量的货币价值（或成本），就是以下两个部分加在一起得到的，这前一个部分等于公众的"自愿"储蓄，后一个部分（可能为正也可能为负）等于考虑了某些抵消之后由银行体系创造的通货和银行货币量的变化量。

我希望加以强调的是，虽然这与本书的理论存在着某种相似，但它不是本书的理论。我认为，我适才努力加以概述的概念基本上都是很模糊的，要想彻底地搞清它们，那就得进行一系列的修正，只有这样才能使之与我自己的理论达成一致。不过，在这里，我的主要目标并不是辩明谁对谁错，而是提请读者们注意以下事实：我的理论与上述罗列出来的理论是**迥然有异**的。这是因为，我认为，银行体系奉行的政策影响着储蓄与投资价值之间的差额，但同时我却不认为这一差额与信贷量之间有什么直接的、必然的或不变

的关系，无论是否考虑各种具体的抵消情况，都是这样。不管怎样，我的这个看法都可以从银行与通货统计知识中推导出来。

我可以用两个事例简要地阐明我的观点。在第一个例子里，无需银行体系发挥什么作用，储蓄与投资价值的差额即可得到发展。在第二个例子里，银行体系维持货币流通速度不变的政策会积极地对投资价值及其余储蓄量的关系做出反应。当投资不足给企业家带来损失，而通过新货币发行市场而提高现金持有量，或者通过把现有资产售卖给那些把货币储蓄起来超过了当前投资价值的公众，这种损失得到补充时，第一例子的情况就出现了。这种操作无关于银行体系。除了储蓄者因其储蓄量而更富裕，生产者因其损失量而更贫穷，财产在这两个阶级之间就必需的数量换了换手之外，什么也没有发生。对于这种现象的出现，银行体系无论采取的措施是否积极，都是没有必要的。此种现象可能直接来自公众的储蓄倾向或企业家投资的意愿。为了想要更大的流动性，如果我以压低证券或其他资产价格的结果来出售这些证券或资产，那么，当银行体系以固定的关系使银行货币量既与货币交易量，又与这个社会的货币收入保持一种固定的关系时，第二个例子的情况就出现了。这是因为，由于我对这些证券和资产的出售而导致的资本资产价格的下降，将会对投资的当下产出之价格产生反作用，因之就会扰乱储蓄与当前投资之间的关系。

这第二个例子与"看跌"（这个概念在第一卷，原书第 172—176 页给出了解释）的概念——或者如我所偏好的"储藏倾向"这种叫法——是联系在一起的，另外一个概念我似乎很难向一些读者清楚地加以解释。这里，有三个概念需要加以区分：

（1）银行体系中的储蓄存款量或"消极存款"（inactive deposits）称为"储藏金"（hoards），当然，有时候最后这个叫法用起来不是非常便于理解。

（2）表示资本所有者分别对储蓄存款和其他资本资产（或者如我曾提到的那样，分别对流动性和非流动性资产）相对偏好的曲线，当按照流动性资

产（或储藏货币）计算的非流动性资产价格由纵坐标表示时，该曲线的横坐标度量的是储藏金的数量。[1]这一曲线就是我曾描述为"看跌状态或程度"的度量，当然，这种描述并不是非常恰当。也许，把它叫做"储藏倾向"更好一些。问题的关键在于，当资本所有者在决定是偏好于流动资产还是非流动资产时，他最终的决策不仅取决于其"偏好的情况"——或者说是"储藏的倾向"，抑或其"看跌的程度"（随便我们喜欢用哪一种说法）——即取决于给定非流动性资产价格下其流动资产需求曲线的形状，而且还取决于非流动性资产的价格如何。因此，他实际持有的"储藏金"或流动资产量理所当然地不仅与其储藏倾向有关，还与非流动性资产的价格有关。一个心智正常的人在决定是否持有银行存款或房屋不动产时，其决策不仅取决于他的储藏倾向，还取决于房屋不动产的价格。他对消极存款的决策并不是一个绝然与其他资产价格无关的决策。如果真与其他资产价格无关，那么，银行体系就不可能通过"公开市场"操作扩张或压缩货币量；这是因为，没有一个价格可以使它们找到它们想买进或卖出这些证券的卖家或买家（事实情况可能就是如此）。

（3）第三个概念是我曾称为"看跌"心态的变化，也即储藏倾向的变化，或者把流动性资产需求和非流动性资产价格联系起来的需求曲线形状的变化。

这样的话，上述第（1）点中提及的——即实际持有的消极存款或储藏金数量——由银行体系决定，因为它等于该体系所创造的总银行货币量超出积极存款所需的那部分数量。这个数量自身无法给出有关储藏倾向程度或这一程度的各种改变的任何线索，甚至关于储蓄超过投资的任何线索，它也很少能够给出来。有关非流动性资产价格的决定，我的核心论点如下：如果：

1　为了简便，我们假设在这个时期非流动性资产数量相对于这类资产的总存量比较小。如果我们放开这一限制，并不会改变论点的性质，但这样一来储蓄倾向就必须要由一个曲线组而不是一条曲线来表示了。

（a）银行体系提供的消极存款量；以及，（b）储蓄倾向的程度或看跌的心理状态给定，那么，非流动性资产的价格水平必然确定在为使储藏金数量与公众希望在该价格水平上持有的银行体系创造的储藏金数量相等而需要达到的数字上。这就是说，非流动性资产的价格是消极存款量以及储藏倾向程度的函数。

如果本书的日本读者能够阅读本书第三篇以及这些进一步的阐释，我将深感愉快；之所以冒着风险拿着这些内容来使读者劳神费思，乃是因为经验告诉我们，一些英国的读者已经发现，要想清楚地理解我所试图传达的意旨，这些内容是不可或缺的。

我想在结尾处再聊表数言：经过一年半进一步的深思，对于许多有关我的理论之批评与讨论斟酌损益之后，我自然应该在之后附上许多补遗或勘误表。然而，我却无意在不久的将来修订这部专论的现有文本。我认为，与其如此，不如再出版一部纯理论性质的小书，将本书第三篇和第四篇提出来的观点之理论基础进行扩展和订正。

1932 年 4 月 5 日　xxvii

目录

001 / **中文版总序**

001 / **作者序言**

001 / **外文版序言**

第一卷　货币的纯理论

第一篇　货币的性质

005 / 　第一章　货币的分类

023 / 　第二章　银行货币

032 / 　第三章　分析银行货币

第二篇　货币的价值

047 / 　第四章　货币购买力

058 / 　第五章　诸次级物价水平

066 / 　第六章　通货本位

076 / 　第七章　物价水平的扩散

081 / 　第八章　有关购买力比较之理论

第三篇　基本方程

105 / 　第九章　一些定义

113 / 第十章　　　货币价值基本方程

128 / 第十一章　　均衡条件

143 / 第十二章　　对储蓄和投资之间分别的进一步说明

153 / 第十三章　　银行利率的"独特作用方式"

182 / 第十四章　　基本方程的其他形式

第四篇　　物价水平的动态学

201 / 第十五章　　工业流通与金融流通

212 / 第十六章　　对购买力非均衡原因之分类

215 / 第十七章　　货币因素引起的变化

225 / 第十八章　　投资因素引起的变化

237 / 第十九章　　信贷周期的一些特殊方面

246 / 第二十章　　信贷周期纯理论的一个练习

263 / 第二十一章　因国际非均衡所带来的变化

290 / **附录**

第一卷
货币的纯理论

第一篇　孩子的诞生

第一章 货币的分类

第一节 货币和记账货币

记账货币（money of account）是表示债务、价格和一般购买力的货币，它是货币理论的首要概念。

记账货币与债务和价目表同时出现，债务是延期支付的契约，价目表是购销时开出的约定之价。无论是口头上的，还是烧制在砖块上，或写在纸质文书上的债务和价目表，都只能以记账货币来表示。

由于债务和价格首先必须用记账货币表示，所以，货币的性质要从其与这种记账货币之间的关系中得出。而货币本身是用来**清偿**债务契约和价格契约的东西，而且也是**贮藏**一般购买力的形式。在现货交易中，有些仅用为便利的交易媒介之物，可能与货币比较接近，因为它可能代表着保有一般购买力的手段。但是，如果事止于此，那我们就还没有超出物物交换的阶段。就货币这一术语的充分意义言之，正式的货币只能相应于记账货币而存在。

我们或许可以用这样一句话来阐释货币与记账货币之间的分别：记账货币表示的是**类型和属性**，而货币则是对应于这种类型的**实物**。如果同一种实物总是对应于同一种类型，那么，这种区分就不会有其实际意义。但如果这种实际之物可以变换，而类型却保持不变，那么，这种区分就大有意义存焉。这二者之间的差别就仿佛英国国王（无论是谁当国王）和乔治王

3

（King George）[1]之间的区别一般。要求在十年后支付与英国国王体重同重之黄金的契约，与要求支付和今天我们的乔治王的体重同重之黄金的契约，当然不是一回事。前者到履约的时候，还需要国家宣布谁是英国国王才能兑现。

现在，我们提到契约和要价，其实是已经引入了它们借以强制实施的法律或习俗；也就是说，我们提到契约和要价，就已经引入了国家或社会的力量。再者，货币契约还有一个特征，即国家或社会不仅可以强制实施交割，而且还可以决定以合法或合乎习俗的方式清偿按记账货币订立的契约时必须交割什么。因此，国家首先是作为法律上的权威出现，对符合契约所载的名目或属性之物进行强制支付。不过，除了这种强制作用之外，它还要求有权决定并宣布**哪些事物**符合契约所载的名目，有权不时地更改其所宣布的内容，也就是说，它要求对这部词典拥有不时修订之权，当此之时，它就会起到双重的作用。所有的现代国家，均要求拥有这样的权利，而且此种局面已然延续了 4 000 年之久。只有当货币演化到这个阶段时，纳普（Knapp）的"货币国定论"（chartalism）——这个理论认为货币乃是国家的特定产物——才算得到了充分的实现。

因此，一旦人们接受了记账货币，货币时代即接替了物物交换时代而出

1　即时任英国国王乔治五世（George V，1865 年 6 月 3 日至 1936 年 1 月 20 日），全名：乔治·弗雷德里克·恩斯特·阿尔伯特（George Frederick Ernest Albert），爱德华七世和亚历山德拉皇后的次子；英国国王及印度皇帝，温莎王朝的开创者；德国皇帝威廉二世的表弟；现时在位的英女王伊丽莎白二世的祖父；别名"水手国王"。1892 年封为约克公爵以及嘉德骑士、基拉尼男爵、因弗内斯伯爵、海峡群岛领主、加里克伯爵、康沃尔公爵、罗特塞公爵、威尔士亲王等爵位。1893 年，与泰克公爵的女儿玛丽结婚。1901 年，爱德华七世即位，封乔治为康沃尔公爵、威尔士亲王。1910 年，乔治即位，称乔治五世。第一次世界大战期间，乔治五世为了安抚民心，舍弃了自己的德国姓氏，将王室改称"温莎"。1936 年，乔治五世驾崩。——译者注

现。当国家要求有权决定何者作为货币符合现行记账货币时——即当它不仅要求对词典所包含的内容有实施之权，而且还要求有权自己来编写这部词典时，货币的国家决定时代，或者说国家货币时代也就到来了。揆诸今日之世界，一切文明国家的货币都由国家决定，殆无异议。

需要指出，记账货币必然具有**连续性**。一旦名目发生了变化——这可能与因应的货币变化相一致，也可能不相一致——新的单位必须与旧单位具有确定的关系。原则上讲，国家会颁布一个公式，根据旧货币来定义新的记账货币。不过，如果国家法律尚未明令，在某个日期前订定的契约悉数按照旧有的通货执行，该日期后订立的契约全部按照新的通货实施，哪怕是这种情况，市场也会自发地在这两者之间建立一种平价关系。因此，除非天降一场巨大的灾祸，把所有现存的契约一扫而空，否则记账货币谱系的连续性是不可能真正中断的。

第二节　正式货币与银行货币

前文我们已经看到，引入记账货币，产生了两个派生的范畴——一个是按照记账货币约定的契约要价、订立的契约以及债务的认可书，另一个是相应于记账货币的正式货币，这种货币的交割，可以履行契约或清偿债务。人们发现，对于许多目的而言，债务认可书本身在交易完成过程中，可以起到有效代替正式货币的作用，而前一个范畴为接下去的这一发展奠定了道路。当债务认可书以这样一种方式在使用时，我们就可以把它称为银行货币——不过，不要忘记，它们本身并非正式货币。简单来说，银行货币是以记账货币表示的对私人债务的一种认定，它与正式货币交替使用，从一人之手转到另一人之手，用来完成交易。由是观之，我们可以把国家货币或正式货币与银行货币或债务认可书等量齐观。

第三节 代用货币（Representative Money）[1]

这反过来又带来了国家货币的进一步演化。银行货币不再像上述定义中所言，代表着私人的债务，而是代表国家所欠的债务；此时，国家运用其制定货币之特权，宣布这一债务本身可以作为一种清偿债务的手段而加以接受。于是，有一类特殊的银行货币就转化成了正式货币——这一类正式货币，我们可以称为代用货币。然而，当单纯的债务变为正式货币时，其性质也相应发生了改变，不应再被视为一种债务，其原因在于，债务就其本质而言，是需要用自身以外之物强制执行的。即便代用货币符合某一客观标准，如若认为代用货币是一种债务，这种类比也不正确。

我不是完全遵守目前通行的习惯用法，这会给我的表述带来一定的阅读障碍，即使如此，我还是要提出，国家货币不但要包括强制发行的法定货币本身，而且还要包括国家或中央银行在支付当中所接受的，或可与强制性的法定货币进行兑换的货币。[2]因此，今天绝大部分的银行票据，乃至中央银行的存款，在这里都可以归类为国家货币；而银行货币（或非法定货币）在今天主要是由会员银行的存款构成。[3]从历史上来看，许多代用性的国家货币都是由某种银行货币演变而来，这种例子不胜枚举。国家接受了这类银行货币之后，它就从一个范畴变换到了另外一个范畴上去。

1　代用货币是代表实质货币在市场上流通的货币，其货币面值与币材价值不等，但可以兑换。它通常为纸币，确切地说是可兑换的纸币，由政府或银行发行，代表金属货币。——译者注

2　不同货币的实际法律地位往往千差万别。例如，在美国，联邦储备银行的票据只是一种"可选择的"货币。纳普认为——我认为这种看法是正确的——国家在支付当中所接受的任何东西都是货币，不管是否已经在公民当中宣布其为法定货币，结果都是一样。

3　后文（原书）第9页，可以参考对这一术语的解释。

第四节　货币的形式

现在，我们可以做出进一步的分析，其目标与上文所述不同，这一分析要把国家货币所能具有的三种形式加以分类。简而言之，这三种形式我们可以称为**商品货币**（commodity money）、**非兑换货币**（fiat money）和**管理货币**（managed money），后面两个是**代用性货币**的两个子类。

商品货币由某一特定的、可以自由获取的非垄断性商品[1]的实际单位构成，这种商品之所以能被选定，纯属自身的一些人所共知的用途所致，但其供给则与其他商品一样，也是由稀缺性和生产成本决定。

非兑换货币是代用货币［或象征货币（token money），即其物质内容的内在价值与其货币面值分离之物］——现在除了小面额的之外，一般都是用纸币制成——这类货币由国家制定发行，但根据法律不得兑换成其自身以外的任何东西，也不具有根据客观标准表示的确定价值。

管理货币与非兑换货币类似，只不过国家保证以一种方式来管理它的发行条件，使其通过可兑换性或其他的性质，而具有一种以客观标准表示的确定价值。

商品货币与管理货币都与客观价值标准相关，这是二者的相似之处。管理货币与非兑换货币都是代用货币或纸币，离开国家的法律或习俗，相对而言几乎没有什么内在价值，或者压根就没有任何内在价值。

因此，从某种意义上来说，管理货币乃是其他两种货币的混合产物；可能正是出于这个原因，其性质才这么不易被人理解。公众了解商品货币，也熟悉非兑换货币；但是，由于公众相对更容易认识货币本位而非货币的形式，所以常常倾向于把那些以大家熟悉的商品作为本位的管理货币当成商品

1　或者是为实际上通行的商品单位所开列的货栈存货单（warehouse warrants）。例如，美国黄金券就是这类商品货币的绝佳示例。

货币，而把那些以大家不熟悉的商品作为本位的管理货币看成乔装改扮的非兑换货币。然而，虽然很多现代货币仍然是商品货币与管理货币的混合产物，但事实上最具代表性的现代货币却是日益接近管理货币的形式的。此外，某种意义上讲，管理货币可说是货币最一般的形式——一方面，当管理当局为之提供百分之百的客观本位，使之实际与货栈存货单无异时，它可能已经可以被视为蜕变成了商品货币，另一方面，当它失去客观本位时，则可以认为已经蜕变成非兑换货币。出于这些原因，本书以后各章所发展的理论，基本上都针对管理货币而发；不过，如有必要，则所得到的公式很容易可以加以修改，以适应商品货币或非兑换货币这些特殊的情况。

因此，上文所提到的货币形式与货币概念的框架以及它们之间的相互关系，可以用下面这张图来展示之：

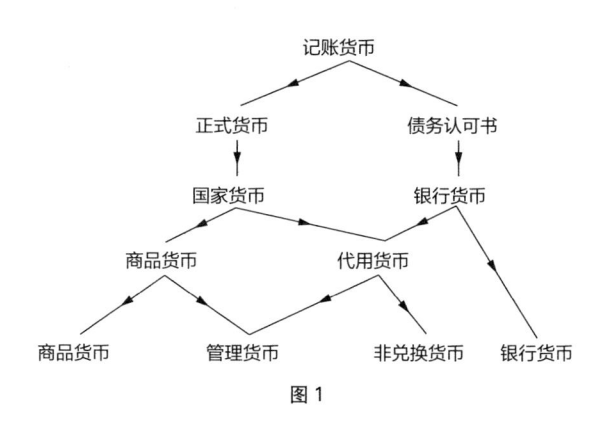

图1

这样一来，我们就有了四类交换工具，其中三类是正式货币，第四类不是正式货币，而是债务认可书。

第五节　流通货币

货币理论中的一个基本要素，就是公众手中持有的各类货币的总量；而到底我们所谈论的货币是国际货币还是银行货币，通常无关宏旨。这两者可

以统称为**流通货币**。下面我们把流通货币与国家货币之间的关系做一陈述。

典型的现代银行体系可以用太阳和行星来打比方。这一个太阳就是中央银行，众多行星按照美国的说法，可以方便地将其称为会员银行。国家货币的总存量部分地持有在公众手中，部分地持有在会员银行手中，还有一部分由中央银行持有。由中央银行持有的国家货币，即构成其存款的"准备金"。这些存款我们可以命名为**中央银行货币**（central bank money）。为求方便，我们假设全部中央银行货币都由会员银行所持有——就其可以由公众持有这一点而言，它可能与国家货币或会员银行货币具有同样的地位，具体要根据情况而定。这种中央银行货币**加上**会员银行所持有的国家货币，构成了会员银行的准备金，这反过来为会员银行的存款提供了保证。这些存款就是公众手中的**会员银行货币**，它们与国家货币（如果存在中央银行货币，也应一并计入）一起，构成了**流通货币**的总量。

因此，我们可以继续扩展我们前文给出的谱系树型图，把它们之间的关系表示如下：

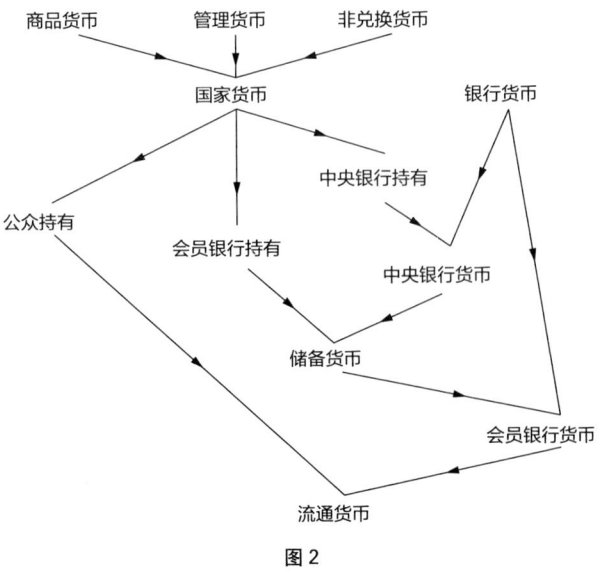

图2

最后在第三章，我们还将进一步按照下面的分类来对流通货币进行分析（见图3）：

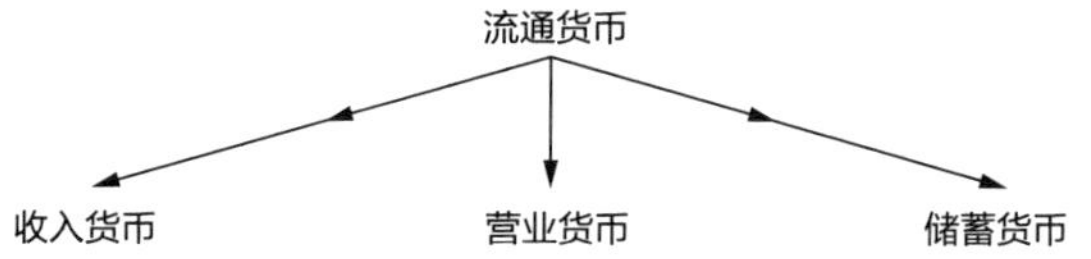

图3

第六节　历史上的例证

历史上有一些例子可以用来说明上述观点。历史学家通常认为正式货币是从第一次铸造硬币时开始出现的，而关于第一次铸造硬币，希罗多德[1]认为它始于公元前六世纪或七世纪的吕底亚[2]，这一说法可能仍然可信。不过，我却认为，铸造硬币之举并不像一般人认为的那样带来了什么重大的变化。这可能是走向代用货币的第一步，或者至少可以说是使得之后迈向代用货币和非兑换货币的转变过程变得更加容易的一步。但是，走向国家法定货币或国家货币的基本转变过程，则可能早于此前就已经发生；这恰似变为代用货币的下一步骤一样，该步骤也是很久之后才开始发生的。

当国家指定与记账货币相对应的客观标准时，国家法定货币就出现了。有鉴于此，代用货币就是在货币不再由客观标准构成时出现的。而非兑换货币则只有在进一步放弃客观标准时才出现。只有国家能够铸造，而且其价值可以游离于其所构成的商品之外的铸币，至多不过是向代用货币迈出了第一

1　希罗多德（Herodotus），公元前五世纪（约前480—前425年）的古希腊作家、历史学家，他把旅行中的所闻所见，以及第一波斯帝国的历史记录下来，著成《历史》一书，成为西方文学史上第一部完整流传下来的散文作品，希罗多德也因此被尊称为"历史之父"。——译者注

2　吕底亚（Lydia），小亚细亚中西部一古国（公元前1300年或更早，至公元前546年），临爱琴海，位于今土耳其的西北部，其居民的语言为印欧语系——安那托利亚语，以其富庶及其宏伟的首都萨第斯（Sardis）著称，它大约在公元前660年开始铸币，可能是最早使用铸币的国家。——译者注

步而已。这样来看，铸币算不得货币发展历史当中的三大关键性革新中的一个，而且事实上，代用货币在第一次出现铸币后过了好几个世纪才真正发行。另一方面，国家法定货币，也即由国家指定本位，并不必然要求国家去铸造本位币；即便在货币按照重量而非枚数流通时，只要是由国家指定商品和重量标准，国家法定货币的基本特征即已呈现出来。

在吕底亚诸位国王首先开始铸造货币时，由国家来负责铸造货币，可能只是为了方便证明货币的纯度与重量，或者只是克罗伊斯（Croesus）[1]的后代与米达斯（Midas）[2]的邻人为了炫耀而采取的行为。在金属块上打上一个印记，只是一种出于因地域观念而生的虚荣心理，以及爱国情操或广告宣传之类动机的表现，除此之外，并没有什么更为深远的意义。在一些重要的商业地区，这种方式并不受欢迎。埃及在托勒密王朝[3]以前从未使用过铸币，（大体而言）中国直到晚近才开始铸造白银铸币，而白银乃是该国的价值本位。迦太基人[4]是一个不喜铸币的民族，要不是为了对外贸易活动，可能从来就不

---

1 克罗伊斯（Croesus），一译克里萨斯，卒于公元前546（？）年。吕底亚最后一代国王，以财富甚多闻名。克罗伊斯制定的新币史塔特对后世影响久远。史塔特由二十四克拉纯金构成，还可以细分成三分之一、六分之一和十二分之一等更小的单位，因此促成了金衡盎司的发展。而且，克罗伊斯采用了金银复本位制度，银币用于交易数额较小的场合，成为以后的货币历史主流。——译者注

2 米达斯（Midas）一译迈达斯。希腊神话中的佛律癸亚国王，贪恋财富，求神赐给他点物成金的法术，狄俄尼索斯神满足了他的愿望。最后连他的爱女和食物也都因被他手指点到而变成金子。他无法生活，又向神祈祷，一切才恢复原状。——译者注

3 托勒密王朝（公元前305—公元前30年），或称托勒密埃及。是在马其顿君主亚历山大大帝死后，其将军托勒密一世所开创的一个王朝，统治埃及和周围地区。王朝建立者托勒密一世在公元前305年自立为国王并宣称自己是埃及法老。托勒密王朝统治埃及直到公元前30年埃及女王克利奥帕特拉七世（埃及艳后）兵败自杀为止，历经275年。亚历山大港是托勒密王国的首都，也是当时希腊化世界的重要文明中心以及贸易枢纽。——译者注

4 迦太基（Carthage）坐落于非洲北海岸（今突尼斯），与罗马隔海相望。最后因为在三次布匿战争（Punic Wars）中两次失败，被罗马打败而灭亡。布匿战争是在古罗马和古迦太基两个古代奴隶制国家之间为争夺地中海西部统治权而进行的一场著名战争，名字来自当时罗马对迦太基的称呼"Punici"（布匿库斯）。——译者注

会去铸造货币。闪米特人[1]的各个民族对于货币的本质在天性上最是敏感，但也从未对铸币厂那些欺骗性的印记有过多少重视，他们在意的，仍然是金属的重量和质感，只有北方那些对金融外行的民族，才会对这些金属块上的印记感到心满意足。因此，塔兰特（talents）[2]或舍客勒（shekels）[3]并不必然是铸币；只要在以下这个意义上由国家制定也就足够了：即由国家规定（并且有权利不时更改其规定）根据法律确定以**什么**纯度和重量的白银作为偿付以塔兰特或舍客勒表示的债务或常规的付款。

公元前 3000 年末巴比伦的那场改革，是历史上第一次有明确记录的关于国家重量标准的改革。但这远不是最早的开始，在此之前，还存在着更为久远的标准。在原始时代，人们尚未取得有关重量的概念或称量的技术发明，此时他们进行衡量必须依靠**去数**大麦粒、宝石块或贝壳数，究竟应该用哪一种或哪一类性质的单位，去支付以一、二或十等数字表示的债务，仍然可能是由国家或社会决定的。因为晚至十三世纪，英国政府还在规定一便士的纯银币重量等于"麦穗上三十二颗麦粒"。在今天的乌干达地区，当地习惯使用的标准是山羊，那里的一位行政区专员告诉我，他的职务当中有一个方面，就是裁定在发生争执时，那只山羊是否太老或太瘦，以致不能作为偿付债务所需的标准山羊来使用。

与其他某些主要的文明要素一样，货币制度产生的年代，要比若干年前我们习得的那种看法要古老得多。其起源隐没在冰河消融时期的重重雾霭之中，可能要上溯到间冰期人类历史的黄金时代，彼时气候宜人，人类心智开

1　闪米特人，亦称"塞姆人"（Semu）。这个名字出自《旧约全书·创世记》所载传说，称其为挪亚长子闪的后裔。起源于阿拉伯半岛的游牧人民，阿拉伯人、犹太人都是闪米特人。生活在西亚、北非的大部分居民，就是阿拉伯化的古代闪米特人的后裔。——译者注

2　古代的一种计量单位，可用来记重量或作为货币单位。——译者注

3　古希伯来或巴比伦的衡量单位（或钱币）。——译者注

豁，是新思想的沃土——发源之地则是赫斯帕里得斯岛或亚特兰蒂斯岛[1]，又或者中亚的某个伊甸园。

公元前六世纪梭伦对雅典通货所做的改革，实行了与铸币同时并存却又不取决于铸币的货币国家法定之特权。这只是一场关于本位的变革。就我目力所及，我尚且没有发现，在第二次布匿战争之前存在着明确地以牺牲公众利益为代价而使国家获利的国家法定本位的变更；是罗马人首开先河，把这个工具添加到了治国之术的武器库中。自此之后，货币国家法定本位更迭不断，成为历史学家所熟稔的题目，其形式一般表现为货币成色的减低，其目的不一，有时而此，有时而彼。

虽然如此，就其对货币形式的影响而言，这类本位的变化并未使情况超过商品货币的阶段。本位货币的**成色减低**，即骤然降低记账货币价值的本位变更，就其本身而言并不会使我们向代用货币跨出哪怕一步。仅仅因为商品单位在种类上发生变化或在数量上出现缩减，并不足以使商品货币成其为商品货币。历史上，表明有货币已经在某种重大程度上成为代用货币或象征货币，是很久之后的事情。铸币因其便于使用、信誉良好，或者因其有图印在其上，保证了其纯度和可接受性，有时甚至仅仅因为其具有美感——在当代，玛利亚·特里萨（Maria Theresa）银元[2]于非洲阿拉伯游牧民族就留有这样的印象——所有这些促成了铸币的价值超过其所含金属的价值。他们也可以因铸币的服务而征收货币铸造费。对于某些面额较小的通货，出现了辅币。在普通百姓当中，减损或耗损的货币是可能按照其面值流通的。但是，就代用货币这一术语的正式意义言之，这些例子所具有的特征并不足以令它们构成之。商品货币与代用货币之间的真正联系，恐怕还是要到商品货币中

1　两处皆是神话中的所在，凯恩斯以此来说明这类起源之地的漫漶模糊。——译者注

2　玛利亚·特里萨（1717—1780），奥地利女大公；匈牙利和波希米亚女王（1740—1780）；该银币上印有玛丽亚·特里萨的头像。——译者注

来找寻；对商品货币的供给，会受到绝对稀缺性的限制，而不会受生产成本的限制；而对它的需求则完全取决于这样的事实——商品货币乃是被法律或习俗选择而为货币材料，并不取决于其在其他用途上的内在价值——例如密克罗尼西亚（Micronesia）[1]原始的石币就是如此。

除了据信在古代中国即已通行的纸币、约翰·劳（John Law）[2]以及其他劳的先驱者们创造的纸币之外，代用货币的历史重要性一直到法国大革命这样晚近的时期才显现出来，这场大革命迫不及待地促使当时的世界首要金融中心地区法国和英国不但在多年内一直采用代用货币，而且还采用了非兑换货币。

虽然如此，代用货币仍然是相对接近当代的发明，正如我们所看到的那样，这种货币不过是从私人金融方面一种非常古老的发明——即银行货币脱胎而来的，并对它做了修改。而银行货币到底最早起源何时，则和国家法定货币的情况一样，早已湮没在远古的岁月当中。银行货币，尤其是汇票和外出的旅人所持有的信用凭证等形式，可能存在的时间与正式货币相比不相伯仲。这是因为，对银行货币的使用所取决的并非其他，而是人们发现，在很多情况下，对于交易清算而言，债务本身的转手恰与表示债务的货币的易手功效相同。对债务的权利，离对货币的权利，只有一步之遥，在人们把债务

---

1 密克罗尼西亚联邦所在地，该联邦为西太平洋岛国，全国陆地面积705平方公里，人口10.56万。全国有607个岛屿，共四个州，首都帕利基尔位于最大的岛屿波纳佩岛。——译者注

2 约翰·劳（1671—1729），苏格兰经济学家。他认为，货币只是交易的手段，本身并不是财富，国家的财富取决于贸易，这一点使他与当时的重商主义截然不同。他曾被法国摄政王奥尔良公爵任命为法国财政金融领域的最高长官。1716年，约翰·劳在法国建立了一家银行，其四分之三的资本由政府债券和政府所接受的票据构成，这家银行实际上就是日后中央银行的前身。对于密西西比公司泡沫事件以及后来法国的一场经济崩溃，他应负责。这一事件堪与荷兰著名的"郁金香泡沫"事件相媲美，"密西西比公司泡沫"事件与当时英国的"南海公司泡沫"事件同时。约翰·劳心智非凡，他曾提出过像"价值的稀缺理论"这一类颇具原创性的经济理论。他坚持认为，货币创造可以刺激经济，纸币要优于金属货币，这些思想都是非常超前的。——译者注

迅速换成货币方面感到有信心的程度和范围以内，对于交易清算而言，地处
偏远并不会影响到银行货币的使用。以汇票形式表现的银行货币，对于清算
远距离的交易而言，在有用性和必要性方面，古代丝毫不逊色于今天。因为   13
与运输正式货币所面临的成本与风险相比，划拨这样的银行货币要更加
便易。

第七节　管理货币的演化

从前文的谱系树形图上可以看出，我称为管理货币的那类代用货币，乃
是所有形式当中最为混杂的一种，它与其他三种都有联系，这在四种形式中
独树一帜。它从容不迫地发展出现，而且许多现存的货币体系仍然具有复合
性质，部分由管理货币组成，部分由商品货币组成。

为管理货币之管理制定科学管理原则，从而使它符合其本位标准（而不
管这种本位标准到底是什么），其间的第一次尝试，源自一场争论，这场争论
最后导致了 1844 年不列颠银行特许法案的通过。在十八世纪，商品货币仍然
是通行的货币形态；但是，以银行票据形式演化的银行货币，则正在显示出
走向代用货币的道路。[1]法国大革命的后果使法国和英国的通货直接变成了非
兑换货币；在英国，当这个阶段因为引入了金本位制度而宣告终结时，使用
代用货币，对于英国的公众而言，已经是非常熟悉且广为接受了，而且这对
于财政部和英格兰银行也同样十分有利，这就使所形成的新体系不再是一个
纯粹的商品货币体系，而是一个混合的管理货币体系。如果李嘉图的铸锭提
案（ingot proposals）[2]获得通过而被推行，那么，商品货币就不会获得恢复，

　　1　到十八世纪中叶，银行票据在苏格兰的流通已经司空见惯，居于主导地位，对
于英国北部不持有金属而带来的节省，与对于亚细亚近东地区持有金属所带来的确定
性一样，都非常富有吸引力。

　　2　这是英国著名经济学家大卫·李嘉图参与十九世纪初叶的金块论争时所提的议
案。在这里，译者对英国在十九世纪上半叶的基本背景做一个大致的介绍，以便读者能
够对英国货币历史的发展有所认识。1793 年的英法战争结束了金银铸币与银行（转下页）

英国可能早在 1819 年就开始实施纯粹的管理货币了。

不过,虽然管理货币从那时起即已开始实行,但那些担负着管理职责的英格兰银行的经理和该行的董事会人员,却对通货管理的原理与方法缺乏很好的理解——实际上可以说是压根就没有什么理解。接下来 25 年麻烦不断,继之以本位几近崩溃,一直到那个时代的改革者使 1844 年的法案通过,才算开启了一个管理方法上的新时代,此后这一切纷扰终于落幕。这项法案包含着一个正确的原理,还有一个严重的混乱因素。原理正确,在于它强调对代用货币进行限制,确保其得以维持本位标准。混乱因素,在于它徒劳地试图忽略银行货币的存在,因此也就无视货币与银行信用的相互关系,使代用货币完全像商品货币那样来发挥作用。事实上这一混乱是如此严重,以至于它

(接上页)券在市场上共同流通的历史平静期。因为战争费用支出不断增加,财政入不敷出,政府就只得靠多发行银行券来进行弥补。众所周知,典型的银行券是可以兑现的。因而当时银行券发行过多,现金准备日益不足,兑现就出现了困难。于是,英国政府在 1797 年 2 月命令银行券停止兑现,同年 5 月又颁布"银行限制法案"追认这种事实。这项法案实施后十几年间,银行券日益贬值,金价日益上涨,物价日益提高。到 1809 年,银行券与黄金的价值背离更大,引起了英国社会的普遍关注。1810 年,英国议会为此专门设立了一个"金块委员会"进行了讨论,上交给议会的讨论结果的报告建议迅速恢复兑现,以挽救当时的局势。而当时议会中有两种对立的意见:一种是金块主义的观点,认为银行券与黄金价值背离原因是银行券发行过多和停止兑换;另一种是反金块主义的观点,认为通货是根据社会需要的,银行券即使不兑现,也不会过多。这两种意见相互争论,持续了十年,形成了历史上著名的"金块论争"。1819 年,英国议会制定了"恢复兑现条例",规定从 1821 年 5 月 1 日起,依旧无条件地恢复对银行券的兑换。然而在以后的 20 年间,因为出现了 1825 年和 1836—1839 年两次严重的经济危机,对银行券兑现形成了严重的冲击,为此议会于 1840 年设置"众议院发行银行委员会",再次讨论银行券发行制度的改革问题。上述两种不同意见又一次针锋相对:一种是以奥威尔斯顿为领袖的通货主义,其主张与金块论完全相同。两派展开了激烈的争论,史称"通货论争"。所以,通货论争实际上是金块论争的继续,但争论双方的力量远远比金块论争强大。当时的首相比尔是通货主义者,根据通货主义的理论,制定了《英格兰银行条例》,提交议会表决,结果在下院遭到否决,上院则一致通过,最后在 1844 年经英王裁定并颁布施行,史称"比尔法案"。这一法案的颁布,标志着现代中央银行制度的开始。大卫·李嘉图(David Ricardo, 1772—1823),英国著名的古典经济学家,在金块论争中,他是金块主义的代表人物。——译者注

很可能导致在实际运行中的崩溃，幸亏在大概同一时期，那些最为杰出的金融实践家就认识到了第二条正确的原理，这才避免了崩溃的后果。这第二条正确的原理，也就是实际上并没有体现在该法案中的银行利率原理。对于管理货币之管理，银行利率的功效是一个伟大的发现，而且也可算得上是最新颖的发现——在此若干年前，英格兰银行仍未完全理解银行利率政策与本位标准维护之间的关系。

银行利率政策在伦敦这样一个独有的适宜环境下逐步演化，辅之以银行货币的巨大增长，成为之后 70 年英国货币发展的特征。不过，这一时期银行利率的实际功效不仅广为人知，而且还成了一种信念和教条，尽管如此，其准确的运作方式以及将其运用于不同的情况下所预期产生的不同结果，尚未得到清楚的理解——在我看来，直到今天，这些也没有得到清楚的理解。

在同一时期，还有其他各类管理货币蔚然成风，尤其是那些在汇兑本位这一总的名义下讨论的形式，更是如此；印度卢比堪称是其中经典的例子——这是因为印度卢比是这种管理方法的主要理论讨论之对象，同时也取得了大规模的实际流通。几年前，（在我的《印度的通货与金融》，1913）我曾详细地就汇兑本位这一论题进行了讨论。不过这里我只稍微以几句题外话简单交代一下，就我对这类本位最方便的分类方法之看法，聊作更新。

我认为，在**汇兑本位制度**与或许称为**汇兑管理制度**更为准确的制度之间，就这一主题所做的一些讨论尚有模糊之处存在。所谓**汇兑本位制度**，我是这样定义的：以某个其他国家的法定货币作为客观标准的有管理的代用性货币。印度卢比是否应根据英镑或黄金来确定，有关于此的争论，就是卢比是否应该作为一种汇兑本位的争论。在稳定德国马克价值的过程中，汇兑本位是一种过渡本位，而马克最终是建立在金本位制度之上的。从另外一方面看，在有些地方，这种客观标准不是外国货币，而是（比如）黄金；虽然如此，在其他一些地方，管理我们所言的这种货币，以便使之与此本位相符合的办法，却完全或主要是在国外的中心保有准备金，按规定汇率购买或出售

外汇，而非按规定汇率当场买卖黄金，这就是我所称的**汇兑管理制度**。汇兑管理所追求的客观标准可能是汇兑本位；但是也不必然是这样的。汇兑管理货币的特征不在于它们的本位，而在于它们的形式。

对于那些与邻国相比较小的国家，或者国内没有具有国际重要意义的独立金融中心的国家，汇兑本位制度可称得上是最理想的制度。但是，如此一来，某种程度上无疑要依附于其货币选定为汇兑本位基础的国家，这可能会对民族的自尊心造成伤害。另一方面来看，汇兑管理制度则可以部分地免于受到这样的指摘，而且由于还节省了金块、银块的运输费用，避免了利息上的损失，所以它在技术上具有着巨大的优势。很多国家已经使用这种货币制度多年，从中大受其益，日本就是这样的国家。这些国家在不止一个国外的中心保有准备金，并根据具体的环境选择在每个中心保有不同的比例。德国似乎对这种制度的态度阴晴不定，有迹象表示，德意志银行当局对这种制度存在着偏见。我认为，印度舆论界某些人士对汇兑管理制度表现出来的偏见，部分是因为混淆了汇兑管理制度和汇兑本位制度造成的，在后一种制度中依附的因素更具有代表性，但他们错误地把二者等同了起来。

英镑在这次"大战"[1]期间，或者说从 1915 年到 1919 年这段时间，可以称得上是汇兑管理货币的代表。从 1916 年 1 月 13 日到 1919 年 3 月 19 日，J.P.摩根公司受英国财政部的委托，作为其代理机构把英镑价格维持在 $4.76\frac{1}{2}$ 美元上下，在纽约外汇市场上随时按照这一汇率收购所抛售的任何数量的英镑，或者以 4.77 的汇率用英镑收购美元。[2]

1　本书中凡是提到"大战""战后""战争"等，均是指第一次世界大战。——译者注

2　汇兑管理制度始于 1915 年 8 月，但是直到 1916 年 1 月 13 日以前这一汇率并未"钉住"不动，从这一时日开始，该比率一直稳定在 $4.76\frac{1}{2}$ 和 4.77 之间。1916 年 5 月以后，波动范围被维持在 $4.76\frac{7}{16}$ 和 $4.76\frac{9}{16}$ 之间。

没有固定的客观标准的非兑换货币（即法定货币）常采用汇兑管理制度。"官方支持"以及"钉住"某些汇率而不时进行变更的例子，在战后欧洲通货崩溃的时期所在多有，广为人知。

最终，就在战争爆发之前，出现了世界上迄今为止最大的管理体系——美国联邦储备系统，这一体系一开始主要是从英国的体系中借鉴而来，但是之后沿着各种新颖而具有原创色彩的道路不断发展，虽然严格来说，这些路线仍然存在着怀疑和争论，但是这毕竟是属于美国自己的路线。

再来说英国的体系。凭借着1925年的"金本位法案"（Gold Standard Act），它已经从通行了若干年的非兑换货币当中脱离出来，而发展出来了目前的这种形式。由于时日尚浅，还不足以对其进行论断。不过，这项法案却体现出了一种明确的变化，那就是英国的货币不再是一种复合体系了。战前以君主金币[1]为其形式的商品货币未曾再予恢复；李嘉图在100年前的建议则被接纳；根据法律，英镑作为一种纯粹的管理货币而呈现在世人面前。

很多人认为，在英国恢复金本位制度之前所进行的争论，乃是关乎英镑嗣后应否成为一种管理货币还是一种"自动"货币（"automatic" money）的争论。但这是一种误解。除非"自动"货币的意思是指货币在数量上严格地与"商品"货币的供给相联，否则它就不可能代指任何东西；而这种不可能代指任何东西的货币，是不可能存在的。之所以会产生这种误解，乃是由于公众对于战后时期通行的非兑换货币和前现代时期的商品货币之外的第三种形式缺乏了解所致。虽然如此，恰恰是这第三种形式，是无论对其他问题可能做出了什么样的决定都一定要采取的——这就是通过管理而使其符合一种客观标准的代用货币。

这场争论的真正主题有两个。第一，在这样的时间、以这样的方式改变

1　君主金币（The Sovereign）为十九世纪英国金币单位，1君主＝1.5英镑＝30先令，该金币上一般印有英国国王的头像，比较有名的是印有维多利亚女王头像的君主金币，故名。——译者注

英镑的本位，从而使这样的过渡过程在货币收入水平上引发重大变化，是否合宜？ 如果对本位的任何改变使得新的本位币的购买力在过渡之际既与现有的记账货币相同，又与货币收入达成均衡，因之本位的变化本身在当时并不会引起货币现行价值水平上升或下降，那么，岂不是任何本位改变都应该采取这样的方式吗？ 反对派坚持认为，在那些将使降低货币价值成为必要的条件下改换本位，并不合宜。对于刻意降低货币价值的反对意见，反对派比官方留有的印象要更深一些。但是，官方则对相应于记账货币的黄金的**准确金衡制盎司数**非常重视。他们既不愿意让盎司数与记账货币的现行购买力相适应，也不愿意坐待记账货币的购买力适应于所期待的盎司数这样的时刻来临，但却出于各种原因甘冒风险，这一风险必然会带来在现有的收入和物价水平上出现某种强迫的或突然的非均衡结果。

这其中的争论焦点，与后来进一步的争论议题截然不同，后来的争论集中在本位本身的选择问题上，也即黄金是否是最适宜的客观本位标准。那些以货币改革派知名的人士，与其他人一样，都急着要尽早结束非兑换货币这个时期；不错，他们是比他们的对手们更强调稳定的客观本位标准所具有的重要性。但是，他们却表明，黄金如今拥有的作为一种令人感到圆满的客观本位标准的性质，较之以前，甚至更少一些；他们主张基本上按照经济学著作中早已耳熟能详的所谓按物价指数确定币值的货币制度（tabular standard），用某种复合的代用商品来取代黄金。

第二章　银行货币

第一节　银行货币的"创生"

前一章我们看到，货币债权的转手是如何与货币本身的易手一样，对交易清算产生作用的。由此可知，当一般的公众确知这一点时，他们往往会对无需去寻求把债权变成现金，即可完成所有权的转移，感到满意。此外，使用银行货币与使用现金相比，还有着很多便利之处，也有着其他附带的好处。

这类习惯树立之后，现代银行作为一种制度才有实现的可能。从历史上来看，银行可能原本是从以下几类企业演变而来：即处理贵金属或处理从一国向他国汇款业务的企业，作为中间人提供贷款或财物保管业务的企业，以信誉作担保借入公众的储蓄，然后根据自己的判断并且自己承担风险的、用这些储蓄资金进行投资的企业。[1]不过，我们下面所要讨论的，乃是充分发展并正在运营的现代类型的银行。

这样的银行以两种方法对自己创生了需供应货币的债务，这种债务我们以后就称它为存款。第一种方法是这样创造存款的，即该银行要么以现金的方式，要么以授权某家银行（可以是它自己，也可以是另外一家银行）把存

1　关于在英国实际上的那些起源，可以参看：R.D.理查兹，《英国银行业的先驱》，《经济学刊历史增刊》，1929 年 1 月。（ R. D. Richards, "The Pioneers of Banking in England", *Economic Journal History Supplement*, Jan 1929.)

款转手之类的通知（即支票）形式，据此取得的价值，使个体存款人获得债权，从而创造存款。公众中的一员身带现金或支票，把它存在一家银行时，他是在心里念着这样的理解而把自己的钱财送出去的，即他由此而得到了对现金的债权（即存款），这一债权他可以自己行使，也可以转让给他人。

而银行还有第二种方式来对自己创生债权。它可以自己购买资产，也即增加其投资，并以对自己造成债务的方式对它们进行支付，至少一开始是这样的。或者，银行也可以就借款人承诺将来归还借款而使其对银行负有债务；也即银行可以贷款出去或者预先垫付。[1]

在上述**两种**情况下，银行都创造了存款；这是因为，只有银行自己才有权在其账簿里创造存款，赋予客户提取现金或将其债权转给他人支配的权力；除了使银行创造存款的诱因之性质有所不同之外，这两种方式并没有其他分别。

由此可知，银行在从事积极的业务时，一方面将不断地因自身所获得的价值或他人所做出的承诺而创造存款，另一方面也因为对自身的债权以现金的方式行使或转到其他银行而取消存款。因此，银行不断地收取现金和支付现金；同时，它还不断地获取对其他银行的债权，并且需要支付其他银行对它的债权。

现在我们可以很清楚地看到，银行必须要以使这两样相反的过程彼此近乎抵消的方式运营，也即是说，要使每日付出的现金量再加上其他银行对它的债权量，与该银行自己收取的现金量加上它对其他银行的债权量，不要相差太远。因此，摆在银行家面前的现实问题在于，要这样管理他的业务：他每天以现金和债权形式累积起来的资产，应尽可能地与其每天以这些形式累积的负债额相近。

---

1 C. A. 菲利普斯（C. A. Phillips）教授的《银行信用》（*Bank Credit*），第 40 页，曾就"基础存款"（primary deposits）和"派生存款"（derivative deposits）作出过与此相类的区分。

由此可知，银行可以安全而积极地通过贷款和投资而创造存款的利率，必须要与它根据存款者存入的流动资金而消极地创造存款的利率保持一种适当的联系。因为即使该银行的储备只有一部分最终为其所保留，后者也会带来该银行储备的增加，而即便该银行的储备只有一部分支付给了其他银行的客户，前者也会造成该银行储备的减少；实际上我们可能还要更加强烈地表达一下这个结论，因为借款的客户一般来说总是希望立即支付因此而创造的以他们为受益人的存款，而存款的客户往往没有这类打算。

像沃尔特·里夫博士（Dr Walter Leaf）这样处在实践第一线的银行家从中得出了这样的结论：对整个银行体系来说，存款人手握主动权，银行家贷出的款项不能超出存款人事先托给他们的额度。但经济学家不会接受这种自命的常识。因此，我将尽力对这个不应该有所含糊的问题做一个明白的说明。[1]

即便我们从众多银行中一家银行的立场言之，也可以很明显地看出来，使银行消极地创造存款的那个利率水平，部分地取决于使银行积极创造存款的那个利率水平。这是因为，虽然借款的客户可能很快会付还他们的贷款，其中他们付还的人中有一些可能既是这家银行的存款人，也是它的贷款户。在这种情况当中，积极创造的存款不但不是消极创造的存款的产物，情形恰好相反。这可以具体而微地说明整个银行体系所发生的情况。因为就借款客户将其存款付给其他银行的客户这种情况而言，这些其他银行会发现自身因消极创造的存款之增加而得到了增强，其程度正好等于前面那家银行减弱的程度；同样，只要其他银行在积极地创造存款，则我们的银行就会发现自己得到了增强。所以，这家银行消极创造的存款中有一部分即便不是其自身积

---

1 参看：F. W. 克里克，《银行存款的起源》，《经济学》，1927 年 6 月。（F. W. Crick, "The Genesis of Bank Deposits", *Economica*, *June 1927*.）对于说明此点，本文是一个很好的尝试。也可以参看 C. A. 菲利普斯教授的《银行信用》一书，其中有对本章主题的精辟而繁复的讨论。

极创造的存款之产物，却也是其他银行积极创造的存款之产物。

如果我们假设某个国家存在一个封闭的银行系统，它与外部世界毫无关联，在这个国家所有的支付均使用支票而不使用现金；我们再进一步假设银行发现在这样的情况下持有任何的现金储备都是多余的，银行间债务的清算可以通过转手其他资产来完成，那么，很显然，**只要所有银行齐头并进，它们可以安全地发行银行货币的数量就没有限制。打上黑体的这句话是理解该体系之行为的关键线索。单个的一家银行每前进一步都会使它受到削弱，而另外一家邻近的银行则会由此而得到增强；因此，只有所有银行一起向前进，收支平衡之后才不会有任何一家银行受到削弱。是故，每一家银行的行为虽然不能超越其他银行一步，但仍然要受到所有银行整体的平均行为所辖制——不过，对于这个平均的行为，无论大小，它是有能力供应其中属于自己的一分子的。每家银行的经理，徒然地坐在他的会客室里，把自己当成外部力量的消极工具，而自己对之却束手无策；然而，这些"外部力量"可能就是他自己和他的同行经理，而一定不会是他的存款客户。

这种货币体系具有一种内在的不稳定性，这是因为，在相同的方向上倾向于影响大多数银行行为的任何事件，无论这种影响是推其向前或是拉它向后，均不会遇到任何抵制，而能使得整个系统发生剧烈运动。我们将看到，实际当中的货币体系一般不会这样糟，它已经设计了一些办法来对之进行检查。虽然如此，在一个银行体系内，单个银行所表现出来的这种共感运动的趋势，某种程度上总是存在的，而且必须要对之加以考虑。此外，如果"封闭"系统所要求的条件均得到了满足，正像拥有不可兑换的纸币通货的国家或全世界的情况那样，那么，由于共感运动而导致的不稳定趋势将是这一体系当中具有极大实际意义的一个特征。

在前面这假想的情况下，我们假设所有支付都由支票来完成，会员银行无义务或必要去维护现金储备。现在我们一定要把这些限制尽数拿开。如果有些支付由现金来完成，那么，用于这种用途的现金量与银行货币量之间

的比例，一般要差不多维持在一个稳定的比例上。此时，所有银行发行的银行货币量增加时，就会导致现金从中流出；除非这些银行能够获得支配更多数量现金的权力，否则这种现金流出就会对银行货币的发行量施加一个限制。

不过，任何一个银行家需要现金，都不只是为了应对这类突然情况。即使他与邻近的银行保持同步，在他对邻近银行的债权与邻近银行对他的债权之间，也会存在每日差额；这种每日差额的数量部分地取决于其营业额的大小，而其营业额大体上是可以通过其存款的数量来测算的。与之相应，银行家为了处理短期内必然会发生的微量差别，总是在手中留有一些流动资金。这些流动资金一部分采取现金的形式，一部分采取在另外一家或多家银行存款的形式。这里的资金，就是所谓的他的"准备金"，随存款量的多少而升降，有时候出于法律或习惯的规定，与存款保持着严格的比例关系。为应对银行间债权，各银行设立的一个机构，名为"票据结算事务所"（Clearing House），每日结算各行之间为求收支相抵，需在彼此之间转入转出多少为宜。为求清算最后的差额，如有必要，可以使用现金；但是，为便利起见，各银行一般出于每日结算之目的，接受对某一家选定的银行之债权。这家银行有时可以称为银行家的银行，通常也就是国家的中央银行。此外，中央银行的存款不仅可以用来清算票据结算事务所的差额，而且在银行准备金中的现金部分需要补充时予以兑现。

因此，银行首先必须决定要使准备金达到多大的数量方称妥当，有时候这个问题是由法律决定的。在本书的第二卷中，我们将对这个数字详加讨论。它部分取决于存款人的习惯，这是由一个国家在该段时期内的惯例以及具体银行的客户所经营的企业类别决定的；另外一部分则取决于银行业务的规模，就这一目的而言，这个规模通常是由其存款量来衡量。因此，每一家银行在其内心当中都对它的存款确定了一个比例（比如10%），目的是把它留作准备金用——除非法律对这个比例强制做出一致要求，否则不同的银行

这个比例必然不尽相同，而且同一家银行可能在不同的季节或者不时地改变它。这个比例既定之后，银行是不愿意令它的准备金高于这个数额的，就像它也不愿意使之低于这个数额一样。这是因为，如果高于这个数额，一般来说就说明有一部分可以获取利润的营业额没有利润最大化。因此，它就会在逐日波动之外，通过在或大或小的各种规模上借出款项或进行投资来积极地创造存款。

现在我们知道，不仅各家银行要步调一致，严守规则，而且整个银行体系都要受这种规则的规约。这是因为，如果整个银行体系创造存款所依据的准备金率降得过低，那么，就会有一些银行家发现他们的存款准备金率不足，因此不得不被迫后撤一步；而如果总存款对准备金的比率低于正常水平，某些银行则会发现它们的存款准备金率太高了，这会刺激它们向前跨上一步。因此，决定整个银行体系共同"步幅"的，正是准备金的总量。

更进一步深入探讨，以图发现是什么决定了会员银行准备金的总量，是以后各章的内容。不过，我们在这里还是要对该问题的基本要素进行讨论。

假设中央银行也是纸币发行当局，那么，会员银行的准备金总量就会在中央银行的掌控之中，条件是中央银行能够控制纸币发行总量和存款总额。在这种情况下，中央银行俨然是整个乐队的总指挥，可以控制音乐的节奏。但是，中央银行本身创造的存款量可能是由法律或习俗所规定，不受它的意图所控制，而受某种硬性的规则所辖制，在这种情况下，我们可以把该体系描述成是一种"自动"体系。最后，会员银行自身也可能拥有某些权力，可能可以在一定的限度内随意增加它们在中央银行的存款数量，或增加它们从中央银行纸币发行部门所取得的纸币数量。此时，会员银行的共感运动会随着它们在增加准备金的形式下为自己储备食物、积蓄力量，其结果是使银行体系内在的不稳定性难以受到抑制。

我已竭力证明，大家所熟知的那场关于银行存款是由谁"创造"以及怎

样"创造",是一个不大切合实际的争论。毋庸置疑,如果用最方便的说法,则全部存款都可说是由持有它们的银行"创造"的。可以肯定的是,银行存款并不限于那一类必需由存款人主动交付现金或支票才能创造的存款。不过,同样很清楚的是,单个的某家银行主动创造存款的比率要受一定的规则和局限约束;——它必须与其他银行保持同步,其存款相对于总存款来说,从比例上不能扩大到与其本身在全国银行业务中所占份额不相宜的程度。最终,所有会员银行共同的"步幅",就受到了它们准备金总量的辖制。

第二节　流通货币主要是银行货币

按照前述的方式创造的会员银行货币与国家货币在构成流通货币总量上相应的重要性,在不同的时期以及不同的国家,随着货币惯例演化所到达的不同阶段而差异颇大。但总的趋势是银行货币渐居于优势地位——在英国和美国这样的国家,银行货币可能占流通货币总量的十分之九——而且国家货币明确地居于从属地位。

因此,如果我们假设不仅所有的中央银行货币由会员银行持有,而且**所有公众手中持有的流通货币也都是会员银行货币**(也即银行存款),那么,这将会使简化我们的说法,而且还不会严重损害到其一般性。这种经过简化的说法当然不能代表实际上的事实。不过,它倒是可以节省很多不必要的话,也更容易适应事实上的情况。此外,当公众、会员银行和中央银行所持有的全部国家货币存量**在比例**上趋于稳定时,这个假设所带来的结果与事实上的情况相差无几。当事实情况以一种相关的方式异于这一简化的说法时,我会尽力将它重新拉回到我们的讨论框架以内。

就美国的情况来说,我们可以相当准确地估计出活期存款与公众持有的在银行以外流通的纸币或铸币的比例,详见下表:

表 1　美国[1]

年　份	活期存款（百万美元）	货币（百万美元）	货币占总量的百分比（%）
1919	18 990	3 825	17
1920	21 080	4 209	17
1921	19 630	3 840	16
1922	20 470	3 583	15
1923	22 110	3 836	15
1924	23 530	3 862	14
1925	25 980	3 810	13
1926	25 570	3 777	13

由此看来，即便在大战后的 8 年中，美国实际流通的现金与现金加活期存款（cash deposits）的总额之比，也从六分之一左右降到了八分之一这么小。正如我们随后将看到的那样，由于活期存款周转速度比现金快得多，所以按照已实现的支付量进行计算时，前者的优势还要更大一些。如果我们把定期存款（time deposits）也包含在内，就会发现公众持有的国家货币还不到流通货币量的百分之十。

至于英国的情况，我们就不能抛出如此肯定的猜测了。不过，根据我的估计，英国在 1926 年到 1928 年间的活期存款（即把定期存款排除在外）可能有 10.075 亿英镑，在公众手中流通的纸币则达 2.5 亿英镑，在此情况下，后者所占总量的比例为 19%，或者是占五分之一不到一点儿。如果把定期存款包括进来，情况则与美国差相仿佛，公众持有的国家货币大约占流通货币量的 10%。

由是观之，银行货币的使用在英美两国如今皆已蔚然成风，其他国家也

1　有关活期存款的数字摘自米契尔［即韦斯利·克莱尔·米契尔（Wesley Clair Mitchell，1874—1948），美国经济学家和教育家。制度学派的重要代表人物。在芝加哥大学受过教育，颇受约翰·杜威和索尔斯坦·凡勃仑的影响。一生大部分时间在大学执教，终身从事科学研究。1920 年帮助成立了美国国民经济研究所（NBER），在 1945 年之前一直担任该所所长，并长期致力于对商业周期的统计调查。——译者注］的《商业周期》（*Business Cycles*）一书第 126 页，而有关银行以外流通货币量则摘自《经济统计评论》（*The Review of Economic Statistics*）1927 年 7 月号，第 136 页。

日益向这种态势靠近，因此，我们把它当作代表性现象，并把其他种类的通货的使用当作次要现象，将会比把国家货币当成代表性货币而把银行货币当成以后的复杂情形更不容易引起混乱。后面这种习惯已经落后于事实，让人对现代货币的一些最具代表性的特征强调得不够充分，而把它的基本特征当成不规则的或例外的情况对待之。

第三章　分析银行货币

第一节　收入存款、营业存款与储蓄存款

现在让我们从存款人（或存款持有者）的立场来考虑一下银行货币（或其他种类的货币）。一个人无论是以银行存款还是以其他形式持有一个货币存量，其理由不外乎以下三种。

第一种理由是，在他获得个人收入的日期和他把这些收入花出去的日期之间，他要在手上持有这些存款或货币，以应付这段日子的花销。如果收入与支出几乎同时，那么，他出于这一目的而需持有的储蓄平均量也就微不足道了。假如每人都在季度结算日取得其全部收入，并在同一天支付其款项，所有支票同时开出，预计存入的支票可以及时清偿，来应付开出的支票；在收益与消费之间为正常交换循环提供资金所需的银行存款几近于零。然而，设若支出要晚上几天，二者不是同时发生，那么银行的私人存款总量几天内数字虽然很高，但是整个季度平均下来还是会很低。实际上工人阶级的货币余额在他们星期六取得工资而在同一天或不久之后花费出去时的情况与此相当接近。但无论长短，私人的收入与支出一般总会相隔一段时间。此外，他也总是无法预见这两者的确切日期。因此，他必须持有一个货币存量在手里，或者以银行存款的形式对货币保有随时支取的权利，这么做的目的就是弥补收支之间的这段时间间隔，以备不时之需。这类存款由个人从其私人收入中进行补充，用于私人支出和私人储蓄，我们将它称为**收入存款**（imcome

deposits）。当然，那些没有在银行开户的工人以及其他人手中的现金也应涵盖在这一范畴之内。

同样，商人、制造业者或投机者一般来说也不会安排其收支同时发生。有时候，他们通过"清偿""清算"等货币体系之外的手段——例如证券交易所每两周一次的清算——至少可以部分地使收支相互抵销。但总体来说这种抵销并不完全，根据不同的企业性质，营业交易的比例会使受款人自己发现，他拥有临时的现金或银行存款余额。进一步说，营业支出与私人支出的情况一样，确切的债务偿付日期始终是无法预见到的，因此方便之法是留有余地，预作划拨，以备不时之需。这种为了营业的目的而储蓄起来的存款，我们称其为**营业存款**（business deposits）。

收入存款与**营业存款**加起来就是我们所说的活期存款。[1]

但是，人们持有银行存款，不是为了进行支付，而是把它作为一种储蓄的方式，也即投资。持有者可能是被银行家给出的诱人利率所吸引；或者是他预期到其他投资可能会使货币价值贬低；或者是他看重其储蓄的货币价值稳定，能够随时变现[2]；又或者是他发现这也许是储存小额积蓄以便在积累到足够大的数额之后转化为投资的最为便捷之道；也可能是在等待机会，把这些款项用在他自己的企业上；此外还有其他一些诸如此类的原因会影响到他。我们称此类存款为**储蓄存款**（savings deposits）。判断储蓄存款的标准是，它不需要用作日常的支付，而且一旦存款人出于任何原因认为其他投资方式似乎更为可取的话，取消这种存款不会带来任何不便。

---

1 有意思的是，亚当·斯密也曾做过与上述说法非常近似的区分［《国富论》（*Wealth of Nations*），第 II 卷，第 ii 章］："每一个国家的流通可以分成两个部分：商人之间的流通、商人和消费者之间的流通。虽然同一货币，不论为纸币或金属币，可以有时适用于前一种流通，有时适用于后一种流通，但因两种流通经常在同时进行，所以每一种流通都需要有一定数量的这种或那种货币来进行。"

2 这里随时变现，严格上还需要提前告知存款银行或类似金融机构，这也是与后文的 demand deposits 这类活期存款不同之处。——译者注

第二节 活期存款[1]和定期存款

现金存款（cash deposit）与美国人所谓的活期存款（demand deposits）和我们所谓的往来账户（current accounts）大体相当；储蓄存款（savings deposit）相当于美国人所谓的定期存款（time deposits）和我们所谓的存款账户（deposit accounts）。储蓄存款也相当于我们过去在主要关注商品货币的货币诸种理论中所习用的"价值贮藏"的货币使用方法。但是，这种对应关系并不是那么严格。在英国，有一种旧式的关于存款账户和往来账户的区分，也就是说，前者可以生息，后者不能生息，现在这种区分正在迅速消弭。这是因为，现在有越来越多的银行对客户往来账户的平均款额超过了一个议定最低额的部分是支付利息的——其结果是，存款账户与往来账户渐渐与银行对一个国家不同地区和不同阶层的客户的习惯做法相因应，而不在其付息与否。[2]

还有一种往来账户，拥有它不是因为用这种方式提供现金方便日常营业在交易上的便利，而是一种给银行家的劳务提供报酬的方式。同样，这在英国也是一种非常普遍的做法。有时候，客户是根据其账户的周转量以及因为其他原因所造成的麻烦而支付一定的手续费，向其银行提供酬劳；不过，这

---

1 此处的活期存款英文为"demand deposits"，不同于前面的"cash deposits"，我们找不到中文中类似的情况进行对应，权且都翻译为"活期存款"，不过，这里同时出现了这两个表达时，我们为示区别，把后者翻译为"现金存款"。而这里的这个活期存款（demand deposits）指的是在存款类金融机构的所有不需要提前通知即可支取的存款。——译者注

2 大体而言，存款账户与往来账户之间的旧有区别至今仍存在于伦敦。然而在各郡，习惯做法则没有什么统一的标准，银行之间的竞争导致了各种各样的安排。其中最普遍的一种做法是由银行对超过议定最低额的往来账户平均款额提供一定的利息，稍微（比如 0.5 个百分点）比宣传的存款利率低一些。这意味着把实际上的储蓄存款从往来账户当中转移到存款账户里去，常常并不值得。因此，短期储蓄存款应划入往来账户而不是存款账户。储蓄存款小的增加额也应划入往来账户，只是隔上一段时期，这些增加额才会积累起来，以较大的单位转入存款账户。

种酬报经常采取客户同意维持一个最低的不付利息的存款余额这种形式。根据这种协议而留存的余额，通常被允许低于对差额支付利息所要求的议定最低额，这样一来就很难判断它们到底是储蓄存款还是活期存款（cash deposits）。不过，无论把它们看成是哪一种存款，它们都会形成一种不容易转移的存款形式，在常规情况下很可能相当稳定。

抛开银行业惯例所造成的分类困难，储蓄存款和活期存款之间应该在哪里划线，即便在存款人自己的内心当中也通常不是那么的泾渭分明——特别是关于防备难以预见的不时之需用途的那部分更是这样。这是因为，那些拥有大量储蓄存款的人可能会觉得自己资金实力雄厚，以致他持有以备不时之需的活期存款的数量完全可以节省下来。因此，其总存款的一部分可以用于两个目的，存款人自己可能也很难说清他全部存款中用在这两个目的上的比例各是多少。但大体的区别还是很清楚的，可以表述如下：储蓄存款的数量取决于存款人心目当中它与其他可以选择的证券之间相对的吸引力怎么样；而活期存款的数量则取决于他通过支票收支的款项的量和规律性以及收与支之间间隔的时间长短。

目前，要想对这两种存款在已经公布的存款总量中就各自所占的比例给出精确的统计，尚无办法。在英国，银行甚至都不就存款账户和往来账户分别公布数字。在美国，法律要求银行必须分别公布定期存款与活期存款的数字，但出于各种原因，这种区别与上文中的区别并不完全吻合；尤其是通知取款日期少于三十天的所有储蓄存款都被视为活期存款。

尽管如此，在本书第二卷里我们还是可以给出足够的信息，让我们能够对这两种类型存款的相对重要性做出粗略的估计。在美国，定期存款占总的存款数的比例在不同的联邦储备地区差别很大，旧金山要比纽约市高出两倍左右，而全国的平均数也一直变动不居，从 1918 年的 23% 上升到了 1928 年的 40% 左右。在英国，大战之前常说，银行的全部存款在存款账户和往来账

户之间差不多两两对开。[1] 大战期间，受到官方宣传的刺激，对政府发行的证券之投资可能吸走了一部分最可靠的存款账户，因此存款账户的比例降到了总数的三分之一左右。不过，在过去 10 年间，这个比例又逐渐恢复到了战前的差不多对开的局面。因此，如果我们把付息的往来账户和为酬报银行而持有的"最低余额"都考虑在内，那么，英国真正的储蓄存款可能会比总数的一半略多；虽然从另外一方面看我们也一定要虑及这样的事实，即我们并不期待存款账户规则（7 天通知期）人们会永远严格遵守。

请读者们回忆一下，这里给出的这些百分比仅仅是为了说明我们关心的那些量值的量级而已。这两种类型的存款相对于全部存款所占的比例绝非恒定之值，恰恰是这种变化的倾向，使得上述分析在我们接下来的论证中显得非常重要。

前面我们提到的分类自然是既包括纸币现钞也包括银行存款。由于纸币现钞不生息，所以认为它比银行存款更应被看作现金而非一种储蓄形式。在一个现代经济社会，企业家之间主要通过支票往来，所以就有一种推定认为纸币现钞乃是收入存款而非营业存款。

不错，在过去 100 年间，是有一种稳定的演化趋势，从使用现钞到使用支票变化；在我们预计银行存款代表着储蓄存款、营业存款和收入存款的任何一个国家里，其相互之间的比例取决于该国在这种演化过程中所处的阶段。在第一个阶段，由于大多数支付都是用现钞完成，所以银行存款在性质上主要属于投资范畴。在第二个阶段，银行存款部分是作为现金持有的手段来使用的，但是当它要进行支付时，一般总是转换成现钞。在第三个阶段，营业交易主要由支票完成，现钞仅用于支付工资和小额的现金。在第四个阶段，工资支付也可以由支票来完成，现钞只用于小额现金支付和随手做出的

---

1 我也曾听说，战前存款账户的比例据估计更接近三分之一而不是一半。里夫（Leaf）[《银行学》（*Banking*），第 124 页] 曾在 1926 年写道：在英国，一般来说往来账户更多一些，而在苏格兰和爱尔兰则存款账户要多不少。

支出。大多数大陆国家均位于第二阶段和第三阶段之间。英国处在第三阶段，而且可能已经处在了第四阶段的前夕。美国处在第三和第四阶段中间。在货币体系当中纸币现钞的意义以及调节其数量的适当方式显然必须取决于（虽然此点尚未得到广泛的承认）该国所处的演化阶段。纸币发行量波动的统计意义也必然会以同样的方式而不同。[1]

第三节　存款与透支

我们把**现金存款**（cash deposits）概括成是为了在日常的往来交易支付就所需的货币提供一种可以随时支取的支配权。但是，在现代社会中，这样的分析因为以下事实而颇显复杂，那就是，现金存款并不是提供这种服务的唯一方式。**透支**也可以做到这一点。所谓透支，就是与银行达成协议，设立一个借方账目不超过某一议定的最大数额的账户，其利息不按议定的最大借方款额支付，而是按照实际平均借方款额来支付。银行客户可以根据其存款开出支票，如此则减少其在该银行的**贷方额度**；不过他也同样可以根据其透支开出支票，由此增加其在该银行的**借方额度**。

通过银行分录的方式清算债务，把借方的数字从一个账户转到另一个账户，确实与把贷方数字从一个账户转到另一个账户同样有效。通过增加债务人的借方余额和减少债权人的贷方余额进行支付，与通过减少前者的贷方余额并增加后者的借方余额进行支付，同样有效。因此，拥有支票账簿的人同时拥有存款，这对于支票—货币体系的有效运转并不非常必要。银行的资金可能完全是由其自身的资本构成，也可以是从某一类客户身上得来；这类客

1　如果在英国我们可以拿到其现钞发行量的统计数据的话，作为工资总额的指数，这可能会具有很大的价值。目前关于现行的流通量，我们还无法获得统计数据，这是因为联合股份制银行不公布其准备金中它们所持有的现钞数量的数字，虽然不公布这类数字似乎并没有什么理由。不过，总有一天，英格兰银行发布的所有银行家的余额总数，再加上各银行公布的现金与余额总数，可以允许我们得出近似的推断。

户与那些设立现金账户的客户不同，他们在银行设立的固定储蓄账户；在这种情况下，现金账户将全部由借方账户（即透支）构成，而没有任何的贷方账户（即活期存款）。

尤其是在英国——其他地方的银行管理我还不敢肯定——通过发展透支的技术方法，节省现金存款（cash deposits）的数量，这种习惯越来越风行。[1] 在组织优良、规模庞大的企业里，平均而言（现金存款与透支正负相抵之后），现金账户是趋近于零的，或者至少是一个很低的数字，这部分是因为使用了透支这一办法，部分是由于把票据或贷款的临时剩余余额投放到货币市场上的缘故。如果把因为向银行表示酬谢而按照协议保持的最低余额去掉，则大企业的平均现金账户额（按照上文所述的办法计算）在经过该账户的支票额当中所占的比例就会极小。不过，私人同样也在不断增加对透支账户的使用。

必须请读者诸君注意的是，出现在银行资产负债表资产一方的数字，并非客户已经使用的透支额，而是他**尚未使用到**的透支额，这个数额（目前）根本不会出现在资产负债表相应于现金存款的任何地方——这样一来，现金存款总额加上未偿付的尚未使用的透支账户额一起，构成了全部的现金账户总额。正确说来，尚未使用的透支账户额——由于它们代表着银行的负债——故而，应该像承兑账款一样出现在账户的两方。但目前情况不是这样，造成的结果是在尚未使用的透支账户额中存在着一种重要性日增的银行货币形式，有关这种货币，无论在绝对的总量上还是在不时的波动量上，我们都没有统计上的记录。

因此，现金账款（cash facilities）就货币价值理论而言是不折不扣的现金，绝对不与已经公布的银行存款相符。后者包含了很重要的一部分，这部分压根就不是货币（例如，其与货币的接近程度并不比国库券大多少），而是

1　我认为，追本溯源，透支的发祥地是苏格兰。这种办法在美国从未大行其道。

储蓄存款；不过，从另外一方面来看，已经公布的银行存款并未包括未用的透支账款，它才真是现金账款。只要储蓄存款和未用透支账款两者在总存款中的比例接近恒定，所公布的银行存款数即可称得上是可用现金数量的一个完全让人感到满意的指数。不过，如果这两种比例也能较大地波动——正如我们下文将要看到的那样，那么，我们就会严重地被误导，以为银行存款与现金等同，而且很多人的确也已经被误导了。

第四节　与交易量相联的存款量

我们已经看到，活期存款（cash deposits）无论是收入存款还是营业存款，其持有的目的都是为了支付——它与储蓄存款不一样，储蓄存款是为了另外的目的而持有的。因此，接下来的问题是，这类活期存款的数量与用它来支付的款额之间的关系到底是什么样的？我们将在第二卷就此问题给出统计上的处理，不过在这里我们先给出一个初步的讨论也很合适。

我们先从收入存款开始。在这种情况下，支付的款额很容易说明。因为它很显然与一个社会构成收入额的货币收入**减去**收入存款本身的任何增加量（或加上任何减少量）相等。[1]广义来说，收入存款的年周转额将会等于一年的薪水（salaries）、一年的工资（wages）、一年的食利者的利息和企业家的报酬之总和，或者，换一句话说，它等于生产要素一年的报酬。因此，如果我们不仅把所有新产生的包括劳务在内的交换项目纳入本期的产出之内，而且还把使用固定消费资本（如房屋）所带来的收入列于其内，那么，总货币收入就会随着本期产出的货币成本而出现波动。[2]

这种周转量——即一个社会的年货币总收入——与收入存款量之间的关

1　为免错误理解，这里应当指出的是，源于（诸如）用在建筑或其他目的上的贷款或投资变动的私人非收入交易，按照上述分类应该被视为营业交易，与这种交易相联的余额，应该被视为营业存款。

2　有关收入更为精准的定义可以参看本书第九章。

系又是怎么样的呢？后者基本上是前者的一个相对稳定的分数。我们把这个分数称为 k_1，把它的倒数称为 V_1。

一般说来，我们会预计在一个给定的社会中，k_1 的平均值逐年来看是一个相当稳定的量。不过，如果收入虽每日积累，但收入却非每日可得，支出也不是天天进行，而是隔上一段时间产生一次，那么，这种平均的稳定状况可能就会伴随着相当大的季节性波动。就工人阶级的工资这种情况而言，收入是每周支付的，k_1 在一周当中的每一天都有一个不同的取值，工资发放日后或稳定或猛烈地下降；但是从每周来看其平均值则是稳定的。就中产阶级的薪水这种情况而言，其支付是按照季度来的，k_1 在季度结算日达到峰值，在这个结算日和下个结算日之间，该值不断地下降。但 k_1 值出现最重要的季节波动，可能是在从事农业的人身上，他们的收入只有在他们卖掉农产品收成时才能获取。在像印度这样的国家，由于这一原因，该国不同地区产生的现金需求季节波动非常之大，此事已然人尽皆知。因此，在一个挣周工资的人、拿季度薪水的人和从事农业的人构成的经济社会里，k_1 的合成值（我们把纸币现钞和收入存款项下的银行账户额均涵盖在内，这一点读者们可以回忆一下）会表现为一条复杂的曲线，虽然每年的平均值大体稳定，但一年之内峰谷互现、犬牙参差。

此外，其平均值尚不仅取决于支付日的平均间隔时长，而且还取决于社会的支付习惯到底是与消费保持同步，还是拖欠到消费之后；也即取决于该社会到底是按同一水平的日支付率进行支付，还是紧随在支付日后的时期内集中进行支付。有些地方，某些繁重的支付任务集中在特定的季节里，这一点体现在相应季节里 k_1 的下降——例如大家熟知的英国所得税，它就可以起到让收入存款的水平在春季大幅降低的作用。

影响收支的时间与季节的那些风俗习惯的变化——不过这些变化可能会比较慢——一般来说对 k_1 全年平均值的影响，要比对贸易或价格波动的影响还要大一些。真实收入的暂时下降，作为人们在这类收入下降时，努力维持

消费水平而对 k_1 值的降低产生一定的影响。诸如大战后通胀期间的欧洲，人们失去了对通货的信心，这会使得客户迫不及待地把钱花出去购买东西，如此也会使 k_1 远远低于其正常的水平。不过，抛开这样的例外情形，k_1 的值在一年和另一年之间不会出现实质的变化。

由于（目前）缺乏统计资料能够让我们对收入存款和营业存款加以区别，这就使得我们很难对 k_1 的实际平均值给出一个确切的猜测。因为这个问题我们将在第二卷当中对之详细探究，故而在此仅就英国的情况进行说明一下就足够了。在英国，k_1 的平均值很可能大于全社会年收入的 5%，且小于它的 20%，暂时看来可能在它的 8% 左右。

接下来我们转向营业存款。于此，它的情况可能大大不如收入存款那般稳定和规律。营业存款的周转根据的乃是交易的数量，是由商人之间为支付包括所有的商品交易、契约交换和票据往来而往返流通的支票所构成，可以将它们做如下分类：

（i）由生产职能的分工而产生的交易，即：

（ia）企业家对生产要素的报酬（income deposits）所作的支付；

（ib）在刚完成的生产阶段的负责者和接下来的生产阶段的负责者或装配不同组成部分的负责者之间所产生的交易。

（ii）资本品或商品的投机交易。

（iii）金融交易，例如国库券的回收和更新，或投资的变动。

这里的（i），和有关收入存款的交易往来一样，是当期产出的货币价值的一个相当稳定的函数；其中（ia）实际上也确实恰与列在收入存款贷方的收入相等，这是因为付给收入存款的每一张支票都是营业存款付出的支票，反过来看，除非与某些个人劳务的情况一样，是由消费者直接从生产者那里进行购买，否则生产者开出的每一张支票都是消费者所存入的支票。尽管（ib）项也会随着生产的特征和技术而逐渐变化，而且在短期内根据企业家是否预计到它们的需求而发生变化，但是整体来说它也会随年产出的货币价值而产

生波动。进一步言之，正如我们将在后文看到的那样，应属于（ib）项的价格水平不会精确地随着应属于收入存款支付的消费品的物价水平而变动，由此造成的结果是，（ib）项中交易的货币价值之变化可能不会严格地与消费者同时所作支出的货币价值相符合。按照本书第十五章的说法就是，我们所谓的"工业流通"（industrial circulation），乃是由因（ia）和（ib）交易而持有的营业存款再加上收入存款而构成。

另一方面，（ii）和（iii）两项的交易既无必要，也没有受到当期产出量的支配。一群金融家、投机家和投资者把某些既不是由他们生产、也不是由他们消费，而只是由他们买卖的财富或所有权益进行交易，该交易的速度，与当期的生产率之间并无什么明确的关联。这类交易量受到更宽泛而无法预计的波动支配，很容易在某一个时期高出另外一个时期一倍，这取决于诸如投资情绪的状况这类因素；虽然生产活跃可以使它受到刺激，而生产不活跃也可能使之受到抑制，但是它波动的幅度却与生产活动的波动幅度截然不同。此外，这样进行交换的资本品价格水平可能与消费品的价格水平有着完全不同的变化。为（ii）和（iii）两项交易而持有的营业存款再加上收入存款，即构成了第十五章我们所谓的"金融流通"（financial circulation）。

不幸的是，这些交易不仅非常容易发生变化，而且其变化也和生产及消费所引起的交易全然不同；同时，这些交易与生产及消费所引起的交易相比，数额大到了足以混淆统计数字。举个例子，在英国，1927 年各类支票交易总额可能接近 640 亿英镑，此外还必须再加上使用现钞的交易额，所得总量比年收入额要大 16 倍。由于当期产出中的每一项平均而言都不可能转手 16 次之多，所以很显然当期消费及生产所引起的交易量就被其他种类的企业交易给淹没了。生产和收入统计数字遭遇如此这般巨大而易变的金融交易因素之后，这就为我们在现代货币问题上取得可靠的归纳结论带来了严重的障碍。

美国在 1926 年的相应数字是支票交易 7 000 亿美元左右，大约是年收入

货币论 |

的 10 倍。

从上文我们可以很明显地看出，营业存款的平均水平占营业交易量的比例 k_2，可能与收入存款占收入总额的比例 k_1 全然不同。而且其变动的情况也可能不一样，更具有可变性。有关 k_2 的量值和可变性，或者毋宁说是有关 k_2 的倒数 V_2 的估计值，我们将在第二卷中给出。

现在，在任何一个既定的社会中，我们都可以合理地认为 k_1 乃是比照货币计算的国民收入的一个稳定的比例数，而 k_2 则非如此。这是因为，支配 k_2 的交易量和物价水平其变动范围甚大，与以货币计量的国民收入的变动范围并不相应。因此，用**总**的现金存款（cash deposits）（即收入存款加上营业存款）来表示其与以货币计量的国民收入具有任何稳定或常规的关系，是会造成误导的。

读者们可能已经注意到，k_1 和 k_2 分别是一般所谓的收入存款和营业存款的"流通速度"（velocities of circulation）的倒数。

现在，我们必须开始对银行体系创造存款的方式与物价水平的关系进行一番漫长的讨论。首先，本书第二篇——这不可避免地构成了中心议题的一段题外话——将致力于对货币价值的意义及其测量的问题进行分析。　43

第二篇　孩生朋的小事

第四章　货币购买力

第一节　购买力的意义

人们持有货币不是为了货币本身，而是为了它的购买力——也就是说，是为了它所能买到的东西。因此，人们所需要的不是多少单位的货币本身，而是多少单位的购买力。不过，由于除了以货币的形式之外没有保有一般购买力的方式，所以，人们对购买力的需求便转化成了对"等量"货币的需求。若干单位的货币与若干单位的购买力之间的"等价"关系，其测量的尺度又是什么呢？

因为在既定条件下货币的购买力取决于用一单位货币所能买到的商品和劳务的数量，故而可知这种购买力可以用各种单位的商品与劳务组成的**复合商品**（composite commodity）来衡量，各种商品与劳务的比例按照它们作为支出对象的重要性而定。此外，支出的类型和目的多种多样，有时我们的兴趣在此，有时在彼，重要性自然不同，复合商品随之也会有所变化，冀其适当。代表某类支出的复合商品的价格，我们称为**物价水平**（price level）；表示既定价格水平变化的系列数字，我们称为**指数**（index numbers）。由此可知，在既定条件下，与一单位购买力"等价"的货币的单位数，取决于相应的物价水平，而且这一单位数是由适当的指数给出的。

这些物价水平中是否有一个严丝合缝地符合我们所指称的货币购买力的意涵呢？如果真的有，那么到底又会是哪一个呢？对于这个问题的回答，我们是无需犹豫不决的。在对货币购买力**变化**的测量问题上，无论存在着多么大的

理论和实践困难，我们对测量它的意义总是毋庸置疑的。我们所谓的货币购买力，指的是货币购买商品和劳务的能力，一个既定的由个人组成的社会出于消费的目的，要花费他们的货币收入来购买商品和劳务。[1]也就是说，货币的购买力是由单位货币所能购买到的这类商品和劳务的数量来衡量的，这些商品和劳务按照它们作为消费对象的重要性进行加权；而合乎此点的指数类型有时候即被称为消费指数。由此可知，对购买力进行定义，必须总是比照处于给定情境的一个特定群体中的个人，也即其实际消费可以为我们提供标准的一个特定群体的个人，除非可以做出这样的参照，否则我们无法得到清楚的含义。

这并不是说，对于各种各样的目的和探究而言，除了上面给出的那种之外，就没有任何其他的具有重大意义和重要性的复合商品、物价水平和价格指数了。实际上，各种不同的物价水平彼此相对波动，就仿佛单个商品的物价彼此相对波动一样，有关这一点的概念对于货币理论的理解极有助益。不过，存在其他的这许多物价水平，以及相应于不同目的和不同情境而出现的次级价格水平——这样称呼它倒也公平合理——并不能成为我们认为货币购买力本身意义含糊的理由。

记账货币——我们在第一章一开始就提到了它——很早之前即为了满足人们要用一种方式来表示一般购买力的需要而被设计了出来。然而，使用物价指数来作为购买力的准确量度则是现时代的一个概念。欧文·费雪教授（Irving Fisher）[2]在他的《指数的编制》一书附录 IV 中，对指数的历史进行

1　参看马歇尔所著《货币、信用与商业》一书的第 21 页的这段话："'货币的一般购买力'这个词通常被合理地用来意指货币在一个国家（或其他地区）中按实际上消费的那些商品的比例来购买商品的能力。"在第 30 页上又写道："货币一般购买力应当参照制成品的最后消费者所支付的零售价格来正确地加以衡量。"

2　欧文·费雪（1867—1947），美国经济学家、数学家，经济计量学的先驱者之一，美国第一位数理经济学家，耶鲁大学教授。在经济学中，费雪对一般均衡理论、数理经济学、物价指数编制、宏观经济学和货币理论都有重要贡献。但费雪对经济学的主要贡献是在货币理论方面，他阐明了利率如何决定，以及物价为何由货币数量来决定，其中尤以所谓的"费雪方程式"为后世的货币主义者所推崇。——译者注

了简要的概述；除此之外，我只需要在添上一本书做参考即已足够，此书就是福利特伍德主教（Bishop Fleetwood）[1] 在 1706 年出版的《贵金属史》（*Chronicon Preciosum*）（尤其是第 IV 章的第一部分和第 VI 章），埃奇沃思称它是"最早谈到指数的专著，而且是最好的一部专论"。该书第一次以现代的方式探讨了购买力的概念以及对不断变化的货币购买力的多种量度。下面这段引文可以让我们一窥这位主教的研究路线："由于货币除了用来购买生活必需品和便利品之外别无他用，因此以下所述是明摆着的事实：如果说在亨利六世时代 5 英镑可以买到 5 夸脱小麦、4 大桶啤酒和 6 码布匹，放到今天，20 英镑也买不到比这更多的小麦、啤酒、布匹；所以说，亨利六世时代一个怀揣 5 英镑的人便和今天手里有 20 英镑的人一样富有。"不过，就实用的目的而言，物价指数肇始于十九世纪六十年代。[2]

1　即威廉·福利特伍德（William Fleetwood）（1656—1723），英国牧师，圣阿瑟夫和伊利的主教，因其在《贵金属史》中编制了一套价格指数而为经济学家和统计学家所称道。在匿名出版的这本《贵金属史》中，福利特伍德问道：1440 年的 5 英镑到了他的时代该值多少钱？　之所以问出这样的问题，乃是因为他的一位友人如果获取职位以外的收入超过 5 英镑就会丢掉在牛津学院的院士岗位，而这项法令是 1440 年通过的。福利特伍德搜罗证据证明在 1440 年前后 5 英镑可以买多少面包、饮料、肉类、衣物和书籍，然后把它们换算成十八世纪初时的价值，证明 1440 年的 5 英镑在十八世纪初大约值 28 或 30 英镑。亚当·斯密在《国富论》（1776）的第一卷末尾的第十一章中使用了福利特伍德的部分数据，但他并没有发展有关不同时期购买力比较的思想。只是到了十九世纪，人们才重新发现福利特伍德的工作，并加以推重，这主要归功于埃奇沃思（Edgeworth）对他的介绍。——译者注

2　有关这一主题的重要文献并不甚多，可罗列如下：

① 杰文思在《通货与金融研究》中重印的论文。（Jevons, *Investigations in Currency and Finance*）

② 埃奇沃思在《政治经济学文存》（*Papers relating to Political Economy*）第一卷中重印的论文。

③ C.M.沃尔什，《一般交换价值的测量》。（C. M. Walsh, *The Measurement of General Exchange-Value*）

④ 欧文·费雪，《货币购买力》（*The Purchasing Power of Money*）和《指数的编制》（*The Making of Index-Numbers*）。（转下页）

因此，记账货币是**表达**购买力单位的形式。货币是**保有**购买力单位的形式。作为消费之代表的复合商品物价指数则是**衡量**购买力单位的标准。

在物价水平理论中出现的问题，我们按以下顺序来加以讨论：

1．本章将把货币购买力或消费本位和货币的劳动支配力或报酬本位（后者衡量了货币支配人类劳作的能力）放在一起讨论。

2．第五章对某些次一级的本位进行讨论。

3．专属于在货币理论或诸如宣称货币具有内在价值的学说中出现的某些方程式的特殊标准，我们将在第六章"通货本位"这一标题下进行讨论。

4．不同价格水平之间的关系以及无论是真的还是宣称的，它们之间一致变化的趋势，我们将在第七章"物价水平的扩散"这个标题下进行简要地讨论。

5．最后，第八章我们必须得攻下在衡量货币购买力变化时所将遭遇到的难题，并就解决它们的最佳之法进行讨论。

第二节　货币购买力或消费本位

目前，令人感到满意的购买力指数非常缺乏。迄今为止，尚且没有哪一个官方编制的指数能够配得上"购买力指数"这个称呼的。官方编制的指数处理的往往都是次一级的物价水平，比如批发物价水平或生活成本物价水平，这些我们后文将会予以检视。舍此而外，目前所能取得的所有指数都非

（接上页）⑤ 韦斯利·米契尔，《批发物价指数》，美国劳工局统计公报，173 与 284 号。(Wesley Mitchell, *Index-Numbers of Wholesale Prices*.)。

⑥ A. C. 庇古，《福利经济学》(A. C. Pigou, *The Economics of Welfare*.)，第 i 部分，第 v 章。

⑦ G. 哈伯勒，《指数的意义》，1927 年。(G. Haberler, *Der Sinn der Indexzahlen*.)

⑧ M. 奥利维尔，《物价变动的指数》，1927 年。(M. Olivier, *Les Nombres Indices de la variation des prix*.)（此书对现有文献做出了非常杰出而广博的概括和批评。）

费雪教授正在预备编纂一部关于现有物价指数的词典。

常之粗糙，难以体现不同位点之间指数变化时的微妙之处和所遇到的严重困难，这部分的讨论我们推迟到第八章再来展开。

货币购买力指数应直接或间接地把进入到最后消费（与中间生产过程不同）的所有项目计入一次，且仅计入一次，并根据进行消费的公众在这些项目上投入的货币收入量之比例而进行加权。由于按照这样的方式编纂一套完备而全面的指数异常复杂，所以在实践当中，我们若能取得覆盖总消费中具有代表性的一大部分项目之指数，即已心满意足。但是在目前，即便是这样的指数也渺不可得。

现实操作层面的巨大困难，可以部分解释我们何以无法编制出完备或充分的消费指数；但是，还有一部分原因应当归咎于批发物价指数这个特殊种类的次级指数名声在外的缘故。当我们讨论诸如信贷循环这类短期现象时，批发物价指数的缺点在于，它的变动与货币购买力的关联变动并不是同时或同等程度地在发生。而当我们讨论长期现象时，它又存在另外一个问题：它把某些重要的消费对象或者完全忽略了或者重视不够——尤其是个人劳务和复杂制成品（例如汽车）。忽略第一类缺点（尽管有时可以部分由对第二类缺点的忽略所抵消），但是，在一个技术进步和财富不断增长的社会里，由于技术进步可以降低按照劳务计算的商品成本，同时该社会随着其平均财富的提高而增加它用于劳务方面的收入之比例，故而这一忽略是造成严重混乱的根源所在。在大多数国家里，与消费指数最为接近的是劳动阶级的生活成本指数。然而，该指数与批发物价指数具有同样的缺陷，虽然程度相对较轻，但把它扩展到应用于社会其他阶级时尤为如此，这就是说，与在商品上的支出相比，这一指数低估了个人劳务方面的支出。

虽然如此，随着统计资料的丰富，强有力的政府部门的资料来源应该足以让我们能够在数年光景内编制出相当准确的货币购买力指数。而现在，我们不得不满足于尽己所能地对现有的次级指数系列善加利用而已。

在这些方面，纽约储备银行的统计学家卡尔·斯内德先生（Mr Carl

Snyder)做出了一些颇具价值的先驱性工作。[1]他称为的"一般物价水平指数",乃是按照以下比例加权而把下述四种次级指数综合起来而得到的:

表2

批发物价	2	生活成本	$3\frac{1}{2}$
工　资	$3\frac{1}{2}$	租　金	1

我使用这个指数,是把它当成是提供了一个对消费本位(consumption standard)取其近似的指数。但必须谨记,斯内德先生是出于其他不同的目的在设计这套指数的,即为了[我将在第一卷,本书(原书)第69页述及]所谓现金交易本位(cash transactions standard)而编制的。

我们将看到,在斯内德先生所编制的指数中,某些支出项目以直接或间接的方式不止出现一次;不过这倒也无伤大雅,只要在指数编制过程中进行汇总时所赋予的权重没有不成比例即可。作为一套消费指数言之,斯内德先生的指数主要胜过其他指数的地方在于,它把工资支付的合成数给纳入了进来,如此即可对个人劳务的成本做出更进一步的合理估算。

斯内德先生所编制的美国指数,时间向前推到了1875年。在下面的表格里[2],更早期年份的数字是按照五年平均得到的。除早些年的之外,批发物价指数都是美国劳工局的指数。为了便于进行比较,我们把它也列在一旁;第三列给出了二者之间的比率。

1　可以参看他的《商业周期与商业测量》(*Business Cycles and Business Measurements*)一书的第**VI**章,此外还有纽约联邦储备银行最近几期的月度公报,从中我们可以一窥其方法的详情。

2　斯内德先生随后在1928年2月份的《经济统计评论》(*Review of Economic Statistics*)上发表了一套经过修正后的"一般物价指数",时间跨度是1913年到1927年,此次编制的方法与上述情况略有不同。不过,就作为消费指数言之,这套指数远不及上述指数有用。如上所述,斯内德先生的目的是在编制现金交易指数而非消费指数,因此,他为了实现其目的,在这个修正后的指数里就不仅计入消费品和劳务,还计入了不动产价值和证券的价格。如此一来,斯内德先生的新指数可能对他的目的来说更加适合,但他的旧指数则肯定更适合于我。

货币论 |

表 3 附有批发物价指数的斯内德美国"一般物价水平指数"

(1913 年 = 100)

年　份	消费指数（斯内德）	批发物价指数	二者之比
1875—1879	78	96	81
1880—1884	78	101	77
1885—1889	73	82	89
1890—1894	74	77	95
1895—1899	72	69	104
1900—1904	79	83	95
1905—1909	88	92	96
1910	96	97	99
1911	96	95	101
1912	99	99	100
1913	100	100	100
1914	101	98	103
1915	103	101	102
1916	116	127	91
1917	140	177	79
1918	164	195	84
1919	186	207	90
1920	213	227	94
1921	178	147	121
1922	170	149	114
1923	181	154	117
1924	181	150	121
1925	186	159	117
1926	186	151	123

对于我们当中的那些一直被教育（谁又能脱此窠臼呢？）说诸如索耶贝克（Sauerbeck）或《经济学人》（*The Economist*）的指数这类批发物价指数乃是"货币价值"代表的人，这张表格最有意义。很明显，在技术进步的时代，除了大战期间这类例外的情形之外，这些指数莫不渐趋于高估用于一般消费之目的的货币收入的价值。斯内德先生的指数或许在相反的方向上有其错误之处，其编制之法对于劳务成本赋予的权重过大。对此，我们必须等到对相关的事实做进一步的深入调查之后才能确定。那些深入在统计操作前沿的学者，也许会在将来对此给予更多的关注。

此外还有一类错误的来源——对这类错误进行校正，可能会使精确的消费指数比上述指数更贴近于批发物价指数——乃在于对制成品赋予的权重不

053

够，制成品的价格相对于劳务而言是趋于下降的。在批发物价指数构成以及生活成本构成两个方面，斯内德的指数斟酌损益，都做了一定的考虑。但是这些考虑是否充分则是值得探讨的。[1]

不过，如果我们仅仅是为了说明按其面值（face value）来审视斯内德指数，则按照过去 50 年的批发物价指数来计算将会使斯内德指数上升 50%；反之，若采取以斯内德指数为标准稳定物价之政策，则会使批发物价指数下降三分之一。有一点至少是很明显的，那就是，把一般批发物价指数作为货币购买力的近似指标的习惯性做派，乍看之下并非顺理成章。

斯内德先生曾提议为英国编制一套类似的指数，他提出的权重及构成如下：

表 4

贸易部批发指数	2
劳工部生活成本指数	$3\frac{1}{2}$
鲍利的工资指数	$3\frac{1}{2}$
租金	$\frac{1}{2}$

这种加权之法可能还有进一步改进的空间。不过，目前就我们现有的统计知识所能实际做到的情况来看，这一复合指数可能已经为英国提供了一套良好的消费指数。把时间向前回溯到 1913 年，这一指数的具体情况如下：

表 5　英国的货币购买力或消费指数

（1913 年 = 100）

年份	消费指数	批发指数	二者之比
1913	100	100	100
1919	215	258	83
1920	257	308	83

1　我认为，马歇尔使用批发物价本位来对并不存在的消费本位进行运算上的替代时，他所依据的理由是忽略劳务在效果上常可由忽略制成品而抵消。但是，这两个不同根源的错误恰好相抵的假设当然是非常之不可靠且难以令人满意的。

货币论 |

（续表）

年份	消费指数	批发指数	二者之比
1921	223	198	113
1922	181	159	114
1923	170	159	107
1924	172	165	104
1925	172	159	108
1926	169	148	114
1927	166	142	117
1928	164	140	117
1929	162	126	129

我们可以看到，与美国的情况一样，批发物价指数虽然夸大了货币购买力在战后的繁荣与萧条时期的涨跌，但在 1913 年以来的这一整个时期当中，它却是越来越趋于低估下跌的情况的。

如果贸易部打算编制一套真正优良的一般消费指数，若有可能，即把它向前回溯到 50 年之前，此举必将大大有利于人们清楚地理解货币购买力变化的社会影响。一套旨在表达消费信息而编制的指数，显然比适才讨论的斯内德先生的指数或韦斯利·米契尔教授的"一般目标"（general-purpose）指数这类"混合"指数更为我们所青睐，米契尔教授的这个指数是对不同类型的若干指数进行平均而得到；只有我们实在找不到其他更好的指数时，才拿这些"混合"指数[1]来当作对合适的购买力指数的替代。

55

第三节　货币的劳动支配能力或报酬本位（Earnings Standard）

这一本位旨在衡量货币对于与商品单位相对的人类劳作单位（units of human effort）的购买力，因此，货币购买力除以其劳动支配能力，可以得到

1　埃奇沃思的描述颇具代表性，他在英国协会备忘录中这样写道："这是所有各种模式和目的的一种调和；如果在实践当中情况紧急，使我们必须用一种方法而非很多方法……一大堆种类各异、难以比较的事项会让我们考虑去用**这种**方法，这就像詹姆士二世逃亡之后宣称王位虚悬的著名决定一样。"［参见前引第 256 页（原书中并未指明是哪一本书，综合来看，此书当时指埃奇沃斯所著的《1889 年致英国协会第三次备忘录》（*Third Memorandum for the British Association*，1889）。——译者注）]

055

一个真实的报酬能力指数，由此可以得到一个关于生活水平的指数。

在计算这一本位时，主要的拦路虎在于，很难找到可以对各种人类劳作进行比较的共同单位。这是因为，即使我们同意——我们必须得这样做——在这个方面忽略技术程度乃是正确的做法，而专指根据社会上实际流行的所有技术等级而平均求得的劳动的单位报酬率，至少从理论上，我们仍然应该把在工作的劳动强度、令人厌恶的程度和工作时间的规则性方面的变化考虑在内。实际上，即便我们能够做到最好的程度，最多也就是把每个等级的全体工人每小时平均货币收入作为货币劳动支配能力或报酬本位的指数而已。

有一些著述者把报酬本位作为与消费本位相竞争的一种理想的客观标准，根据这一地位来稳定货币单位。这是一个方便的从权方法，我们随后再做讨论。当然，在某些类型的社会组织当中，可能存在很强的理由去稳定货币的劳动支配能力而非其购买力，这就仿佛是我们更有理由去稳定小麦、电力或黄金的价格一般。在这种情况下，问题的答案必然取决于在一个特定社会的给定环境下人类劳动的效率到底是体现在货币报酬的变化上，还是体现在货币价格的变化上。

第四节 劳动阶级指数

与社会整体的消费本位和报酬本位相应，我们还有（所谓的）劳动阶级生活成本指数和工资指数，二者之比给出了实际工资指数。在实际工作当中，这两种劳动阶级指数都很重要，因为它们所需的统计数字比社会整体所需的相应数字更容易获得，因此我们实际上在编制的正是这些指数。

出于这一原因，有时候我们把劳动阶级生活成本指数当作消费本位的初步近似数字使用颇为方便，一般而言它比批发物价本位更加接近于消费本位——不过我们也要记住，这种指数不仅只限于劳动阶级的消费，而且还仅仅限于该阶级的部分消费内容，即仅仅限于维持现有生活水平所需的必需品消费。用它来作为某种消费本位的一个组成部分是自然而然之事。今天，编

制这种指数在大部分国家都很流行，而其基础虽未充分地做到经常修订，但是有关这方面所将遇到的统计上的困难和实际操作中的难题，以及克服它们的最佳办法，业已积累了相当可观的经验。不过，这一切已经是众所周知的情形，而且也得到了清楚的理解，所以在这里也就毋庸赘言了。

第五章 诸次级物价水平

对不同类型的物价水平进行彼此区分，其先驱者是埃奇沃思。正是在他写给英国协会备忘录（1887—1889）中，首次对物价指数进行了详尽无遗的分类，直到今天这仍然是对此问题最重要的论述。于此，他区分了六种主要的指数类型——资本本位、消费本位、通货本位、收入本位、不定本位（indefinite standard）和生产本位。近乎40年之后［《经济学刊》（*Economic Journal*，Vol. xxxv，1925），第379页］，埃奇沃思又把指数分为三种主要类型——代表福利的指数、未经加权的指数和劳动本位。这三种范畴当中，第一种和第三种相当于前述我们所定义的消费本位和报酬本位的某种变化形式；而第二种我则与他有着根本的分歧，有关于此，我将在第六章第二节予以论述。

不过，除了这些基础性的物价水平之外，还有诸多次级物价水平，它们所对应的不是货币对消费品整体或全部人类劳动的一般购买力，而是货币用于特定目的的购买力；例如，货币用于大宗批发商品或股票与债券之类的购买力。进一步言之，除了这些虽然有其局限，却也多多少少具有一定普遍性的物价水平，还是有着其他很多更次一级的物价水平，对于特殊的目的或在构造更为一般性的物价水平当中，作为组成部分而言还是颇有些用处的。这些出于实用目的的指数中，最有价值的当属为具体的贸易和劳务而编制的日益精确和完备的物价水平指数；有关海运费用、铁路运费、棉纺织品、毛纺

织品、建筑材料、钢铁制品、化学物品、电力、谷物、家禽和乳制品等的指数，就是这样的例子。未来若要为衡量一般购买力而构建消费本位，也许可以对这些次级指数进行适当的综合，如此可胜过斯内德先生在没有更好的数据资料时对诸如配发物价指数和工资指数这类更为笼统的指数类型进行的综合。

除了第四章讨论过的消费本位以及第六章将要讨论的通货本位之外，其他本位中还有两种也非常重要，值得专门述及：

(i) 批发物价本位；

(ii) 国际贸易本位。

第一节 批发物价本位

这一物价水平是由基本商品的批发价格构成。这些商品有时可以分为食品和原料两类；有时也可分为农产品和非农产品两类。该物价水平几乎完全依据不同生产阶段上（包含从最初的生产直到消费者的各个环节）制造或位移的完成程度不一的原材料的价格；也就是说，它大体上相当于嗣后各章我们所称的营运资本（working capital）——也即未成品——的物价水平。

更老一些的批发物价指数要么是未经加权，所有主要的基本商品在重要性上被一视同仁，要么顶多就是大致上做些加权，例如像小麦这类商品的重要性被赋予比锡大两到三倍，而其真实的相对重要性可能在十倍以上。不过，近来最好的官方指数已经根据生产普查中所显示的在国民经济中的相对重要性，精心地以科学方式进行了加权。到目前为止，这些改良的最高成果就是美国劳工局编制的批发物价指数，这套指数可称精良，自 1927 年 9 月最后一次修订，均以 550 种单种商品为基础进行了科学地加权。

几乎所有早期的物价指数——诸如杰文思、索特比尔（Soetbeer）、索耶贝克和《经济学人》的指数——都是批发物价指数，这主要是因为以前唯有这类指数才可以取得所需年份的充分的统计资料。由于当初没有其他的指数

可用，所以无论是一般大众还是学术界在讨论货币问题时，都不加保留地把它们作为"货币价值"的指标来看待。我们当中的大多数人已经习惯利用索耶贝克或《经济学人》之类的指数，而没有充分地告诫自己，这只不过是得不到更好指数的权宜之举，如果能够对这些指数与货币购买力的实际差异进行计算，那么我们就可以证明这种差异无论在理论上还是实践上都意义非凡。著名权威沿袭成说，也极大地鼓励了这种轻信的态度，我认为这类成说错谬不堪。其大致内容是这样的：根据理论统计学的知识，只要是包含的独立物价行情相当广泛，则任何物价指数在实际当中所得到的结果就会与其他指数趋同；因此，我们没有必要为许多不同的物价水平而自寻烦恼。在通行的经济学中，这种态度深入人心，以至到目前仍在广泛流传，造成了大量误解。本书第六章第二节将对此一说法中的错误进行讨论。

批发物价指数和消费本位之间之所以可能存在分歧，原因则殊为不同——为求更后面阶段上的讨论——在此加以区分是很有好处的。这两种本位之所以会发生不同的波动，要么是因为前者所纳入考虑的未成品与后者纳入考虑的制成品种类或比例不同；要么就是因为前者所考虑的未成品预期在价格上与后者考虑的**日期**不同的制成品相对应所致。

关于不同支出对象对批发物价本位和消费本位所分别具有的不同重要性，除了在加权方面所出现的其他分歧之外，前一本位忽略了对个人劳务和大部分营销费用，以及所有从固定消费资本（例如屋舍）的享受中得来的那部分消费，这种固定消费资本成本的一个很重要的组成部分是利率；而这些部分却占到了消费者支出的很大比例。因此，我们绝对没有理由期待这两种本位在长时期内会一起变化。

此外，倒是有很好的理由预期批发物价指数要比消费指数波动得更加剧烈，这是因为前者受到高度专门化的项目之影响更大，而后者则更多地把诸如交通运输和市场营销这类相对不是那么专门化的劳务纳入进来进行考虑。例如，农产品的价格之于农民，要比同一产品加上运费和营销费用后的价格

之于消费者，变化范围更大。[1]

短期来看，批发物价本位和消费本位二者的波动不一致，还存在着另外一个理由。那些不能用于消费的未成品，除非从它作为制成品的组成部分之预期价值所得到的部分之外，并无其他价值；因此，它所反映的并不是制成品今天的价值，而是现在的未成品到该完成加工过程的那个日期的预期价值。当我们讨论到信贷周期时，我们会发现批发物价指数受到未来某一日期的预期消费指数水平的支配这一点，具有着实际的重要性。

第二节　国际贸易本位

在现代经济世界，许多国际贸易物资于各国之间自由流通，运费、关税和其他障碍均不足以阻碍这种流通。每个国家都有一个指数，我们可以把它称为国际贸易指数，它实际是由那些在其他国家有销路、且按照它在该国贸易中的重要性进行加权的主要标准商品构成，其中主要是原材料。这一指数的完整版当然还会包括像棉纺织品之类的国际贸易大宗制造品。在任何一个给定的国家，这种指数相当于现在一般所称的非保护价格水平。

现在，计入关税和运输成本之后，国际贸易指数中每一组成部分的价格如果以同一种通货换算，则对所有国家必然均是一样。因此，如果按照关税和运费的变化而进行校正，按某国的物价表示的任何国际贸易指数对另一国的物价所表示的同一指数的比率之变动，必会与两国间通货汇率的变化紧密一致。也就是说，通货间的外汇汇率，必定与那些通货对国际贸易主要商品的相对购买力处于同一平价之上。

不过，我们切不可忽视这样一个事实：运费和关税所要求的校正在一段时间内可能会非常之大，甚至连那些我们无疑认为有着国际市场前景的商品

1　参看我对《经济学刊》1929 年由沃伦（G. F. Warren）和皮尔森（F. A. Pearson）所著之《供给与价格之间的相互关系》（*Inter-relationships of Supply and Prices*）所做的评论。

也是如此。下表是 1896 年到 1913 年共 17 年的统计数字，是根据 F. C. 米尔斯（F. C. Mills）先生所搜集的统计资料［《价格行为》（*The Behaviour of Prices*）第二节］编制而成，它可以对此做出清晰的说明：

表 6　相对于英国物价变动，1913 年与 1896 年的物价变动之比较[1]

	英国	美国	德国	法国
小　麦	100	112	104	97
马铃薯	100	186	157	188
粗　糖	100	86	89	—
原　棉	100	101	100	101
生　铁	100	91	75	—
烟　煤	100	97	108	111
石　油	100	164	—	141
羊　毛	100	102	—	—
兽　皮	100	103	—	—
咖　啡	100	248	—	172

表中有几个数字可能是错误的，而且无法做严格的比较。比如马铃薯，把它列入国际贸易总有些可疑，其英国的数字可能曾受到收成或季节等暂时情况的严重影响。但是，这个表所带给我们的一般意义还是很明显的。诸如原棉、羊毛和兽皮这类原材料，无需缴纳关税且易于运输，所以其国际平价可以维持得非常准确。但是，生铁和小麦等许多其他重要商品的价格在不同国家可能就明显存在着不相符合的趋势。

尽管如此，当一国之内货币购买力的变动与其国际物价水平的变动存在着显著差别时，对于解释本地的货币均衡和价格变动而言，这很可能是一个重要的问题。在我撰写此章之时（1927 年），当下最有意义的货币现象即是相对于多国的本地货币购买力指数而言，它们的国际贸易物价水平存在着普遍下降的趋势。

对于经济解释来说，还有一个具有相当意义的现象。那就是，任何一国

　　1　比如，如果这一时期内一种商品的价格在英国上涨 10%，在美国上涨 20%，那么，我们的上述指数便在美国一栏中列示为 109，也即（120/110）× 100。

相对于以出口品进入国际贸易的那部分商品，以及以进口品进入国际贸易的那部分商品的国际贸易水平所发生的变动。这两种变动之间的比率可以为进出口相对价格提供一个派生的指数，或者也可以这样说，为贸易项目之间的相对价格提供了一个派生的指数。它可以衡量为换取一单位国外商品所需提供的国内商品数量。正如鲍利教授（Professor Bowley）所表明的那样，这个指数尤其容易遇到因给定类别的进出口品在比例上经常发生快速的波动而改变构成所带来的困难。这种指数是吉芬（Giffen）[1]在为贸易委员会所做的计算中首先引入的（1878—1879 年议会文件第 2247 号，以及之后几年的议会文件）。[2]

近年来，外汇购买力平价理论多次得到讨论，这种理论最为纯粹的形式，也不过是对上述命题的重新表述罢了。这一理论认为，两种通货之间的外汇汇率变化的方式，与其中一国物价所表示的国际贸易指数相对另一国物价所表示的该指数之比率是一样的。

实际上这几乎是不言自明之理，纵然有卡塞尔教授（Professor Cassel）这样的权威支持，如果该理论不是被扩展到了货币本身的购买力上——我认为这并不合理——它是不大会受到这样的关注的。由于进出口品的价格对其他价格有影响，所以一个国家的国际贸易本位及其消费本位的变化之间，一般是会存在着一些关联的。但即便在长期的情况下，两国通货兑换率的变化与彼此相对的消费本位变化之间，也没有理由认为存在某种严格而又必然或直接的关系。如果认定它们之间有关系，那一定是忽略了贸易项目会发生变化

---

[1] 即罗伯特·吉芬爵士（Sir Robert Giffen, 1837—1910），1837 年生于英国拉纳克郡，是英国著名的经济学家。经济学中的"吉芬商品"就是后人纪念罗伯特·吉芬而命名的。1910 年 4 月 12 日，罗伯特·吉芬在苏格兰去世，终年 73 岁。——译者注

[2] 有关英国的这种指数之讨论，可以参看：Bowley, *Economic Journal*, Vol.XIII, p.628. Keynes, *Economic Journal*, Vol.XXII, p.630；Vol.XXXIII, p.476. Beveridge, *Economica*, Feb. 1924, p. 1. Robertson, *Economic Journal*, Vol. XXXIV, p. 286. Taussig, *Economic Journal*, Vol.XXXV, p.1.

的这种可能性。

购买力平价理论即使不是不言自明之理，那它的声望与其说是由它那相当粗劣的内在理论所得来，还不如说是由于它被运用到某些最常见的国民经济指数上之后，而被人认为这是得到证实的证据所致。[1]但是，这种表面上的证实可以由以下事实来解释：许多流传时日最久的批发物价指数主要乃是根据国际贸易中的大宗商品编制而成；原因倒也很容易理解，在要求持续年份很长的时期，只有这些商品才最容易获得令人感到满意的价格。若然这些批发物价指数全部由这类商品构成，且每一种情况下的加权体系都一样，[2]那么这种证实将近乎完美。这是因为，购买力平价理论不仅适用于进入国际贸易的商品项目之**指数**，而且只要把运输成本等项的变化纳入进来加以考虑，它也可以适用于这些商品中分别计入的每一项的价格。不过，由于这些指数一般来说总是含有两到三种不能自由进入国际贸易的商品，而且还因为其加权体系和选定商品的等级与品质各异，所以这些使购买力平价理论初看起来很有意义的"证实"，就出现了程度上的差异。

从另外一个方面来讲，当这种比较实际上是根据不同国家的货币购买力做出来的时候，交易记录并不能证实外汇购买力平价理论。我过去曾认为这个理论[3]很有意义，但现在已经不再这样认为了。我现在认为，在这个方面我

---

1 在我的《货币改革略论》一书的（原书）第 99—106 页，我曾给出过一些例子。

2 鲍利教授在其《物价变动的国际比较》(International Comparison of Price Changes) 和《十一个主要国家的物价指数之比较》(Comparative Price Index-Numbers for Eleven Principal Countries) [伦敦和剑桥经济事务研究所 (London and Cambridge Economic Service)，《特别备忘录》(*Special Memoranda*)，1926 年 7 月第 19 号与 1927 年 7 月第 24 号] 两篇文章中，讨论了运用地方批发物价指数时不同加权体系所引起的误差。

3 关于对此一理论更加充分的讨论，请参看拙著《货币改革略论》原书第 87 页。还可以参看卡塞尔的《1914 年以来的货币与外汇》(*Money and Foreign Exchange after 1914*)，以及基奥博士 (Dr Keihau) 在《经济学刊》1925 年第 xxxv 卷，第 221 页上发表的文章。

们的讨论当中真正有意义的问题，是关于物价水平在各国之间的国际扩散问题，这是一个复杂得多的问题。以我观之，卡塞尔教授最近把他的理论运用到当前的情况时，其潜在假设贸易项目不变，使这种运用并不成功。本书第二十一章我们将可看到，一国维持外部均衡时所面临的最大困难之一，正是贸易项目可变，比如说对外投资率的变化就可以导致贸易项目变化。

很显然，只是发布通常作为物价指数的各种指数而不做进一步充分说明，这种常例会带来颇为有害的误导。据我看来，卡塞尔教授本人把适用于我之所谓国际贸易物价水平这一特定的物价水平之结论运用到其合适的范围以外，庶几就是受到此等误导之害。英国恢复金本位之时，英格兰银行与财政部得出了一个错误的结论。他们认为，由于与英国国际贸易物价指数几乎相同的批发物价指数彼时正迅速地与黄金汇价变动趋于一致——这是因为国际贸易指数必然会带来这样的趋同现象——所以，对于"一般性物价"亦必如此。此外，信贷周期理论的学者有时候因忽视长期当中可能会一起变动的物价水平暂时的分歧，而恰恰把这种理论所要研究的事实给假设掉了；事实上，一切研究短期现象经济理论的学者，都有此病。

虽然如此，自从战争结束以来，赖以编制指数的物价水平之种类有了巨大的增加，而且依据的统计资料更为充分，这种状况正在逐步打破流行的看法，即不再认为诸如索耶贝克指数或《经济学人》指数这一类的物价指数在当初编制它们时所明确表示的适用条件之外，也可以用来提供多少可以让人觉得满意的货币价值指数。我认为，官方统计部门的职责所在，首先在于编制一种真正良好的货币购买力指数，其次则要扩大他们所编制和发表的专门次级指数和子类指数（最好能在贸易机构和专家的帮助下进行编制），以便尽可能使人们易于以不同方式对这些子类指数进行结合而构造出适于特殊目标或着意探讨之目的的更为复杂的指数。

第六章　通货本位

第一节　现金交易本位与现金余额本位

我将在本书第十章提出新的基本方程式，这个方程式把理应给出的货币购买力给推导出来。然而，迄今一直在运用的数量方程式则无法做到这一点。在本书第十四章我们将看到，这些公式所适用的物价水平，各种不同的物品以之进行加权时，不是与它们对消费者的重要性成比例，而是与它们在现金交易量或现金余额量这些方面的重要性成比例而加以计算的——这两类数量若以术语名之，即是通货本位，我们分别称为现金交易本位和现金余额本位。

这两种通货本位必然异于货币购买力，这是因为不同物品作为货币交易对象所具有的相对重要性，与它们作为消费对象所具有的相对重要性并不相同。很显然，合乎消费本位的加权体系与合乎通货本位的加权体系彼此可能存在实质的差异。一种直接从最初的生产者转移到最终消费者手中的支出对象，较之于另外一种价值相等但在到达最终消费者之手前要多次转手，并经由许多生产阶段，而且每一次都要牵扯到货币交易的支出对象，产生的货币交易量自然要小一些。因此，这两种支出对象用于消费本位的各种目的时会作相等的加权，但用于通货本位的各种目的时则要作不相等的加权。此外，还有很多类金融业务也会产生大量的交易，但对于消费本位极少或根本没有任何重要性可言。比如，证券交易业务或三月期国库券就是其例，后者在其

三个月期限之内会产生大量支票交易，而且由于在这三个月的流通期间的转手，可能还会成为更大量的支票交易之对象。

尽管是这样，把通货本位与货币购买力混为一谈的现象也屡见不鲜，甚至极少数认识已经深入到能把这两者区分开的著述者，亦常忽略通货本位有两种类型之事实。在第一类通货本位中，不同的支出对象是按照它们所产生的现金交易量（支票支付和现金支付自然一并含在其内）按比例加权的。但是在第二种类型里，支出对象是参照它们所引发的对银行余额或货币存量的需求进行加权的。此二者之所以不同，乃是因为根据可以预期的日期和交易量，不同交易所具有的规律性与确定性，有些交易需要持有的预存货币余额，要比另一些货币价值相等的交易过程更大。由此可知，某些商品价格的涨落会比其他可以产生相等现金交易量的商品类似的价格变动，引起更大的现金余额数量之波动。

我建议把第一种类型的通货本位称为**现金交易本位**，把第二种类型称为**现金余额本位**。作这种区分的意义，我们将在第十四章讨论，到时我们可以看到"费雪"数量方程导出了前一种本位，"剑桥"数量方程导出了后一种本位。

我认为，对通货本位进行研究的著述者一般来说指的都是现金交易本位，而非现金余额本位。定义为现金交易本位的这种**通货本位**，其名称事实上是由福克斯韦尔教授（Professor Foxwell）首次引入的。福克斯韦尔教授认为它是讨论复本位制和本位选择等这类情况时"最好的升值或贬值的衡量尺度"。然而，对这种本位所做的最重要的阐发，却非福克斯韦尔教授本人，而是埃奇沃思教授。埃奇沃思教授根据他与福克斯韦尔教授的谈话，在他所写的《1889年致英国协会第三次备忘录》（*Third Memorandum for the British Association*，1889）重印版，第261页中对之进行了阐释。埃奇沃思的总结性评论如下："整体来看，对于通货本位，我们似乎应该多加注意才是。原来被先前编制指数的人莫名其妙地弃置一旁的石头，很可能是未来建筑的基

石。"前文已经说过，使现金交易本位占据重要地位的，还因为这种物价水平颇为相合于欧文·费雪教授那声名远播的公式：$PT = MV$。[1]

另一方面言之，**其他条件不变的情况下**，现金余额本位的变化会使公众所需要的货币量**按照相同的比例**而改变，这一事实使它拥有了卓越的性质。

实际上，通货本位与消费本位之间最重要的区别在于，前者对商品的加权比后者大很多，而对劳务的加权则比后者小很多，同时前者包含金融交易对象，而后者排斥这些对象；结果，当资本品的交易价值相对于消费品的交易价值发生变化时，或者商品的价格相对于劳务的价格发生变化时，两种类型的本位之波动可能大不相同。后文我们会看到，对于贸易和信贷波动的短期经济理论而言，这一点具有特别的重要性。这也意味着，即使银行的习惯与惯例没有发生变化，货币购买力与其数量之间的关系也可能随之不同，而又不会减少（或增加）便利的程度。但这是后面章节所讨论的内容。

在某些情况下，批发物价指数的波动可能更接近那些通货本位，而不是那些消费本位；但是，通货本位受资本交易的影响而批发物价本位则没有此虞，这一事实让我们无法对这种对应关系放心依靠。

第二节　是否存在所谓的"总体物价水平的客观平均变化值"

不过，还有一种与上文所述有异的通货本位，在我们这一论题的历史当中地位相当重要，而且对物价指数的性质之通行概念产生了巨大影响。事实上，第一位把物价指数引入到货币科学中的经济学家（虽然和其他富有原创性的天才一样不可能没有先驱者）乃是杰文思（Jevons），他并不是从上述的

1　见迪维西亚先生的《通货指数与货币理论》，载《政治经济学评论》，1925年，第1001页。（M. Divisia, "L'Indice monetaire et la theorie de la monnaie", *Revue d'Economic politique*, 1925, p.1001）（法文书名参考了商务印书馆版《货币论》的译法译出。——译者注）参照了根据链式方法逐年计算的现金交易本位而对货币价值进行了定义。

货 币 论 |

任何角度着眼来看取他的想法的——既不是从货币购买力的角度，也不是从适才定义的通货本位这一角度去看。埃奇沃思在此问题上浸淫四十余年，无论是对此一问题的最早期的贡献还是最晚期的贡献，他从未尝试从这两种角度来关注它。鲍利博士也没有这样做——至少在他的理论研究中没有明确地这样做过。在这里也要提一提古诺（Cournot）的大名，原因在于他用地球与行星由于地球运动而产生的相对位置的变化来说明货币变化所带来的物价的变动，虽然他把伦理学与物理学进行凭空的类比，曾犯下了很多显而易见的错误，但这种观点还颇值得一提。这些了不起的权威之中，有一些当然与其他人一样对物价指数乃是复合商品之价格的概念相当熟悉，而且也深知不同的复合商品对于不同的时间、地点和目的而言所具有的适用性。他们未必在任何主要问题上均与我上述之一切存在分歧。但是，他们却在探寻一种与货币购买力截然不同的概念，此概念与他们所称的**货币本身**的价值有关，用古诺的说法，即是与货币的"内在价值"有关，[1]杰文思确然是这样做的，据我所知，埃奇沃思与鲍利亦是如此。长久以来，我一直认为这一概念颇为虚妄，所指虚无缥缈，不可深察，它使英国传统的物价指数理论蒙上了一层难以捉摸的虚幻色彩。而美国的情况则非如此。杰文思、埃奇沃思和鲍利博士的这层"虚幻色彩"基本没有见诸沃尔什（C. M. Walsh）、欧文·费雪和韦斯利·米契尔的代表性研究方法中。不过，美国人虽然没有对这种虚幻的创造物投以崇拜的目光，但也没有积极地与之进行斗争（可能沃尔什先生是个例外）；埃奇沃思明智地把他藏在了一个阴森的山洞里，他们没有把他从里面给拖出来。[2]无论如何，为了使这一讨论更加完整，我必须得把我的论点努

---

1 与他所谓的"货币力"（power of money）或现代术语中的"货币购买力"不同。

2 沃尔什先生与埃奇沃思曾在《经济学刊》的很多篇幅之上以及其他的地方，对从概率的微积分学中得来的某些概念应用到物价指数上是否适当，进行过一场漫长的争论。在大体内容上，我站在前者一边。艾伦·杨格教授（Allyn Young）之前曾稍倾向于赞成具有"虚幻色彩"的英国学派，后来（1923年）转而支持另一面了［参看他的《经济问题》（*Economic Problems*），第294—296页］。在欧洲大陆，意大利（转下页）

力说清楚，若有分歧异见，就使它显露出来。[1]

按照杰文思—埃奇沃思的概念，个体物品价格的波动受制于两类不同因素的影响——一类是因"货币方面的变化"所造成的影响，这种变化（要受到时间维度的摩擦）会在方向与程度上**同等地**影响**所有**价格，另一类是由于"商品方面的变化"所造成的影响，这种变化则会影响到相对价格。现在就第二类影响而言，相对价格的变化不可能涉及货币价值本身的绝对变化。相对价格的变化当然会影响到代表特定种类商品价格变化的局部指数，比如劳动阶级的生活成本指数就是其例。但这类变化不会影响"整体"的物价水平或货币本身的价值。所谓货币本身的价值或整体的物价水平之变化，他们指的是"货币方面的变化"因相对价格变化以及相对于物价水平的变化所引起个体价格水平上的混乱而又相互抵补的变动，在被"平均"之后所出现的均匀一致的剩余变化量。为将"货币方面的变化"剥离出来，他们利用了基于概率理论的均值原理。如果我们对个体价格水平进行足够多的无偏观察，就会发现，它们的相对变动可以根据误差律而被相互抵消。按照一般方式计算总是可能发生一些错误，不过除去这些错误之外，我们可以得到一种相当令人满意的关于物价水平本身的剩余变动指数，这才是我们所要追求的目标。[2]

（接上页）的基尼教授（Professor Gini）和奥地利的哈伯勒博士（Dr Haberler）没有这种虚幻色调；而法国的卢锡安·马奇（Lucien March）（Metron，1921）是有这种色调的，而迪维西亚（前引书第 847—858 页）明显不带这种色调。从马歇尔的某些对这个问题所发表的看法观之，我相信他也不具有这种虚幻色调；但是他从未明确地对这个问题进行过讨论。

1　我首先是在一篇论述物价指数的论文里力图对此问题进行讨论的，只是尚不够充分，该文于 1907 年荣获剑桥大学的亚当·斯密奖。

2　这一目标与埃奇沃思在他 1887 年为英国协会所撰的备忘录（重印于他的《政治经济学文存》）的第 VIII 和 XI 部分中提出的**不定本位**（indefinite standard）相同。他的第 VIII 节寻求"确定无关于商品数量的指数：所依据的假说是，有一类商品数目众多，其价格按照完全竞争市场的方式而不同，且这种变化影响货币供给。"第 IX 节寻求"利用商品数量的指数之确定：所依据的假说是，产生物价的一般变化之原因乃是共通的。"

接下来我们分别从杰文思、鲍利博士[1]和埃奇沃思诸君的著作中援引三段话，用以说明我所试图描述的思想路线。

杰文思，《通货与金融研究》（*Investigations in Currency and Finance*），第 181 页：

> 在给出因黄金方面的变化而引起的这类一般物价水平的变化方面，几何平均值似乎是最精确的方式。这是因为，任何黄金方面的变化都会以同等的比例影响所有的价格；如果其他干扰因素可以视同与一种或多种商品所引起的价格变化比率适成比例，那么，价格的所有单个的变化就可以在几何平均值中正确地得以抵消，而黄金价值的真正变化也可以由此侦知。

鲍利，《统计学要义》（第五版）（*Elements of Statistics*, 5th ed.），第 198 页：

> 因此，如果我们要去测量整体物价水平……以便使最终的指数可供误差律分析之用，则必当随机取样，而且样本的不断变化应该独立于一般的变动；如果样本的不断变化不独立于一般的变动，则这就会要求增加为达到指定的精确程度所必需的样本数……如果独立量的数目相当之多，则任何合理的加权体系都能就问题的具体条件得出所允许得到的最佳结果。

埃奇沃思，《政治经济学文存》，第 1 卷（*Papers Relating to Political Economy*），第 247 页：

> 我们已经看到，考虑到货币供应的变化这一假设，则杰文思结合物

1　亦可参看鲍利博士的《指数说明》（Notes on Index Numbers）（《经济学刊》，1928 年 6 月）。

价的各类变化而不关心相应交易量的方法就不像有些人所曾认为的那样荒诞不经了。这就好像是我们想找出太阳的位移所带来的物影长度的变化一样。如果投射出阴影的物体并不固定——例如摇曳不止的树木——那么，只做一次测量就显得并不足够。我们可能需要取多次测得的阴影长度的平均值。就我们的目的而言，投射阴影的直立物体的**宽度**并不重要。"树冠阔大的山毛榉"和高耸入云的松柏均可同样被用作粗略的测量标尺。

在第 256 页上，他继续写道：

在流行的看法中，我们分析中进行区分的两种要素似乎被结合了起来，也就是说，这种看法把总体物价的客观平均变化之概念与货币购买他物的能力之变化结合了起来。

简而言之，对于这种思考方式，我们有一个结合多次观测的典型问题，在此情况下，各个独立的观测结果均受着一种干扰因素的影响，此一因素需要我们把它进行消除处理。我们之所谓"货币价值"上的起伏，乃是一种假设的运动，如果"货币方面的变化"——即倾向于同样影响所有价格水平的变化——是唯一会起到作用的变化，而"商品方面"又没有什么力量使其价格发生相对变化，那么，这种假设的运动就会出现。

这类性质的问题是这样的，人们想当然地认为，我们的计算，其合理的科学基础乃是基于对单种价格的**多次**观测，其中尤其是对那些受"独立"因素影响的价格所做的观测。如果我们喜欢，我们也可以随心所欲地使用某种粗略的加权体系，对那些可能未对独立性做充分衡量的结果予以抵消。我们的计算所使用的加权并无害处，而且从另一方面来看，如果我们的观测结果数量众多，而且是随机选择的，那么这对最终的结果就不会产生什么影响，因此，总体看来，人们的认识有画蛇添足之感。在随机选取大量个别的价格

货币论 |

以后，接下来的任务就是去决定将它们结合在一起的最为适当的方法。相对运动最可能依照什么样的规律在靶心周围分布呢？ 是否一如杰文思所认为的那样，单种价格的几何平均值最接近这个靶心呢？ 或者如许多计算人员所认为的那样，算术平均值已经足够好，其理由无非是加法比乘法更加容易，实际情况果真如此吗？ 或者是否如埃奇沃思所倾向认为的那样，整体而言众数更为可取呢？ 我们有没有更好的理由来"推想"诸如调和平均值或均方根等等之类的公式呢？[1]

今天，虽然物价指数即复合商品价格（埃奇沃思之"货币购买他物的能力"是也）的概念日渐流行（所有老的指数几乎完全没有进行过加权，而诸如美国劳工局指数这类最好的新指数全都精心地进行过加权），但是其他的概念也未被根除，余响犹在，对统计学界仍具有传统上的影响力。1888 年英国协会委员会得出的结论（尽管他们出于实际的目的也提出了一套加权指数，并称其"更值得信赖"）认为："只要存在大量商品，科学的证据就仍会支持杰文思教授所使用的指数。"此一观点从未被经济学界明确地驳斥过。

不过，我却斗胆以为，上述这些我尽力客观公正而又合乎情理地阐述的这些看法，彻头彻尾地满盘皆错。关于物价指数的"观测误差""射靶心而不中"之类的概念，埃奇沃思的"总体物价的客观平均偏差"，诸如此类，均是

75

---

[1] 有些著述者曾尝试着通过观察到底单种价格实际上是沿着相应于算术平均值的高斯曲线，还是沿着相应于几何平均值的曲线而分布，以此测其离散状况，从而解决这一问题。有关这一方法之结果的杰出阐述，可以参看：Olivier, *Les Nombres Indices*, chap 4；也可以参看：Bowley, "Notes on Index Numbers", *Economic Journal*, June 1928, pp.217-220.但是，在我看来，除非做反向的运用（即证明除了应用于大量的情况之外，其离散的形状并无规则性可言），这种方法似乎在理解上存在着问题。这种方法的倡导者只是把它应用在少数的情况上，除非有进一步的证据证实，我们先验地即有理由去做这样的预期，否则这种做法什么也证明不了。如果曲线的分布在众多的不同情境下都具有同一的形态，那倒也是值得注意的；但是就目前所进行过的观测而言，似乎并未得到过这方面的说明。不过，值得一提的是，奥利维尔先生和鲍利教授均得出了这样的结论，认为就已经检验过的情形看，关于曲线的拟合问题，几何曲线要比算术曲线拟合得更好。

073

思想混乱之结果。何尝又有什么靶心存在？哪里又会有什么冥冥中可称其为"总体物价水平"或"总体物价"的客观平均偏差的稳定而唯一的中心，在这个中心的周围散布着单种商品运动变化着的物价水平呢？对于上文所列示的各种目的和探究而言，存在着各种适当而明确的复合商品物价水平的概念。舍此而外，别无他物。杰文思所寻求的，不过是一场虚幻的海市蜃楼罢了。

这种说法错在何处呢？首先，它假设围绕均值的单种价格的波动在独立观测的结合理论所要求的意义上来讲是"随机"的。在这个理论中，一个"观测结果"偏离实际的位置，被认为对其他"观测结果"之偏离没有影响。但是，就物价的情况而言，一种商品价格的变动必然会影响到其他商品的价格变动，[1]而这些具有相互弥补性质的变动之大小，则取决于对率先发生变动的商品之支出变化与受第二波变动影响的商品支出之重要性相较其大小几许。所以说，哪里有什么"独立"情况，分明是一系列"观测"的"误差"之间存在着的某些对概率进行探讨的作者们所称的"连通性"（connexity），或者如莱克西斯（Lexis）所说，存在一种所谓"次正态分布"（sub-normal dispersion）。

因此，只有对连通性的适当法则予以确切说明，我们才能继续进行探讨。但是，要想确切地阐明连通性法则，就不能不考虑所牵涉到的相关商品的相对**重要性**——这就带我们回到了一直在力图避免的问题上来，也即对复合商品的项目进行加权的问题。如果我们所指的"货币方面的影响保持不变"，本意是说货币交易的总量维持不变，那么，我们在这里所讨论的指数，

1　迪维西亚（《通货指数与货币理论》，《政治经济学评论》，1925年，第858页）曾是明确指出此点的极少数作者之一。也可以参看：Olivier, *Les Nombres Indices*, pp.106，107.迪维西亚证明，不仅相对价格变化的非独立性会明确地使高斯误差律不再适用，而且认为，所谓的"货币"因素，无论如何定义，都将会平等地影响到所有的价格水平，乃是一个毫无必要的假设。

就与上文我们在现金交易本位的名义下所列示的指数是同样的东西。或者，如果我们所谓的货币总存量保持不变，那么，这一指数就是现金余额本位。因此，我们所寻求的目标——即对货币"内在"价值尺度的寻求——并不能独立存在，而只不过另一种通货指数罢了。

我们所批评的观念假设物价水平的含义当中包括了具有某种意义上的或另一种货币价值的衡量尺度这一意涵，当只有**相对**价格变化时该尺度保持不变，这样的假设犯了一个错误。在这两种影响因素之间进行分离，去完成它时，乍看起来似乎有道理，但是实在是一个错误的做法，这是因为，我们所观察的物价水平本身是相对价格的一个函数，每当相对价格发生变化，而且只要因为相对价格发生变化，它的取值就会发生变化。**如果**相对价格并没有发生变化，物价水平所发生的变化是我们虚构出来的，一旦相对价格事实上并没有发生变化，则这个虚构出来的变化就没有什么意义可言了，这是因为相对价格变化本身会影响到物价水平。

因此，我可以得出这样的结论：若然这类未加权（或毋宁说是随机加权）的物价指数——埃奇沃思的"不定指数"（infinite index number）——可以以某种方式来衡量货币"本身"的价值，或衡量"货币方面变化"所施加到总体物价上的影响之大小，又或者这种物价指数可以衡量"总体物价的客观平均偏差"，这一偏差与"货币购买他物的能力之变化"截然不同，那么，在对物价问题进行的恰当讨论中，这种说法将无立锥之地。除了上文所界定的通货指数中的一种之外，我们所批评的概念并没有涉及其他方面，而这种通货指数正如所有其他的物价指数一样，乃是复合商品的价格。

杰文思式的概念若以真实分析作为基础，在智识方面令人欣喜，在科学方面也有着很大的便利之处。这是以类比方式从物理科学那里借过来的若干准数理经济学概念之一，五六年前刚提出来的时候，似乎还是前景很好的，但在进一步深入思索之后，我们必须全部或部分地把它放弃掉。

第七章　物价水平的扩散

当代经济理论充斥着这样一种观念，认为货币购买力或消费本位、批发物价本位、国际贸易本位，等等，虽然毫无疑问彼此在理论上截然有异，但是在实践当中却差不多是同一种东西。正是这一信念流布四方，才解释了人们何以会形成使用诸如索耶贝克或《经济学人》的物价指数来衡量总体物价水平变动的习惯，同时，也唯有这一点才能解释人们近来把外汇购买力平价说扩展到货币购买力时，原本对国际贸易本位的合理应用，反而做了不合理的延伸。我认为，如果不是人们养成了把批发物价本位视为总体购买力的合宜指标这样的习惯，英国断不会在 1925 年回归金本位制。

这种观念之所以盛行四方，乃是诸多因素综合发生作用的结果。首先，"标准的"价值理论之影响，使人们容易把"完全竞争市场"（perfect market）的属性误当成实际的条件。有人认为，在稳定条件下，不同的价格水平彼此间的关系是非常确定的，如果这些关系暂时受到了干扰，一定会有力量起来迅速地恢复原来的关系。如果带来变化的初始冲力显然在"货币方面"——譬如通货膨胀——而"商品方面"并没有在任何实质的程度上对生产的相对实际成本产生影响，那么，人们会认为，恢复到原来的均衡这样的假设是非常有信心的；这是因为，在这样的情况下，所有的单种物价必将**均等地**受到影响——也就是说，初始的价格变化在一段时间之后会均等地通过所有的价格水平来把自身**扩散开去**。有人说，货币不过是一种计算的筹码而已，对于那

些与它的联系持续时间极为短暂的商品之相对价值，不可能产生长久的影响。我们一定要考虑到摩擦的因素以及扩散时间的滞后性，这和其他的经济调整过程并无差别。不过，考虑到这一点之后，完全竞争市场下的价格扩散理论也算得上与事实差相仿佛了。

我们前文讨论过的那种未加权指数的影响，强化了这种思考方式。那些对这种情况的微妙之处不像埃奇沃思本人那样敏感的人们，若其最充分的理由不过是货币购买力乃与其他事物一样难以具体可见，那么他们在一般情况下也会把杰文思—埃奇沃思的"总体物价的客观平均偏差"或"不定"本位与货币购买力混为一谈的。按照这种观点，任何一种优良的指数，无论如何进行加权，只要所涵盖的商品数量非常之大，即可认为它是不定本位的良好近似，正因为这一点，我们把任何这类指数都视作货币购买力的良好金属，似乎也是自然而然的事情。

最后，所有的本位"最终都是同一回事"这个结论，通过下面这一事实而得到"归纳性地"强化，这个事实告诉我们，彼此对立的指数（不过它们都是批发物价类型的指数）尽管构成各异，但相互之间却在相当大的程度上存在着吻合的迹象。进一步来说，大多数传统指数不仅都属于批发物价类型，而且碰巧在构成上皆与国际贸易本位相接近。这就提供了另一批归纳性的"证明"，由此得到这样的结论：所有指数"最终都是同一回事"，因为国际贸易类型的指数正如其应有的情形一样，不仅在某一国家内部彼此趋于一致，而且在不同的国家之间也是如此。然而，考虑到这所有指数当中所包含的商品有多少相同时，彼此吻合的程度实际上就不再那么显著了，舍此而外，我们要是得出结论认为，由于不同的批发物价本位或国际贸易本位彼此相合，因此它们都是消费本位的优良指标，就显得不合逻辑了。相反，上文的表格（原书第 53、55 页）给出了很强的初步证据，表明无论长期还是短期，批发物价本位和消费本位的变动彼此可能相差甚远。

这些观念的流行对短期波动研究的影响尤为不利；这是因为，不同物价

水平之无法以同一种方式变化，乃是这类波动的本质所在，是故，若然随手取一个批发物价指数而不加辨别，就会把正待研究的问题即已在假设当中抹煞。

认为任何一种物价水平的变化都会扩散开去，这种观念当然包含了真实情况重要的一面，尤其是在初始的扰动具有货币性质时，更是如此。当此之时，对其他物价水平的压力，均在同一方向之上。只要时间充裕，而且假设这段时间内再无其他非货币因素来影响相对价格，那么，最终各种不同的物价水平都会稳定下来，恢复到与先前的相对情况差不多的位置上去。尽管如此，我们一定不能基于这些原因就说通货的扩张对相对价格的影响，与地球通过空间位移而影响其表面的物体之相对位置一般无二。用万花筒的转动对其中各色玻璃的影响来打比方，说明货币变化对物价水平的影响，倒还更好些。这是因为，我所批评的这种思考方式对于其他两种因素的重要性，要么是忽略了，要么就是低估了，而不管是忽略还是低估，都没有谁可以方便地把"经济摩擦"囊括其中。

首先，当以货币形式表现的购买力或增或减，试图在实际的购买当中使自身得以体现时，货币之进入或退出市场，此种购买力增减（根据可能的情况而定）并不会在各个消费者手中均匀而成比例地分布。一般而言，它会集中在具体的某几个阶层的购买者手中：比如就拿战时通胀的情形来说吧，它会集中在政府的手中；而在信用繁荣的情况下，则可能集中在那些向银行借钱的人手里；诸如此类，不一而足。因此，对主要受其影响的那些购买者最具利害关系的商品，它会产生直接的效果。毋庸置疑，这将使物价变动扩散开来。但是，购买力新的分布所产生的社会和经济后果充分作用之后，最终的结果是形成一个或多或少在程度上与旧均衡不同的新的均衡。是故，不会均等地影响每个人之所蓄积的可用"筹码"的变化（在实践中这类变化也从未均等地产生过这样的影响），可能对相对价格水平会持续地产生相当大的影响。很显然，有两类影响可以改变相对价格：（1）成本或生产过程的技术

变化，使生产某些商品的实际成本发生改变；(2) 消费者的偏好变化使需求的方向发生改变，或者更常见的，可用购买力的分布变化使需求的方向发生改变。因此，由于货币数量的变化总会带来购买力分布的改变，所以我们可以知道，相对价格不仅会受到商品方面的变化影响，也会受到货币方面的变化影响。

其次，有一个大家熟知的事实，但又总是需要不断地提醒，那就是，有很多类货币契约、货币习俗和货币协议，在相当长的时期之内是固定不变的，这构成了一个更深一层的原因，它使一个货币体系下的相对价值（即价格）即便在相当长的时期之内也无法自由变动。[1]对于短期研究而言，这类因素中最重要的当然是工资。工资在短期内不能迅速地随着批发物价本位或国际贸易本位的变动而变动，而且在长期之内亦能形成自身的趋势，这的确可能在很大程度上对不同物价水平难以共同变化这一现象给出解释。

基于这些原因，稳妥的做法是，在脑海中常常浮现多种次级物价水平以及决定其与一般购买力相联系的变动之独立影响因素，而不是把具体的某些物价水平对变动规则的偏离，当成是不久之后即可自我复原的、暂时脱离常态的现象。

即使货币变化对不同物价的最终影响最后总能恢复到常规状态上来，对于很多目的而言，这也不如初始的变化来得重要。的确，我们承认，现在英法两国的相对价格可能与如果拿破仑战争的扰动没有发生时所呈现出来的结果不会有什么明显的差别——虽然这只是下面这个一般性命题的一个例子而已，但它可以给出很好的说明，这个命题告诉我们，即便是历史上空前的灾

---

1 我在《货币改革略论》一书的第一章"币值变动的社会后果"中曾对这一大家熟知的问题进行过更为详尽的讨论，在此不再赘述。文中这样写道："货币单位的变化，若是在效果上对各方都是一样的，对一切交易的影响都是均等的，那就无关紧要。这类变化过去曾经、现在也正在对社会产生着巨大影响，这是因为，正如我们所有人都知道的那样，当币值发生了变化，它并不是均等地施及于所有人或所有目的的。"也可以参看我的《丘吉尔先生政策的经济后果》。

变，随着时间的推移，其影响终将烟消云散，或如水之一滴，融入后续事件的汪洋之中，悄无声息，再也无从辨识。不过，不管怎么样，在我们某些对货币现象所做的最具实际意义的重要探究当中，我们最为关切的首推短期的后果——例如，所有关于信贷和商业活动的波动之研究即是如此。在这类情况下，如若按照所有各类物价都多少以同一种方式受"货币方面"变化的影响来行为，那么，这样的行为恰如我在前文所说的那样，正好把我们且待研究的现象给假设掉了。货币变化不会以同种方式、同等程度或同一时间影响所有的物价，正是这一事实使得这种变化异常重要。不同物价水平变化的分离，同时也可作为对正在发生的社会扰动的检验和测量标尺。

当我们关心的物价水平扩散不是在一国之内，而是在国际间时，对于这种扩散将迅速而不受窒碍地得以完成之假设，便会遇到更多障碍。这个主题属于国际贸易理论而非货币理论。虽然如此，本书第二十一章仍将对此略做论述。

第八章[1]　有关购买力比较之理论

第一节　购买力比较之意义

对于不同的阶层、不同的情况而言，用来代表支出的复合商品在构成上相对稳定，人们的偏好亦未尝有所变动，当此之时，购买力之比较并不会带来什么理论上的困难。此种情况下，若打算就某一具体的复合商品在时间或地区之上的一系列情形编制一系列的物价指数，所涉不过是对各个单种商品取得一系列可靠的物价行情这一现实操作层面的问题而已。

然而，事实上代表货币收入之实际支出的复合商品随不同位域、时间或人群而异，在构成上并不稳定。这种不稳定乃是出于以下三个原因——(1) 因为支出对象所欲满足的需要有变化，也即支出的目的有了改变；(2) 因为支出对象达成其目的的效率发生了变化；(3) 因为支出在不同对象之间的哪一种分配方式才是最经济的这个问题出现了变化。这些理由中的第一个我们可以把它归类为偏好的改变，第二个可以归类为环境的改变，第三个则可归之于相对价格的改变。由于这些原因，在实际收入的分配或习惯与教育上的每一种变化，一国气候和民族风俗的每一种改易，以及以供销售的商品之相对价格、性质、品质方面的每一种变化，均会在不同程度上影响到平

1　本章所论，乃是一项特殊的技术难题。那些急于了解货币理论本身的读者，径可略过。

均支出的特性。

当消费的性质已经改变时，如何比较购买力就成了一个大大的难题。在对购买力的整个主题进行清晰的理解上，这个问题已经证明是一大障碍。不过，我认为，到目前为止有关于它的讨论之所以令人感到困惑不已，乃是因为在我们把处在不同时间或位域的社会之货币购买力进行比较时，并未搞明白这种比较的真正**意义**所在，不了解这些社会的支出在性质上并不相同。

首先，我们所称的购买力并非货币对效用量的支配力。如果有两个人，他们都把收入花在了面包上，而且所付的价格也一样，那么，货币购买力不会仅因一个人比另一个人更加饥饿或更加贫穷而有所差别。能够增加总效用的货币收入之再分配，本身并不会影响货币购买力。简而言之，购买力之比较指的乃是货币在某种意义上彼此"等价"的两批商品上的支配力之比较，而非对效用量的支配力之比较。因此，对于这一目的来说，我们的问题乃是为此找到一个"等价的"标准。

在这种情况下，我们的任务不是要证明什么，而是通过思考而阐明一种精准的定义，这个定义将尽可能地接近普遍使用的一个术语所真正蕴含的意义。经过一番思考之后，我认为——而且我也希望读者能认同我的看法——这一等价标准似乎可以用下述的方式来觅得：如果两批商品代表着两个具有同等的感受度[1]并拥有同等实际效用收入[2]之人的商品收入，即可用货币收入购买之所得，那么这两批商品就可以称为是"等价的"。我们且把这样的人称为是**类似的**人。那么，如果我们称在 A 处的货币购买力是 B 处类似的人货币购买力的 r 倍，则我们的意思是说，类似的人在 B 处的货币收入 r 倍于其在

1　在后文中，为避免不必要的复杂化，我将假设同等的感受度这个条件已经得到满足。

2　有关货币收入、商品收入和实际收入三者之间的区分对物价指数理论的重要意义，我们可以在哈伯勒的《指数的意义》（*Der Sinn der Indexzahlen*）一书的第 81 页找到很好的说明。

A 处的货币收入。因此，货币购买力之比较，与类似的人货币收入量的比较，乃是同一回事。

不过，还是有一个严重的困难摆在我们前头。按照上述定义，对于处在不同位置的货币购买力比较之意义而言，这种比较应该在拥有相等实际收入的个体之间进行，这也是非常根本的一个问题。各个个人所拥有的实际收入水平千差万别，除非上述定义下的货币购买力的变化对于所有不同实际收入水平而言都是一样的，否则我们很难对由这样的个人组成的社会作为一个整体进行比较。然而，这种变化可能对于劳动阶层而言是两倍，对于中产阶级而言是三倍，对于非常富有的阶层来说是四倍，这也是可以想见的。但在这样的情况下，对于一个社会整体来说，这种变化又到底是多少呢？

在我看来，我们是无法就这个问题给出令人满意的答案的——原因在于，货币之于穷人的购买力与之于富人的购买力之间进行数值上的比较，殊无意义，可以这样说，此两者并不在同一个维度上。任何试图得到货币对整个社会变化量平均值的尝试，都必然涉及把一个阶级的货币购买力与另一个不同阶级的货币购买力相等同，而这除非是一种武断的假设，否则必不可行。比如说，我们假设这个社会的收入在三个阶级之间平均分配，对于较低的阶级，B 处的购买力是 A 处的两倍，对于中产阶级是三倍，对于上层阶级是四倍。接着，如果我们假设在 A 处三个阶级的货币购买力是相等的，则我们会发现，B 处货币购买力平均提高了三倍；但是，如果我们假设在 B 处三个阶级的货币购买力相等，那么，我们会发现，B 处货币购买力平均提高了 $2\frac{10}{13}$ 倍。[1] 不仅没有什么办法把这些结论进行调和，而且我也看不出，货币购买力对社会不同阶层的人一律相等这个假设到底有什么意义。

因此，当货币购买力的变化对于实际收入的不同范围而言，也呈现出

---

1 实际上我们在第一种情况下取的是 2、3、4 的算术平均数，在第二种情况下取的是它们的调和平均数的倒数。

不同态势时，我们所能做的至多也就是去忽略那些人数相对较少的范围，然后，我们就称，当那些包含大部分人口的实际收入的变化范围按照其量值的大小进行排列时，社会总体货币购买力的变化便已经处在所曾出现的最大变化与最小变化之间了。这也就是说，在上文给出的数字例子里，我们可以得出的结论只能是，购买力的增加在2—4之间。

进行精确的数量比较所遇到的这一困难，与许多其他著名概念所遭遇的情况并无差别，所有这些概念在同时按一种以上无法相互比较的方向而能够发生程度不等的变化这个意义上，总是复杂或呈现出多个面向的。购买力这个概念在人口上进行平均时，按照实际收入并不是均匀分布的，正是在这个意义上它显得非常复杂。只要我们想知道一种事物**在总体**上是否优于另一种事物，而这种优越性又取决于若干程度上各个不同、方式上相互无可比较的属性的合成，那么同样的困难总会出现。[1]

为简明起见，接下来我们将假设，我们处理的乃是不是那么复杂的情况，在这种情况下，货币购买力对于所有相关的实际收入水平而言其变化都是均等的。

第二节　近似之法

我们业已看到，在两个位置上的货币购买力进行比较，其正确的方式就是比较处在这两个位置上的两个"类似的"人的货币总收入。但是，在运用这种比较方法时，实际操作当中会遇到一个困难，这是由于缺乏我们可以用它来挑选供比较的一对"类似的人"的客观检验标准造成的。是故，到目前为止一般的办法都不是尝试寻找一对类似的人，然后对他们的货币收入进行比较，而是去寻找两张这样的支出表；我们认为这些表格可以代表类似的人

1　这种困难与我在《论概率》（第 III 章，尤其是第 7—16 小节）一书中曾讨论的情况一样。

在各个位置上的消费。然后，再对两张表相应的两种"等价"的复合商品进行比较。

无论是使用直接的办法，对"类似"的人的货币收入进行比较，还是采取间接的方法，对"等价的"复合商品之价格进行比较，要做到彻底的精确都是不可能的。因此，我们就面临着一个取其近似值的问题。我认为，当前使用的那些近似之法，由于使用这些方法的人们并不是十分清楚他们所要比较的对象，所以倍受困扰。在下文的讨论中，我试图分析不同的分析之法到底是什么样的，以及这些方法做出了什么样的假设——这两个问题对我来说既有合理之处，也有不合理的地方。

一、对类似的人之收入进行比较的直接方法

这种方法业已被统计学家彻底抛弃，而事实上在我们的直觉判断上它却是最经常被我们采用的方法。这种方法取决于对用于比较的两处生活之条件均有着大体认识之人关于福利程度的直觉判断。当一名苏格兰人在伦敦获得了一个职位，或者一个英国人在澳大利亚、美国或德国谋到了一份差事时，他想知道自己将来的货币收入与他在本地现在所取得的收入相较"价值"几何，也即在新的地方货币的相对购买力如何，他通常不会去查阅任何一种官方指数，即便他去查阅，也不会得到什么有用的答案。他会去问对这两个地方的情况都熟悉的朋友。这个朋友在内心当中会设想出两个人来，一个处在此地，一个处在彼地；对他来说，似乎这两个人享受着同样的一般生活水平；然后他把这两个人的货币收入再进行比较，在这种比较的基础上给出他的答案。这个朋友或许会这样告诉他，要想在纽约过上和伦敦 700 英镑一年或爱丁堡 500 英镑一年的生活，那他一年就得挣 1 200 英镑。也就是说，货币购买力对这一收入范围而言比例为 12∶7∶5；而对一个工人来说，这个比率并不必然与此相同。

对记忆所及的不同日期的购买力进行比较时，我们可以使用同样的办法。我们常会问道，对于某个既定的阶层而言，货币现在的购买力与战前相

比相差几何，然后根据我们对相对的福利之一般的记忆，确定货币购买力对中产阶级或农业劳工等阶层的比率。

如果这类比较是由训练有素的从业者根据明确地为此目的所作的调查来完成，然后用价格和消费的统计资料进行核对，那么，这类比较可能的确非常有价值。但是，有两种情况，即便单纯靠记忆或大体印象所得不过是模糊和不够精确的结果，这些结果所给出的答案也可能会比指数给出的要好——一种情况是支出的性质已经大大改变，一种情况是很大一部分支出是非标准化的，而指数无法涵盖这类支出。

举个例子说吧，一个英国人在这里和在东方其货币购买力的比较，通过对同等生活水准的成本之一般印象进行比较，可能会比其他形式来得好，这是由于同样一个人在这两个地方所要购买的东西非常不同所致。而一个中产之家的父母在比较战前或战后的货币购买力时，通过这种一般的印象，可能也会更好一些，因为其中牵涉的支出有相当一部分——如房租、仆从们的工资、教育费用和旅行费用——不可避免地，是不会包括在指数之内的。

正是在诸如此类的情况下，直接方法所得之结果大异于间接方法之所得，然而却更加接近实际的情形。另一方面，当我们所处理的是性质上没有出现很大变化的标准化的支出，比方说拿工人阶级现在的支出与他们五年以前的支出进行比较，间接方法可能要更精确一些。

通过一般印象进行货币购买力的比较，通常对传统的支出考虑得更为充分，这些支出几乎不会带来什么效用，但是如果要避免出现负的效用，本地的风俗习惯却是要求对这些费用进行支出的，这样的比较到底是优是劣，要回答它又会引出购买力到底意在何指这个玄妙的问题，不过我在这里不打算对此多费笔墨。

二、对等价复合商品进行价格比较的间接方法

这是常用的方法。我们知道，构造购买力指数一般所设定的方式至多不过是不同商品的价格和支出在这些商品之间的分配，而对于"类似的"一对个

体是什么的人，我们则很少或压根就找不到任何资料来对这一数字进行补充。

不过，一般来说，支出中的某个部分——有时候甚至是其中较大的一部分——不但在性质上所处的情况相同，而且在满足类似的一对消费者的能力上也相同，关于这一点我们确实还是知道的。我们且把代表两种情况下平均支出的复合商品之一部分表示出来，其中二者共有的部分用 a 表示，不同的部分分别用 b_1 和 b_2 表示。其中某物在一处购买的量相对大于另外一处时，双方共同的部分当然包含在 a 内，根据具体情况，只有那些每种情况下特有的过剩量才包含在 b_1 和 b_2 中。另一方面，那些在物理实体上相类，但由于偏好或环境的变化而在实际收入获取能力上有所差别的消费，必不能包含在 a 内，而只能包含在 b_1 和 b_2 内。另外，b_1 的数量单位必须使前一种情况下对一单位 b_1 的支出与一单位 a 上的支出之比率，和对 b_1 的总支出与对 a 的总支出之比率相等；b_2 的情况亦然。

此外，通过建立彼此替代的一对商品之间的等价关系，我们还可以比上述结果稍加深入一步。比如说，如果 1 磅茶叶和 2 磅咖啡对于同一目的或近乎相同的目的而言，是彼此可以替代的方式，效率上讲大体相等，那么，在进行比较的**两种**情况下，只要价格相同，到底消费者是购买 1 磅茶叶还是 2 磅咖啡，对于多数消费者来说并无差别；但是，如果第一种情况下 1 磅茶叶比 2 磅咖啡更加便宜，在第二种情况下又比较昂贵，那么对于第一种情况而言茶叶进入复合商品要更为合宜，对于第二种情况来说则咖啡更适合进入复合商品；在不考虑其他更为复杂的情况时，我们可以公平地认为此时 1 磅茶叶与 2 磅咖啡近乎等价。类似地，如果不同位域下的民族饮食习惯不同，小麦、燕麦、黑麦或马铃薯可以彼此替代，那么我们可能也可以建立令人感到相当满意的等价比率。就那些可以利用这种等价替代方法[1]——以后即以此

---

1 我认为，埃奇沃思在《经济学刊》第 **XXXV** 卷第 380 页上的这段令人稍感迷惑的话里，可能已经在内心当中想到了这种方法："我们可能确实可以设想出'一船'在数量和质量上都很明确的商品，其各种可变的价值不时地组成一系列指数。"（转下页）

称呼它——的范围而言，我们实际上是在扩大 a 的范围，也即扩大两地消费中共同或可比的那部分的范围，而在缩小 b_1 和 b_2 的范围。因此，在后文的讨论中，我们且把可以在彼此替代时建立等价比率的消费项目包含在 a 之内。

虽然如此，我们通常还是会把不少处理起来比较棘手的商品包括进了 b_1 和 b_2 中，对于这些商品，我们是无法使用等价替代方法的。对于类似之人从法老的奴隶身上取得的满足感和从第五大道的汽车上取得的满足感，或者对于昂贵的燃料与便宜的冰块之于拉普兰人[1]和便宜的燃料与昂贵的冰块之于霍屯督人[2]，我们是没有办法进行比较的。

因此，我们可以得到两个位域上平均消费的代表，它们分别是 $a+b_1$ 和 $a+b_2$。现在，由于我们已经假设 a 对于两个位域上任何一对类似之人在获取满意度方面的能力相同，所以，如果 a 代表着全部的消费量，那么只需要对 a 的价格进行比较，我们就可以比较两个位域上的购买力。但是，剩余部分 b_1 和 b_2 我们却不能用这种方式或其他什么办法使它们等同起来，我们找不到这么简单的方法。我们也不能假设 b_1 和 b_2 就是等价的，也就是说，我们不能认为两个位域的一般消费者是相类似的；我们不知道，在第二个位域上多少单位的 $a+b_2$ 对于类似消费者来说才等于第一个位域上一定数量的 $a+b_1$。因此，摆在我们面前的问题就是要找到适用于这类情况的有效的近似

（接上页）不过，即便一开始就用上这样一船商品，我们也不能再对使用完全客观的数量感到深信不疑。这是因为，当我们择取各类商品来装满这条船时，我们须得对效率有所考虑。不管怎么样，就这个比喻来说，当我们扬帆远航时，这船货物的构成就经受了一场海上的变化，所以我们必须得放弃表面上来看精确的价格比较之法，而用更加不确定的、比较满意度大小的方法来取代它。因此，鲍利教授谈到商品的价格和数量变大幅度较大的时期时，所进行比较的乃是既定价格下不同商品组合可以提供的'满足感'。"

　　1　拉普兰人生活在挪威、瑞典、芬兰和俄罗斯的科拉半岛在北极圈内的地区，该地区大部分属于极地气候，全年平均气温在零度以下。——译者注

　　2　霍屯督人是南部非洲的种族集团，自称科伊科伊人，主要分布在纳米比亚、博茨瓦纳和南非，居住环境多是干燥而凉爽的地方，季节性明显，夏季炎热。——译者注

方法。我们现在必须解决这个问题。我认为，正确的方法有两种，而且只有这两种。其中第一种应用得更为普遍，第二种给出了两个边界，当我们能够假设两个位域除了相对价格之外并无其他变化时，正确的答案就在这两个边界之间。

1. "最高公因子"方法

令 p_1 为第一个位域上的 a 的价格，令 p_2 为第二个位域上的 a 的价格。第一种近似法是忽略 b_1 和 b_2，而把 $\frac{p_2}{p_1}$ 作为两个位域之间物价水平变化的指数来看待。有两个条件，这种近似法只要满足其中一个，就是合理的。我们假设——回忆一下——对于两个位域上的任何一对类似的人而言，消费一单位 a 所得到的满足感是近乎相同的。

第一个条件是，每一个个体消费者对 a 的支出在两个位域上与对 b_1 或 b_2 的支出相比应该有较大差距。

第二个条件是，任何消费者在第一个位域上消费 a 和 b_1 所得到的实际收入在比例上应当与他对二者的支出比例大体相等。对于第二个位域上的 a 和 b_2 亦然。

以上两个条件中每一个是否为充分条件，我们可以证明如下。假设在第一个位域上具有实际收入 E 的人在 a 的价格为 p_1、b_1 的价格为 q_1 时，消费了 n_1 单位的 $a + b_1$，第二个位域上的情况与此相似，只是符号做些改换而已。第一个位域上货币购买力与第二个位域上货币购买力之比为 $\frac{n_2 (p_2 + q_2)}{n_1 (p_1 + q_1)}$。从这个公式当中，我们可以得到下面的结论：

(i) 如果 q_2、q_1 与 p_2、p_1 相比为小，则对于实际收入相等的人来说，n_1、n_2 必定接近相等；在这种情况下，对于上式，$\frac{p_2}{p_1}$ 就会是一个令人感到满意的近似式子。这和前述的第一个条件相同。

(ii) 如果在第一个位域上从对 a 和 b_1 的消费上所得的实际收入，对于总

的实际收入为 E 的人而言，与其花在这两者上的支出之比例近乎相同，则从 $n_1 a$ 中所得到的满足感即为 $\dfrac{p_1}{p_1 + q_1} E$；给定在第二个位域上的类似条件，从 $n_2 a$ 中所得到的满足感就是 $\dfrac{p_2}{p_2 + q_2} E$。因此，如果从对 a 的消费中所得到的满足感在两个位域上大体相等的话，我们就可以得到：$\dfrac{p_1}{n_1 (p_1 + q_1)} E =$ $\dfrac{p_2}{n_2 (p_2 + q_2)}$；因此，可以近似地有：$\dfrac{n_2 (p_2 + q_2)}{n_1 (p_1 + q_1)} = \dfrac{p_2}{p_1}$。这与前述的第二个条件相同。

在诸多我们打算进行购买力比较的情况上，这两个条件或此或彼很可能会在相当的近似程度上得到满足。不过，其中的第二个条件稍微有些不够稳定，这是因为——除非第一个条件满足，否则——当第二个位域上由于供给在第一个位域上无法取得的新商品而提供了许多机会时，这第二个条件就出现了问题；因为在这种情况下从每单位 b_2 所得到的平均满足感可能在比例上高于从每单位 a 中所得的平均满足感为高，其高出的程度要大于从每单位 b_1 所得到的平均满足感，是故，如果我们打算对购买力进行成功比较，那就得做出更进一步的假设。

因此，我们把所考虑的全部位域上共同的部分 a 之支出作为比较的基础而忽略余下部分这样的做法，这种近似法要远远胜过那种更加复杂的公式，这类公式我们处理的始终是同一种复合商品，因此也就不需要借助于后文将讨论到的链式方法（chain method）。此外，较之处于实践中的统计学者几乎一致所采取的办法，这种方法显然更加可取，也不会比它复杂；统计学者使用的这种方法把 $a + b_1$ 或 $a + b_2$ 当成了好像适用于一切的情况。这是因为，一般而言统计学者的这种做法带来的误差必然比一直取 a 来得大；只要支出的性质变化乃是由于相对价格造成，同时这种变化表达着消费者在利用相对廉价的商品方面产生了变动，那么，统计学者们的做法产生的效果对复合商

品完全适宜的位域中之购买力的估计，总是高于比复合商品不太适宜的位域之购买力的估计。

因此，当我们难以假设除相对价格外的其他因素均未变化时，在这样的情况下，这种所谓的"最高公因子"方法可能会给我们提供这类环境中所能得到的最佳结果。举个例子来说，以十年为期最好的购买力指数可以通过把逐年一般支出的最高公因子作为我们折中的复合商品而取得，然后在一旁加上一条说明，表明每年总支出中为各年所共有的部分所占比例几何，从而便于检核这种近似法的精确程度。通常的做法是始终使用 $a+b_1$，迄今为止尚未使用的办法是一直使用 a，两者相较，我怎么也看不出前一种办法有哪些长处，相反，我倒是看到了很多短处。

当共有部分的支出下降时，一直使用 a 这种近似之法，所得之值一般也会随之减小。不过，如果我们想在此之上更进一步，我们就必须通过发展机会，更多地利用等价替代的办法，由此而扩大 a 所覆盖的位域之比例，而不是去使用 $a+\dfrac{b_1+b_2}{2}$ 或任何其他的中间公式。然而，实际上除了若干对不同中心地区工人阶级相对生活成本的调查之外，等价替代之法迄今尚未应用于科学研究。在这些调查中，也曾有人造出一个假想的等价体系，以此处理工人日常饮食变化的问题。[1]

在某些历史研究中，虽然 a 较之于 b_1 和 b_2 已经不算大，但"最高公因子"方法与其他可行的替代方法相比，仍不失为是更好的办法。比如说，如果我们打算对两个相隔较远的时期进行大略的估计——而这种相隔过于辽远，以致等价替代之法无从实施——则我们除了采用两个位域共有的可以进行行情比较的少数重要商品之外，别无他法。我们若想为过去 3 000 年的金币

---

[1] 据埃奇沃思说（参同前引书，第 213 页），德罗碧玺（Drobisch）是提出等价替代公式之第一人，只不过他所依据的标准不如人意，且近于荒谬［即所谓常衡（avoirdupois）］。

或银币之价值编制消费指数的话，我怀疑除了根据这一时期的小麦价格和日工的工资来合成复合商品之价以外，还会不会有其他更好的办法了。[1]我们不可能从格斗士与摄像机之间取得等价替代之比率，同样也不可能从购买汽车和购买努力所得到的便利之间确定这样的替代比率。

2. 极限法

我们现在且局限于对这一类情况的讨论，即我们假设所进行比较的两个位域人们的偏好等基本一致，除了相对价格之外，并没有其他的变化。在这类情况下，我们可以合理的认为，按照商品所衡量的一定收入在两个位域上会取得相同的实际收入。因此，尽管第二个位域上消费的性质由于相对价格的改变而发生了变化，但我们仍然可以肯定，相应的实际收入与第一个位域下相同的消费分布所取得的收入是一样的。

正是这些方面的理由让我们有了一种方法，使得真正的比较必然落入其间的边界得以确定。该方法具体如下：

令 P 和 Q 分别为第一和第二个位域上支出的复合商品代表。

将在第一个位域上 1 英镑所能购买到的 P 的数量选定为 P 的单位，在第二个位域上 1 英镑所能购买到的 Q 的数量选定为 Q 的单位；令 p 为第二

1　参看马歇尔所著的《货币、信用与商业》第 21 页和第 22 页："有关主要粮食价格的记录具有双重重要意义。它是商品价格中最重要的记录，从中我们可以了解很多有关人类生活的情况。因为除了我们的时代以外，各个时代普通劳动者所得到的绝大部分工资一般都是粮食，而以往耕种者为自己留下的绝大部分田间产品也是粮食。而且，各个时代种植粮食的方法也几乎始终没有变化……因此，通常研究哪个国家或哪个地区，就把哪个国家或哪个地区普通劳动者的工资和主要粮食的价格看作一般价值的代表。当然，这对于现在西方世界中任何一个国家来说，特别是对盎格鲁—撒克逊世界的国家而言，是完全不合理的。但在亚当·斯密和李嘉图的时代，这却是合理的，解释古典学派的价值论，必须借助于这种方法。洛克在两个世代之前就已说过：'一个国家经常食用的一般谷物是判断长时间内物品价值变动的最好尺度。'参阅《全集》第五卷第 47 页。"后文可以看到，这种讨论货币价值的传统方法是最高公因子方法的一个特例。也可参看亚当·斯密《国富论》第一卷第十一章。

个位域上一单位 P 的价格，$\dfrac{1}{q}$ 为第一个位域上一单位 Q 的价格。令拥有实际收入 E 的类似之人在第一个位域上购买 n_1 单位的 P，在第二个位域上购买 n_2 单位的 Q。

然后，因为类似之人在第一个位域上的货币收入是 n_1 英镑，在第二个位域上的货币收入 n_2 英镑，所以对两个位域上的购买力进行比较的指数即 $=\dfrac{n_2}{n_1}$。可以证明，这个值一定在 p 和 q 之间。

这是因为，由于消费者在第一个位域上可以选择购买 n_1 单位的 P，或者购买 $n_1 q$ 的 Q，而且偏好前者，又由于据假设而言购买前者得到的满足感与购买 n_2 单位的 Q 相等同，是故，有 $n_2 > n_1 q$；同样，由于在第二个位域上他可以选择购买 n_2 单位的 Q，根据假设其满足感等于 n_1 单位的 P，或者购买 $\dfrac{n_2}{p}$ 单位的 P，两种当中他更偏好前者，由此可得，$n_1 > \dfrac{n_2}{p}$；因此 $\dfrac{n_2}{n_1}$ 大于 q，小于 p。

因此，如果 q 大于 1，则可以肯定货币价值必然下跌；如果 p 小于 1，则货币价值肯定上升；无论出于哪种情况，对货币价值变化的量度都位于 p 和 q 之间。

这个结论并不为大家所熟知——虽然上面这个公式要比先前给出的更加简单，证明也更为严格。举个例子，庇古教授［《福利经济学》(Economics of Welfare)，第一部分，第六章］即曾得出过这样的结论。哈伯勒 (Haberler) ［《指数的意义》(Der Sinn der Indexzahlen)，第 83—94 页］也曾对此做出良好的处理。然而，这个观点取决于对偏好等相互一致的假设，这一点并不是总被充分地予以强调。[1]此外，我们必须注意，当 p 小于 q 时，这个条件证明

1　鲍利博士在他发表于 1928 年 6 月份的《经济学刊》上的文章《关于指数的若干注释》里，曾明确地介绍了这一必要条件，在这里也颇值得提上一笔。

偏好一定已经改变，相反的假设一定是无效的，因为这样违反了 $\frac{n_2}{n_1}$ 大于 q 且小于 p 这个条件。

在某些情况下，最高公因子方法与极限法可以在实践当中结合起来进行使用。我们可能知道，偏好在以支出来衡量的相当大一部分的消费范围内是不变的，而且还知道，从这一部分消费中所得到的实际收入要么在实际收入中占据较大的一部分，要么就是占据了一个恒定的部分。在这种情况下，我们的近似之法可能首先是使用最高公因子方法，来把比较的范围降低到可以合理假定偏好不变的一系列位域之上的那一部分支出，然后在运用极限法到这一范围上来。

3."公式交融法"

此法最为欧文·费雪教授所热衷，[1]他称其为"公式交融法"（crossing the formula），[2]实际上这种方法意在把极限法稍微深入地推进一步——这种深入在我看来已经超出了合理的限度。

其中所运用的推理之性质如下：与前文一样，令 P 为适宜于第一个位域（时间、地点和品类）的复合商品，p 是第二个位域上一单位 P 的价格，这1单位 P 在第一个位域上需要1英镑方能买到；令 Q 为适宜于第二个位域的复合商品，$\frac{1}{q}$ 为第一个位域上1单位 Q 的价格，这1单位 Q 在第二个位域上须1英镑方能买到的。在这里，我们可以看到，和前文所述一样，在两个位域上的物价水平之间进行比较的真正量度——假设偏好等恒定不变，只有相对价格发生了变化——必然位于 p 和 q 之间的某处。费雪教授（和其他人）由此得出结论认为，p 和 q 必有某个数学函数，可以让我们绝佳地估计出这个真正的数值到底处在 p 和 q 之间的哪个地方。沿着这种思路，他提出并检

---

1 尤其值得参阅的是他的《指数的编制》一书。
2 参同前引书，第七章。

验了诸多不同公式，旨在找出处于真正的中间位置上可能的最佳近似数值。

在我的思路言之，现在进行比较的物价水平之间的比例一般说来并非这两个表达式的**任何**确定的代数函数（algebraic function）。我们可以编造出关于 p 和 q 的各类代数函数，用来确定该点的位置，而这些函数之间连一毛钱的差别都没有，我们不可能从中进行合理的选择。这个时候，我们所面临的就是一个概率的问题，在任何特定的情况下，我们可能总会有一些相关的数据资料，但在缺乏这类数据资料的时候，这个问题是无从确定的。

历经漫长的讨论，检验了大量公式之后，费雪教授得出结论认为 $\sqrt{qp}$（用的是我的符号）这个公式在理论上最为理想——也就是说，如果他的意思是这个公式在算术性质上可能比其他公式更加接近实际情况，那么，根据前文所述的理由，我从这冗长的讨论中没有看到任何的实际内容。这个结论是多次进行检验所得到的结果，比方说，这个公式必然在那些两个极限边界对称的范围上进行过检验。但是，所有这些检验所用来证明的并非这个公式本身是否正确，而是它的反例是否比其他可替代的**先验**公式来得少。这些检验没有证明，作为一个可能的近似方法，任何一个这样的公式是否站得住脚。

然而，如果我们不把 p 和 q 之间的公式看成是可能的近似方法，而只是出于叙述的便捷把它们视为简便的手段，那么，我们可以合情合理地考虑其代数上的优美、算术上的简洁、劳力上的节省，以及在不同的场合上使用任何一种特定的简便系统时所具有的相互之间的内在一致性。如果 p 和 q 相差甚远，则任何简便的形式都可能会是严重的误导；但是，如果 p 和 q 近乎相等，那么使用"p 和 q 之间"这样的表达就会是一种妨害，即使这个数值之选择全出于武断，随便指出某个中间数字也还更为方便，也不至产生多大的误解。因此，只要我们认识到像 $\sqrt{qp}$ 这样的公式只不过是为"p 和 q 之间"这个表达提供了某种方便而自洽的简单表示，那么，我就找不到什么理由来反对它们了。

因此，费雪教授的公式**在实践上**也许常常没有什么害处。反对这个公式的人认为，在进行比较不尽合理的地方，它也仍然容易带来这样的比较，而且不像以前的方法所必然得到情况那样使计算人员明白其中所牵涉到的误差的性质与程度。费雪教授的公式受到诟病之处在于，表面上看，它允许任何两种物价水平一样方便地进行比较——而无论偏好和其他所有的情况是否发生了变化。常识上显然无可做出有意义的比较的地方，它也一样可以得出良好的结果，比如这样的情况：那些严格地专属各个位域的复合商品彼此如此接近，以至于它们之间任何折中的中间数值都可以取得一个还过得去的近似值。

这类公式中最为古老的一个——虽然费雪教授称它为"权数的交融"而非"公式的交融"——乃是许多年前由马歇尔和埃奇沃思 [参看：埃奇沃思，《政治经济学文存》（*Papers Relating to Political Economy*），第一卷，第 213 页] 分别独立提出来的，这个公式也充满着异议。这种近似之法比较了两个位域上的价格 $\dfrac{P+Q}{2}$，也即，它假设在严格专属于各自位域的两个复合商品之间的第三种中间复合商品近似地算成对这两个位域兼而属之。这就等于（使用前文的符号）是把 $\dfrac{p+1}{q+1} \cdot q$ 当成对物价水平变化的量度指标。[1]

在结束这一讨论之前，我们举个例子来说明一下，当偏好和环境都不是恒定不变的时候，即使 $p=q$，p 和 q 也并不是货币价值变化的可靠风向标，这样做也许是很有意义的。

假设在第一个位域牛肉和威士忌（每样 1 单位）是主要的支付对象，在第二个位域则是大米和咖啡（每样 1 单位）；进一步假设同样单位的牛肉和咖啡在第二个位域上比第一个位域便宜 50%，威士忌和大米则是第一个位域

1　鲍利博士在他发表于 1928 年 6 月份的《经济学刊》上的文章《关于指数的若干注释》里，曾给出若干颇具独创性的理由，解释了为什么在服从连续性、多少量可以被视为小到可以忽略这些假设的情况下偏好这个公式胜过其他公式。

上比第二个位域便宜 50%；则我们有：

$$\frac{第一个位域上 1 单位牛肉和 1 单位威士忌的价格}{第二个位域上同样商品的价格}$$

$$= \frac{第一个位域上 1 单位大米和第一个位域咖啡的价格}{第二个位域上同样商品的价格}$$

（我们选定的单位可以使第一个位域上的牛肉和威士忌平等地分配，在第二个位域上大米和咖啡也可以平等地分配。）假设在第一个位域上不消费咖啡和大米，在第二个位域上不消费牛肉和威士忌，这对于我们的观点并不是根本问题，之所以如此假设只不过是为了叙述的简便罢了。如果我们打算对第一个位域上的咖啡和大米，以及第二个位域上的牛肉和威士忌施予较小的权重，那么，基本上同样的等式也会成立。现在，如果我们打算忽略极限法所要求的条件或假定费雪教授理想公式背后的思想放之四海而皆准，那么，从上文当中我们可以得出无比精确之结论：那个人们主要消费牛肉和威士忌的位域，与那个主要消费大米和咖啡的位域，在货币购买力上刚好一致。然而，这个结论很可能谬之千里。例如，假设尽管第二个位域上大米相对比第一个位域上的价格更高，而第二个位域上的人们在面对牛肉和大米时仍然更偏好消费大米，其原因乃是气候要求这样做，因此人们偏好大米；而在第二个位域上人们偏好消费咖啡而不是威士忌，则仅是因为咖啡更加便宜，如果第二个位域上威士忌的价格恰和第一个位域上咖啡的情况一样，即威士忌更加便宜时，则人们就会消费威士忌。如果我们知道在两个位域上"类似的"人的货币收入，那么，我们就可以发现第二个位域上的货币购买力要大大低于第二个位域上的货币购买力。

4. 链式方法

编制一系列指数的"链式方法"首先由马歇尔引入，它通过假设所进行比较的一系列位域中两个相连位域的差异很小，来处理消费性质上的变化问题。同时，它还假定——尽管这一点一般未予言明——这种相连的位域上的

103　小误差是非累积性的。然后，即进行一系列的比较，其中第一个比较假设专属于第一个位域的复合商品几乎与第二个位域上专属的复合商品相等同，第二个比较假设第二个位域上专属的复合商品几乎与第三个位域上专属的复合商品相等同。

该方法具体情况如下：

令 $p_1 p_2$ 是专属于第一个位域上的复合商品在第一和第二个位域上的价格；

$q_2 q_3$ 是专属于第二个位域上的复合商品在第二和第三个位域上的价格；

$r_3 r_4$ 是专属于第三个位域上的复合商品在第三和第四个位域上的价格；依此类推。

令 $n_1 n_2 n_3$ 为相连位域上对物价水平进行比较的指数序列。

那么，链式方法即可根据 n_1 计算出 n_2，n_3：

$$n_2 = \frac{p_2}{p_1} \cdot n_1$$

$$n_3 = \frac{q_3}{q_2} \cdot n_2 = \frac{q_3}{q_2} \cdot \frac{p_2}{p_1} \cdot n_1$$

$$n_4 = \frac{r_4}{r_3} \cdot n_3 = \frac{r_4}{r_3} \cdot \frac{q_3}{q_2} \cdot \frac{p_2}{p_1} \cdot n_1$$

依此类推。

因此，通过将每个位域及其两边邻域进行比较，然后假设同一事物的两种可替代的测量尺度近似相等，我们可以得到最后的结果。换言之：

如果 n_1 是严格专属于第一个位域的物价水平；

如果 n_2 是严格专属于第二个位域的物价水平；

如果假设专属于第一个位域的复合商品也同样专属于第二个位域，则 n_2' 是第二个位域可以得到的物价水平；

如果假设专属于第二个位域的复合商品也同样专属于第三个位域，则

104　n_3' 是第三个位域可以衡量的物价水平；

那么，我们有：

$$n'_3 = \frac{q_3}{q_2} \cdot n_2$$

$$n'_2 = \frac{p_2}{p_1} \cdot n_1$$

因此，假设 $n_1 = n'_2$，则我们有：

$$n'_3 = \frac{q_3}{q_2} \cdot \frac{p_2}{p_1} \cdot n_1$$

依此类推。

让我们按照上述的观点来分析以下前面所给出的这个方法的正确性。首先，很显然，这个方法假设偏好是恒定不变的；另一方面，它不仅允许相对价格变化，而且还允许在后一位域中引入前一位域的消费者所无法获取的新的支出对象（不过它同时假定，一个位域市场上的任何支出对象仍然留在该市场上，并没有在下一个位域上退出市场）。其次，这种方法假设近似地有 $n_2 = n'_2$；只有当我们应用极限法到两个位域之间的比较上，同时发现近似地有 $p = q$ [使用本书（原书）第98—99页上的符号] 时，这个假设才称得上合理。第三，我们假设相连的小近似误差——而且这也是最重要的假设——是非累积性的，因此在把这个方法多次重复运用在相连位域上时，就不会累积成一个很大的误差。

如果每一对相连的位域相互之间都非常相似，那么，这些假设中的第二个也是合理的。但是，第三个就太危险了，尤其是在大家普遍认为应该使用链式方法的那类情况下，也即对时间序列进行比较时就更加如此。例如，如果我们假设近似等价的每一次替代都在逐步进行些微的改进，也即如果就我们的目的而言每种新的复合商品都比之前的复合商品略好，不可能比前一种稍劣，那么，这种链式方法就会呈现出一种累积性的误差。出于这个原因，一旦一段时期当中人们的习惯由于累积改进的各种机会而逐步变化时，使用这种方法就会带来误导；也就是说，在这样的条件下，它会低估后一时期相

对于前一时期的货币购买力。链式方法实际上是在假定，当人造黄油首次出现时，其好处微乎其微，消费它与消费被它取代的天然黄油（或其他可消费的商品）几乎相同，而任何一次消费品向新的或经过改良的或相对便宜的商品转化时，情况都是如此。

对这种链式方法，还有一个进一步的比较严重的反对意见，即两个位域之间的比较取决于物价和消费性质在各个介于中间的位域中所努力实现的路径。例如，一开始可能是什么情况，但中间出现一场严重的扰动——譬如战争——这场扰动使相对价格与消费性质产生了切实的变化，不过，在一段时间之后，均衡得到了恢复，物价和消费重又完全回到了之前的样子。很显然，在这种情况下，最终的货币购买力与最开始的时候是完全一样的。但是，如果使用链式方法，就没有办法保证所得的指数会回到其原初的位域上去——没错，对于它不会恢复原状，我们可能还是相当有把握的。[1]

最后，从统计上来说，链式方法颇为繁复，在实际运用当中非常不便——以致自其初次提出而广受理论工作者的赞赏（在我看来这是过誉之举）以来，很多年来都甚少受到使用。

因此，我得出了这样的结论：比方说，我们要把今天的货币购买力与50年前的情况相比，那么，最好的做法是把性质比较稳定的那部分支出（比如50%—70%——有关其实际的比例我不知晓）之价格进行比较，然后再通过罗列增删的支出项目而进行补充（以便对情况得到改善的程度做出总体的判断），而不是在中间这段时期逐年运用链式方法对物价水平进行比较。

因此，我们剩下的唯一正确的近似之法就是以等价替代法和极限法做补

1　对于上述问题，有一篇很有意义的分析，这就是泊森斯教授（Professor Persons）在《经济统计评论》（*Review of Economic Statistics*）1928 年 5 月号的第 100—105 页发表的《指数结构中权数与比例数之间的关联效应》一文，不过这篇文章原本的目的主要是要研究链式指数与相应的固定基年指数之间发生偏离的条件。

货币论 |

充的最高公因子方法了——除了对根据一般的理由而认为的类似之人在货币收入上的直接估计方法之外。

    尽管存在如是之多实践操作和理论上的困难，但在具体的实践中由于下述事实，我们仍然可以对货币购买力进行有用的比较。这一事实即是，即使当单种商品的相对以及绝对价格处于变动之中时，典型性支出和典型性偏好的普通性质以及实际收入的平均水平，一般也不会发生快速而广泛的变化，这是因为不同的社会之间虽然所处的时间和地点不同，但这些普通性质与平均水平在彼此之间的差异并不会出现天翻地覆的变化；因此，由消费构成的变化和偏好与环境的改变而引发的问题并不是非常尖锐。例如，根据鲍利博士的研究所揭示的证据表明，英国 1904 年到 1927 年之间偏好和习惯的变化在使用劳动阶层消费的总体统计数据进行测验时，其变化比较而言是很轻的。

第三篇 基本方程

第九章 一些定义

在明确地写出我们的基本方程之前，我们首先必须严格澄清对某些术语的使用。

第一节 收入、利润、储蓄和投资

（1）**收入**。当我们使用以下三种表述时，我们所欲指的完全是同一个事物：①社会的货币收入，②生产要素的报酬，③生产的成本。我们保留了术语**利润**，用它来指本期产出的生产成本与其实际销售收入之间的差额，是故，利润不是上述定义中社会收入的一部分。

更为具体来说，我们在收入中包括了以下几项：

（a）支付给雇佣人员的薪水和工资，其中包括支付给失业、部分失业或享受年金的雇佣人员的任何款项——这些支出长期而言与其他对生产要素的开支或报酬支出一样，是工业的一种负担。

（b）企业家的常规报酬。

（c）资本的利息（包括得自对外投资的利息）。

（d）正式的垄断所得、租金，等等之类。

企业家自身也位列生产要素之列，他们的常规报酬——出于当下讨论的理由其定义由②中的项目给出——包括在收入之内，因此也就包含在（b）项的生产成本之内。但是，我们排除了由此定义的生产要素报酬与实际销售收

入之间差额（或正或负）所代表的意外利润或损失。普通股股票的持有者之收入通常也包含（b）、（c）、（d）每项的要素，但同时他们也会承受意外的利润或损失。

（2）**利润**。因此，通过在销售收入中减去上述（a）、（c）、（d）等项的支出而得到的企业家实际报酬与常规报酬（b）之间的差额，无论是正是负，都是利润。

因此，虽然企业家的常规报酬无论其实际报酬是否超过或不足于这个数字，均须被认定为属于执行企业家职能的个人之收入，但是，利润则不必认为是社会所得的一部分（这就像现存资本的价值之增值不能视作本期收入的一部分），而应看作企业家所积累财富的增加（如果是负值，则为所积累财富的减少）。如果一个企业家把他的部分利润用于本期的消费，那么，这就等于说是在进行负储蓄；而如果他因为正在蒙受意外损失而对其常规的消费加以限制的话，从另一方面看，这就等于说是在进行正储蓄。

不过，为使这一表述更加准确，对于企业家的"常规"报酬，我们须下一个定义，这样可以让我们对他们总的收入（或正或负）在一方面是收入，另一方面是利润（或正或负）之间进行划分。到底什么才是最为恰当和方便的定义，则部分取决于所从事的研究之性质。就目前的目的而言，我打算定义一个企业家在任何时候的"常规"报酬，把它作为报酬率来对待：如果他们可以按照本期通行的收益率而与所有的生产要素进行新的议价，那么，常规的报酬就是他们既没有扩大、也没有缩小其营业规模的条件下所得到的酬劳。

是故，当企业家的实际报酬率超过（或不足于）这样定义下的常规报酬，从而出现正（或负）的利润时，企业家——只要他们可以自由行动而没有被其与生产要素一时订立而无法取消的协议所羁绊——就会设法在现有的生产成本下扩张（或缩减）其营业规模。然而，一旦一个企业家签订了他无法即时修改的契约——比如，当他把一部分资源以固定资本的形式已经取得

控制权从而变成沉没成本时——那么，在某种很容易可以想象得到的情况下，即使其利润为负，等到预定期限结束之后再来缩减产出可能也还是划算的，而且要知道，这个预定的期限其长度要视他所订立的契约之性质而定；所以，在利润转为负值与此种情况对产出充分发挥作用之间，可能存在着一定的时滞。

曾经有人这样建议我，由于经济学家和商业用语中在使用**利润**这个术语时方式多样，因此，我这里所称的**利润**最好还是取**意外所得**之意为上。用这样的意思来置换，可能会有助于读者诸君更好地加以理解；但是，就我个人而言，我则宁愿用**利润**这个词，因为整体而言这个词所具有的意涵更加丰富。

一般来说，企业家总是会与生产要素——尤其是固定资本的所有者——的所有者签订长期的合约，这个事实实际上是非常重要的。因为它可以解释——此外还解释了停止生产后又重新开张的成本，这可以使其结果常常可以在一个时期之上平均计算——何以有损失存在，也即企业家何以在赔本的情况下还会选择继续生产。而且，按照同样的道理，在某种专业化的生产要素供应能够增加之前必然要经过的那段时期，以及企业家为诱使这种供给上的增加而必须签订的长期契约（其中部分是由这些专业化的生产要素的生命周期长度而限定的），共同说明了一段时间之内，例如，何以能够存在。

（3）**储蓄**。我们所称的储蓄，乃是指个人的货币收入与用在本期消费之上的货币支出之间总的差额。

因此，利润并不是社会收入的一部分，也不是社会储蓄的一部分——即使它们没有用于本期消费亦是如此。不唯国民产值（或国民收入）与其成本之间按照货币计算进行平衡后相差的数额是利润，而且正如下文我们将要看到的那样，对于任何时期内国民财富的增值与上述定义的个人储蓄总额之间的差额也都是利润。

这就是说，社会财富的增值是可以由储蓄**加上**利润来衡量的。

(4) **投资**。我们后文谈及的投资率意指社会的资本（定义见本章下一节）在一个时期内的净增量；我们所指的投资价值，并不是总资本的增加值，而是在任意时期上的资本的增值。因此，我们将会发现，我们定义下的本期投资之价值将会等于该定义下的利润与储蓄的总和。

第二节　可用或非可用的产出

一个社会的本期产出[1]与其货币收入不同，它是产品和劳务的流量，由两部分构成：(a) 以可用于直接消费的形式存在的消费品与劳务的流量；(b) 以不可用于消费的形式存在的资本品和借贷资本（下一节更加具体地对此进行定义）增加的净流量（考虑了耗费之后的部分）。我们把前者叫做"流动"或"可用"产出，把后者叫做"不可用"产出，这两者加起来叫做总产出。我们将会观察到，可用产出可能会超出或不足于总产出，具体情况要视不可用产出是正是负来确定。

流动或可用产出由两个支流组成，即：(a) 从固定的消费品（或最终）资本中产生的效用流，(b) 以流动形式从生产过程中取得的消费（或最终）产品流。[2]

不可用产出由以下部分构成：(a) 生产过程中未成品增量流超过从生产过程中取得的已成品流（无论是固定还是流动）的部分，(b) 从生产过程中取得的固定资本品流超过旧固定资本的本期损耗加上借贷资本净增量的部分。

由此可知，本期消费一定会等于可用产出**加上**我们将称之为"贮存物"的流动消费品中减少的量，或**减去**从中增加的量；本期投资一定会等于非可

1　"本期产出"的意思是指生产要素取得报酬的所有产出，这些生产要素包括资本所有者，因此产出中也就包括固定消费资本的本期使用以及来自对外投资的收入。

2　出于方便的考虑，这其间不但包括那些生产起来耗时甚长的商品，也包括那些生产与消费近乎同时进行的商品，例如个人劳务，这是因为，这两类商品之间难以界限分明地把彼此分开。

用产出**加上**贮存物的增加量，或**减去**贮存物的减少量。因此，消费是受**可用产出量**（**加上**从贮存物中所取出的任何量）而非**总产出**的量所支配；然而——只要生产要素的货币报酬率不变——一个社会的货币收入就会趋于和**总产出**一致变化。

第三节　资本的分类

在任何时期上所存在的实际资本或物质财富的存量，必以以下三种形式之一来体现：

（1）在用的商品，只能逐步释放其全部的效用或所带来的愉悦。

（2）生产经营过程中的商品，即处于为耕作进行准备、为制造而备用或消费的商品，或运输在途的商品，或辗转于商人、经纪人和零售商之手的商品，又或正在等待着季节轮换的商品。

（3）存货商品，它们不能现在产生效用，但是可以随时被使用或被消费。

我们将把正在使用中的商品叫做**固定资本**（fixed capital），正处在生产经营过程中的商品叫做**营运资本**（working capital），[1]把处于存货状态的商品叫做**流动资本**（liquid capital）。

因为某些商品要生产出来总是需要一段时间，所以营运资本有其必要；因为某些商品要使用或消费也需要一段时间，所以固定资本有其必要。只有当商品要进行"保存"时，流动资本才是必要的。

当然，固定资本和流动资本并不是那么泾渭分明；我们可以列出一个连续的商品序列，其中每一项在使用或消费时限上都比之前的商品——劳务、食品、衣服、船只、家具、房屋，等等——要来得久长。但是，其中较大的区别还是非常清楚的。

任何时候，商品都可以归类为**制成品**（finished goods）和**未成品**

1　我们将在本书第二卷第二十八章详细给出营运资本的定义。

(unfinished goods) 两类。制成品由用于最后的消费者之享受的最终商品 (final goods) 和工具商品 (instrumental goods) 构成，工具商品是用在生产经营过程之中的。

就未成品的情况来看，原材料是否最好被认定处在流动状态还是生产经营过程中，这个问题有时候有些模棱两可。我将在第二卷第二十八章把这一定义完整地进行表述，大体的意思是说，企业有效运用所需的常规存货是营运资本的一部分，故而是出于生产经营过程之中的商品，而剩余的存货则被视为流动商品。所以，任何时候，未成品总是部分由营运资本、部分由流动资本组成。

我们把"贮存物"这个术语留着来指流动的最终商品的存货，用"存货"意指其他形式的流动资本，这样做是一个方便之举。

因此，制成品＝最终产品＋工具商品＝固定资本＋贮存品。未成品＝营运资本＋存货。流动资本＝存货＋贮存品。制成品＋未成品＝固定资本＋运用资本＋流动资本＝实际总资本。

如果我们考虑的是个人的财富或某个特定社会的财富，而非作为整体的整个世界的财富，那么我们就不得不——在上述定义的实际资本所有权之外——把到期支付或在未来一系列日期上要得到支付对货币的债权囊括进来，这部分债权记为正方，而相应的债务或负债则记为负方。当我们处理的整体而言是一个封闭体系时，这些项目尽可忽略，因为它们彼此之间会相互抵消。但是，当我们处理的是作为国际体系之一部分的单个国家时，情况自然不同，此时会有某个国家对其他国家或者其他国家对该国的货币债权形式存在的财富上的顺差或逆差。因此，当我们所考虑的是整个体系之一部分的财富时，无论此一部分是个人还是国家，我们都会有第四个范畴，即货币债权的净余额，我们称其为**借贷资本** (loan capital)。

实际资本和借贷资本的总和，我们称它为投资量——对于一个封闭体系，这个投资量与实际资本的数量是一回事；实际和借贷资本的总和之价值

就是投资的价值。在任何时期，投资的增量是归属不同范畴（这些范畴构成了实际和借贷资本的总和）的各项目的净增量；投资增量的价值是所增项目价值的总和（当然要**减去**任一特定情况下存货所减少的项目之价值）。[1]

然而，除此之外还有一个区别，也即资本品的生产与消费品的生产之间所存在的区别，在以后的篇幅当中，我们使用到这一区别的地方要比上文为多。我们把任何时期当中**资本品**的生产定义为固定资本的增量**加上**作为固定资本从生产过程而来的营运资本的增量；而在任何时期当中的**消费品**则被定义为可用产出的流量**加上**可以作为可用产出呈现的营运资本的增量。最后，在任何时期中**投资品**的产量等于非可用产出**加上**贮存品的增量。

第四节　对外收支余额和对外贸易余额

当我们处理的是国际体系而非封闭体系时，我们首先得对国民产出的定义进行调整。那部分属于外国人所有的本期产出（例如因为他们对参与本期生产的生产要素具有支配权）我们要把它从国民产出中排除出去；同样，属于本国国民所有而在外国生产的本期产出则一定要加入进来。另外，本国所有的商品或劳务产出在与外国所有的商品或劳务产出进行交换时，我们必须——当我们处理的乃是实际产出而非其价值时——在国民总产出中用由此取得的外国项目（foreign items）来代替与它们进行交换的本国项目（home items）。

接下来，我们以部分因应于上述在"储蓄"和"投资"所作区分的方式，要对一国之"对外收支余额"（foreign lending）和"对外贸易余额"（foreign balance）进行区分。本国所有的商品和劳务产出，无论是在国内还是在国外生产（黄金不算在内），由外国人使用和支配的那部分之价值，超过外国人所有的相对应的产出由本国人使用和支配的那部分价值，这部分超出量在

1　在我看来，庇古教授于其《福利经济学》（第三版）第一部分第四章处理的定义，并不能让人感到满意，对于这一点，我们可以在这里予以澄清。任何时期内的国民收入价值均是本期消费的价值**加上**上述定义下的投资增量价值。

收入账户上产生的贸易余额，我们把它称为该国的**对外贸易余额**，当然了，这个余额是可正可负的。

另一方面，对于**对外收支余额**，我们的意思可能可以把它称为**资本**账户上交易的逆差，也即本国国民对位于外国的投资之净购买（net purchase）使外国人所能支配的本国货币量，超过外国人购买我们位于本国的投资时所相应付出的货币量。[1]

读者会注意到，还有一个项目进入了国际资产负债表，即黄金的变动，在对外余额中我们把这一项给排除出去了。由于国际资产负债表必须总是处于平衡之中，所以这一项一定可以解释本期对外收支余额和本期对外贸易余额之间的任何差值；也即，前者等于后者**加上本期黄金输出量**。[2]

是故，我们使用"对外收支贷方余额"这个术语来描述把本国货币或债权置于外国人支配之下以换取某种债券、财产权利或未来利润的金融交易，与之对应的情况就是"对外收支借方余额"。另一方面看，"对外贸易余额"则来自实物交易，这些交易是某个社会按照上述定义下的本期产出之一部分不在本国使用而转移到外国人手中的时候才发生的，正是这些交易造成了这一余额。

我们后文所谓的"**国内投资**"乃是指位于国内的总资本的增量，不包括黄金；所谓的"**对外收支余额**"乃是指位于国外而由本国所有的资本增量，也不包括黄金；所谓的"**总投资**"乃是指国内投资、对外收支余额和黄金流入量的总和。由于对外贸易余额等于对外收支余额与黄金流入量之和，所以，把对外贸易余额称为"**对外投资**"而不是对外收支余额会更便利。这是因为，使用了这个定义，总投资就等于国内投资和国外投资的总和，这是题中应有之意。

---

1 借贷资本一定可以被认为是处于债务国（而无论以哪种通货表示之）。

2 "特定用途的"（earmarked）黄金必须被看作是已输出的，因此也一定要看成是位于外国。

第十章　货币价值基本方程

货币理论的基本问题不只是建立恒等式或静态的方程式，从而把（例如）货币工具周转量与为取得货币而进行贸易的商品周转量联系起来。这个理论真正的任务在于动态地处理这一问题，对所涉的不同要素进行分析，所使用的方法便于展示物价水平得以确定的因果过程和从一个均衡位置转换到另一个均衡位置的方式。

然而，我们所一直接受的各种形式的货币数量论——我将在本书第十四章对此加以详述——却并不与此目的相适应。这些形式的货币数量论不过是所能给出的把不同的货币因素联系起来的诸多恒等式中特殊的例子。但是，这其中没有一种能够把现代经济系统里在一个变化时期内实际发挥作用的因素给分离出来。

此外，货币数量论还有另外一个缺点，它们所运用的本位标准既不是劳动力本位，也不是购买力本位，而是其他的某种多少带有主观武断性质的本位标准，也即或者是现金交易本位，或者是现金余额本位，关于这些本位，我们已经在前文第六章给出定义。这是一个严重的缺陷，因为我们真正寻求的本位标准一定是前面两个。之所以这么说，乃是因为从某种意义上来说，货币的劳动支配力和货币的购买力才是根本性的概念，而以其他类型的支出作为基础的物价水平却非如此。人类的劳作和人类的消费是最后的目的，唯有这些最后的目的，才使得经济交易能够博得任何的意义；而所有其他形式 120

的支出只是在或早或晚与生产者的劳作或消费者的支出产生联系时才能够获得意义。

因此，我主张放弃传统的从货币总量入手而无论其所意欲达致目标的方法，转而从社会的报酬或货币收入流量出发——原因我们在下文的讨论中会明白——这种方法有两个部分，第一个部分是生产消费品和投资所分别**获得**的那些部分，第二个部分是分别**花费**在消费品和储蓄上的那些部分。

我们会发现，如果一个社会的收入之第一个部分与第二个部分的比例相同，也即如果以生产成本衡量的产出在消费品和投资品之间进行分配的比例，与支出在本期消费和储蓄之间分配的比例相同，那么，消费品的物价水平就会与其生产成本共处于均衡状态。但是，如果两种情况下分配的比例不同，那么，消费品的物价水平就会与其生产成本不一样。

另一方面看，投资品的物价水平则取决于另外一套不同的条件，有关这方面的情况，我们后文再来讨论。

第一节　货币价值基本方程

令 E 为单位时间内一个社会的或总收入或总所得，I' 为投资品生产所获得的部分，因此 I' 衡量的是新投资的成本，$E - I'$ 衡量的是本期消费品产出的生产成本。

此外，令 S 为上述定义下的储蓄量，因此 $E - S$ 衡量的就是本期在消费品上的收入之支出。

我们以这样一种方式来选择商品量的单位，即要使 1 单位的每种商品在基期（base date）具有着相同的生产成本；我们令 O 为单位时间内使用这些单位来衡量的商品总产出，R 为流向市场并被消费者购买的流动消费品和劳务的量，C 是投资的净增量，在这样的意义下有 $O = R + C$。

令 P 是流动消费品的物价水平，因此 $P \cdot R$ 表示的就是花费在消费品上

的本期支出，$E \cdot \dfrac{C}{O}$ （$=I'$）代表新投资的生产成本。

之后，由于一个社会对消费品的支出等于其收入和储蓄之间的差额，则我们有：

$$P \cdot R = E - S = \frac{E}{O} \ (R+C) \ -S = \frac{E}{O} \cdot R + I' \ -S$$

或者

$$P = \frac{E}{O} + \frac{I' - S}{R} \tag{i}$$

这就是我们的第一基本方程。

令 W 为每单位人类劳作的报酬率（因此 W 的倒数衡量的是货币的劳动支配力），W_1 为每单位产出的报酬率，即效率报酬率（rate of efficiency earnings），e 为效率系数（因此 $W = e \cdot W_1$）。

所以，我们可以把方程（i）重新写成下式：

$$P = W_1 + \frac{I' - S}{R} \tag{ii}$$

$$= \frac{1}{e} \cdot W + \frac{I' - S}{R} \tag{iii}$$

因此，消费品的物价水平（即货币购买力的倒数）是由两项构成的，第一项表示的是效率报酬水平，即生产成本，第二项是正、负或零，悉由新投资的成本超过、不足或等于本期储蓄量而定。由此可知，货币购买力的稳定性牵涉到两个条件——效率报酬应保持恒定，以及新投资的成本应等于本期储蓄量。

因此，由于投资品和消费品之间的产出分配并不必然与储蓄和用于消费的支出之间的收入分配相同，所以，由第一项所决定的价格水平会被打乱。这是因为，工人们在为投资进行生产时所取得的报酬，与他们为消费而进行生产时所取得的报酬是一样的；但是，在挣取工资之后，他们到底把这些

工资花不花在消费上，就看他们的心情了。同时，企业家们在确定这两类产出范畴的生产比例时，则是完全独立地在做决策。

读者会观察到，消费品的物价水平与投资品的物价水平完全无关。给定效率工资的水平以及新投资品的成本（区别于其售出价格）与储蓄量之间的差额，则消费品的物价水平就可以清楚地得以确定，完全无需考虑投资品的物价水平。

正如上文所述，这后一种物价水平取决于另外一套不同的条件，有关于此我们将在本章第三节进行检视。现在，如果我们可以假设新投资品的物价水平既定，那么，我们就可以得出下面这个有关总体产出之物价水平的公式。

令 P' 是新投资品的物价水平，Π 是总体产出的物价水平，$I\ (=P'\cdot C)$ 为新投资品增量的价值（区别于生产成本 I'）。

于是我们有：

$$\Pi = \frac{P\cdot R + P'\cdot C}{O}$$

$$= \frac{(E-S)+I}{O}$$

$$= \frac{E}{O} + \frac{I-S}{O} \qquad \text{(iv)}$$

这就是我们的第二基本方程。与之前一样，我们可以把式（iv）重新写为：

$$\Pi = W_1 + \frac{I-S}{O} \qquad \text{(v)}$$

$$= \frac{1}{e}\cdot W + \frac{I-S}{O} \qquad \text{(vi)}$$

第二节 利润的性质

接下来，我们令 Q_1 为生产和销售消费品所得到的利润量（定义如前

文），Q_2 为投资品所取得的相应利润量，Q 为总利润。

于是我们有：

$$Q_1 = P \cdot R - \frac{E}{O} \cdot R$$

$$= E - S - (E - I')$$

$$= I' - S \qquad\qquad\text{(vii)}$$

而且因为：

$$Q_2 = I - I'$$

所以，

$$Q = Q_1 + Q_2$$

$$= I - S \qquad\qquad\text{(viii)}$$

因此，生产和销售消费品所取得的利润乃和新投资**成本**与储蓄之间的差额相等，当储蓄超过新投资的成本时，该利润为负；总体产出的总利润等于新投资**价值**与储蓄的差额，当储蓄超过新投资价值时，该利润为负。

从上文所述各点，我们可以把方程（ii）以及（v）重新表述如下：

$$P = W_1 + \frac{Q_1}{R} \qquad\qquad\text{(ix)}$$

$$\Pi = W_1 + \frac{Q}{O} \qquad\qquad\text{(x)}$$

这些方程告诉我们，消费品的价格等于生产要素的报酬率加上每单位消费品产出的利润率；对于总体产出，也可以如是求得。

当然，这些结论显而易见，它们可以提醒我们，所有这些方程纯粹都是形式性的；它们只是一些恒等式而已，都是些老生常谈，本身没有告诉我们什么内容。在这方面，它们与所有其他的货币数量论很相似。它们唯一的目的在于，当我们把真实世界的外部事实引入进来，而给它们注入活力时，以某种方式来分析和安排我们的材料，从而显示出对追踪因果关系是有所裨

益的。

关于利润（或损失），有一个我们可能要顺便提及的特殊之处，因为它是为什么有必要把它与收入本身作为一个单独的范畴予以分开的一个原因。如果企业家选择把他们一部分的利润用于消费（当然，是没有什么可以阻止他们这么做的），其结果会**提高**流动消费品的销售利润，提高的数量刚好等于由此而花费的利润量。这可以从我们的定义中推出来，因为这类支出正是储蓄的减少，因此也就增加了 I' 与 S 之间的差额。是故，无论企业家把他们利润中的多少用在消费方面，属于企业家的财富增量与以前相比并无二致。因此，作为企业家资本增量的来源，利润仿佛是聚宝盆，不管如何挥霍，聚宝盆永远是满的。[1]从另一方面看，当企业家蒙受损失，试图通过缩减常规的消费支出来弥补这一损失，也就是试图通过更多地进行储蓄来弥补这一损失时，这个聚宝盆就一变而为一个无底洞[2]，无论如何也填不满；这是因为，这

---

1 原文是 "widow's cruse"，即"寡妇的油坛子"，语出《圣经·列王纪上，十七章，第8—24节》："过了些日子，基立溪的水干了，因为许久没有降雨。耶和华的话又临到以利亚，要他往西顿的撒勒法去，神已吩咐那里的一个寡妇供养他。以利亚就起身往撒勒法去，到了城门，见有一个寡妇在那里捡柴。以利亚就呼叫她说：'求你用器皿取点水来给我喝。'那寡妇去取水的时候，以利亚又呼叫她说：'也求你拿点饼来给我。'寡妇说，'我指着永生耶和华你的神起誓，我没有饼，坛内只有一把面，瓶里只有一点油；我现在找两根柴，回家要为我和我儿子作饼；我们吃了，死就死罢！'以利亚却应许她，叫她不要惧怕，只要先为他作一个小饼，然后为她和儿子作饼。耶和华以色列的神，必使她坛内的面不减少，瓶里的油不缺短，直到耶和华使雨降在地上的日子。妇人就照以利亚的话去行，果真坛内的面不减少，瓶里的油不缺短，正如耶和华藉以利亚所说的话。此后，寡妇的儿子病得甚重，身无气息。以利亚三次伏在孩子身上，求告耶和华，耶和华就应允以利亚的话，孩子就活过来了。以利亚将孩子交给他母亲，说：'看，你的儿子活了。'妇人就说：'现在我知道你是神人，耶和华藉你口所说的话是真的。'"这与我们中国的聚宝盆故事很类似，而且我们的故事里有更多对贪婪的指责，用在这里更加合适。——译者注

2 原文是 "Danaid jar"，语出古希腊剧作家埃斯库罗斯的悲剧《乞援人》。阿尔戈斯（Argos）的国王达那俄斯（Danaus）有50个女儿，人称达那伊得斯姐妹，即Danaides。为了和他的孪生兄弟埃古普托斯（Aegyptus）争夺埃及王位，达那俄斯把他的50个女儿嫁给了埃古普托斯的50个儿子，并叫他们在新婚之夜杀死新郎。（转下页）

货 币 论 |

类支出减少所带来的结果就是使消费品的生产者蒙受同等数量的损失。因此，作为一个阶层来说，尽管他们也进行了储蓄，但是其财富的减少和以前相比一样大。

既然公众的储蓄量加上企业家售出流动消费品的利润（或减去由此而蒙受的损失）总是恰好等于投资品的生产成本，那么，难道我们就可以说投资品的售出价就总是等于其生产成本吗？

当然不会——这是因为，如果投资品以高于（或低于）其生产成本的价格出售，则企业家生产投资品所最终得到的利润（或损失）必然等于投资品出售价格——无论这个价格是高是低——与其实际生产成本之间的差额。[1]是故，无论投资品的价格水平如何，从本期储蓄——如果出现利润即增加储蓄、出现损失则减少储蓄——当中拿过来购买投资品的货币量，必然恰好等于它们的价值。

我们稍后就来讨论新投资品价格到底是由什么来决定这个问题。我们当前的结论是：首先，利润（或损失）是余下的其他情况的结果，而不是原因。出于这个原因，把利润加进收入（或把损失从收入中减掉）并不合乎规则。因为在这种情况下，无论公共支出对本期的消费有多大，储蓄都绝不会下降，同样，消费支出减少，储蓄也绝不会增加；条件只是，企业家保持与以前一样的投资品生产规模。

但其次，我们将看到（嗣后几章我们主要讨论这个问题），利润（或损

（接上页）其中 49 个女儿都按夫命行事了，只有一个女儿许珀尔涅特拉（Hypermnestra）不忍对丈夫林叩斯（Lynceus）下手。埃古普托斯得知儿子被害，悲恸而死。后来林叩斯杀死达那俄斯和他的 49 个女儿为父兄报了仇。犯杀夫罪的 49 位达伊得斯姐妹死后被罚在地狱中永不停息的往一个无底的桶里注水。该桶因此又被称作 "the cask of Danaides"，意思是 "达那伊得斯姐妹之桶"，后人用此语喻指 "无底洞"。——译者注

1 如果生产投资品的企业家把其利润的一部分用于消费，这必然意味着生产流动消费品的企业家将会取得一笔额外的利润，可以用它来购买投资品；因此，最终的结果就仿佛是生产投资品的企业家用这些利润来购买投资品一样。

失）一旦发生，就成了以后产生的现象之原因；的确，这也是现有经济体系变化的主要根源。这就是为什么在我们的基本方程中把它们分别列示而有其益处的根本原因。

第三节　新投资品的价格水平

当一个人决定将他的货币收入中多大的比例用于储蓄时，他正是在当前的消费和财富所有权之间进行选择。如果他选择了消费，那么他必然要购买商品——因为货币无法消费。但是，如果他选择了储蓄，那他就还有一个决定需要做出。这是因为，他可以以货币的形式（或货币的流动等价物）或以其他的贷款或实际资本的形式来握有财富。为了方便，我们可以把第二个决定说成是在"贮存"和"投资"之间进行选择，或者换一种说法，即是在"银行存款"和"证券"之间进行选择。[1]

这两类决定之间还有另外一个非常重要的区别。关于储蓄量的决策以及关于新投资量的决策，都只和本期活动有关。但是，关于持有银行存款或持有证券的决策则不仅与个人财富的本期增量有关，而且还与他们的现有资本总量有关。的确，由于本期增量在现有财富总量中所占比例极为微小，所以在这个问题当中这只不过是一个微不足道的因素。

现在，当一个人较之以往更愿意以储蓄存款的形式而不愿意以其他的形式来持有他的财富时，这并不意味着他打算**不惜一切代价**以储蓄存款的方式持有财富。这不过意味着，（不管是什么原因）他在其他证券的现行价格水平上较之以往更偏爱储蓄存款这种形式。但是，他也不是绝对不喜欢其他证

---

[1] 我们很难断定什么才是把现有的非专业技术语言用于严格的专业技术含义时的最为方便的利用办法。很不幸，我已经不得不以有别于前文定义的方式来运用"贮存"和"投资"这两个术语；这是因为，我曾（第一卷，原书第 116 页）给"贮存物"下了定义，用来指流动消费品的存量，也曾（第一卷，原书第 114 页）给"投资"下了定义，指的不是公众购买证券的行为，而是指企业家增加一个社会的资本之行为。因此，在后面的行文中，我将使用第二套术语。

券，而是取决于他对储蓄存款和其他证券的未来报酬之预期，这显然受后者 127
价格的影响——而且也受前者所给出的利率的影响。因此，如果其他证券的
物价水平下降幅度足够大，他就可能被吸引过去购买其他证券。不过，如果
银行体系的操作与公众们的活动背道而驰，通过购入公众**并不**急于持有的证
券，并以这些证券为基础创造出公众**更加**急于持有的证券，来满足公众对储
蓄存款的偏好，那么，投资的价格水平根本就无需下跌。因此，对于储蓄存
款和证券各自相对吸引力的变化，应对之法要么是让证券价格下跌，要么是
增加储蓄存款的供给，要么就是两种办法兼而采之。是故，证券价格水平的
下跌表明公众的"空头"（bearishness）状态——这是我们采取的一个方便的
称呼，预先为以后几章的用法做个铺垫，它是指人们增强了对储蓄存款相对
于其他财富形式的偏好，而减弱了向银行借款购入证券的偏好——并没有被
银行体系创造的储蓄存款所充分抵消，或者说是公众的"多头"（bullishness）
状态被银行体系紧缩储蓄存款的行动抵消之后尚有富裕。

　　由此可知，投资的实际物价水平是公众情绪和银行体系的作为二者综合
产生的结果。这并不意味着投资的物价水平和新增的储蓄存款数量之间存在
着什么确定的数值关系。一定量的存款创造使其他证券的价格水平提高到没
有这样的存款创造时所本应出现的价格以上多少，取决于公众在不同的其他
证券价格水平下对储蓄存款的需求曲线的形状。[1]

　　如我们将在本书第十五章中所见，还有这样一种情况，即公众中的不同 128
派别之间会出现分歧，形成"两种意见"，一种相比以前更偏爱银行存款，一
种则更偏爱证券。在这种情况下，其结果取决于银行体系是否愿意做这两派
公众之间的中间人，不是根据证券，而是根据流动短期借款来创造银行
存款。

---

　　[1]　当然，银行体系为储蓄存款所提供的利率也会是影响两者相对吸引力的因素而
在其中发挥作用。

我们现在所研究的乃是多重均衡的情况，其中每一种要素都多多少少会对其他要素有所影响，在这里我们先不去过多地讨论第十五章的内容，记住这些，我们可以对这一问题给出如下的总结。

全部投资的价格水平——因之也是新投资的价格水平——乃是公众意欲持有储蓄存款的数量等于银行体系愿意并且能够创造出来的储蓄存款数量。[1]

从另一方面来看——正如我们已经看到的那样——相对于生产成本，消费品的价格水平仅取决于下述两种决策所带来的结果，一是公众打算要把收入中多大的比例用于储蓄，二是企业家打算把生产力中多大的比例用于投资品产出。虽然这两种决策（尤其是后者）可能都会部分地受投资品物价水平的影响，但消费品价格水平仍然完全受制于它们造成的结果。

由此可知，总体产出的物价水平和总利润量取决于以下所有四种因素所发挥的作用：（1）储蓄率，（2）新投资的成本，（3）公众的"空头状态"，（4）储蓄存款的数量；或者随你喜欢，也可以说成是取决于两个因素：（1）储蓄超过投资成本的数量，（2）公众的"空头状态"未能由银行体系创造的存款所满足的过剩量。

因此，给定新投资率和生产成本，消费品的物价水平唯一地由公众的"储蓄"倾向所决定。而且，给定银行体系创造的储蓄存款量，投资品（无论新旧）的物价水平也就唯一地由公众"贮藏"[2]货币的倾向所决定。

我希望我已经把挣取收入和拥有财富的公众经常需要做出的两类决策之间的区别搞清楚了。不过，由于它们乃是以一种极为繁复的方式彼此影响和互动的，所以，无论我们把这种区别搞得多么清楚，要想把这两种决策夹缠

1　在这里我忽略了一些更为复杂的情形，但这不会影响我们论题的本质，这类复杂情形源于储蓄存款与活期存款之间相互转换的可能性。我们后面还会对这些情况进行讨论。

2　我在这里先用一下这个术语，这个术语意指公众在证券的不同价格水平上偏好储蓄存款和其他证券的不同程度。

在一起的因与果理出清晰的头绪来都是非常困难的。这是因为储蓄量和投资量以及随之而来的这两个数量之间的差额，部分取决于投资品相对于其生产成本的价格水平；同时，公众对储蓄存款和其他证券的态度可能还分别部分受到他们对消费品相对于其生产成本的价格水平之预期的影响。当公众对储蓄存款之外的其他证券之意向发生变化，而且这种变化还无法由银行体系的活动所补偿时，这种情况尤其会成为影响相对于储蓄的投资率的一个最强有力的因素，因此，这也是造成货币购买力扰动的一个原因。

虽然说这些因素彼此交叠、相互影响，但是，超额储蓄和超额空头因素（the excess-saving factor and the excess-bearish factor）[1]（可能我们可以这样来称呼它们）在以下这一意义上仍然是独立的，即一种因素无论其程度是正是负，在适当的相关条件下仍可与另一种无论其程度是正是负的因素相兼容。

在我们结束本节之前，最好再把上述的结论进一步阐释一下。该结论认为，由于储蓄超过投资而造成的消费品物价的下跌，如果没有伴随出现公众空头或多头的任何变化，或者储蓄存款量的变化，又或是这两种因素彼此之间相互抵补的变化，则其自身并不需要新投资品价格上任何反方向的变化。之所以要再进一步做些解释，是因为我相信可能有一些读者对这个结论会难以接受。

从下面这个事实可知，按照上述假设，进入市场以求用本期储蓄进行购买的投资品（无论新旧）总的价值，**总是**恰好与这样的储蓄量相等，而无关于**新**投资品的本期产出。这是因为，如果新投资品的价值低于储蓄量，则整体来说企业家们必会遭受损失，这一损失额恰与二者之间的差额相等。这些损失代表了本期产出的销售所取得的现金量没有达到预期，却又必须予以弥补；预期现金收入之没有取得，势必要以某种方式补充。企业家所能做的只

---

1 也即，公众的空头并没有被银行体系所扩大的信贷创造予以抵消的那部分。

是，要么减少他们自己的银行存款，要么把他们的其他资本资产出售，通过这样的方式来把这些损失补足。因此，如此这般被释放出来的银行存款以及如此这般被出售的证券，则可由本期储蓄超过新投资价值的部分承接，而这个数量也恰好相等。

在更为一般的情况下，公众对于证券或储蓄存款量的认知情绪发生变化时，那么，如果企业家有能力放出银行存款这种权宜之计的程度加上银行体系所能提供的储蓄存款的增量刚好与公众将其资财以银行存款的形式持有的欲望相抵消，那么，证券的价格就没有任何变化的理由。而如果前者超过了后者，证券价格将会趋于上升；如果后者超过了前者，证券价格则会趋于下降。

第四节　物价水平与货币数量之间的关系

现在，读者们可以看到，货币购买力（或消费品的物价水平）与总体产出的物价水平、货币量以及流通速度之间的关系并不具有旧式数量方程所认为的那种直接性质，而这些旧式数量方程不管如何小心掩饰，总不免给出以这样的印象。

如果我们假设银行业的习俗和管理没有改变，对现金存款的需求数量则主要由收入票据的总量决定，即主要由报酬率和产出量的乘积决定；对储蓄存款的需求数量则主要由公众的空头心理与证券价格水平联合作用所得到的结果决定。或者换一种说法，给定货币总量，则只有那些使货币的总需求量等于既定总量的报酬率、产出量与证券价格水平三者之间的组合方式才是可行的。

的确，这意味着，在均衡状态当中——即当生产要素得到充分利用，公众既不处于证券的空头状态也不处于多头状态，以储蓄存款形式保有的财富在总财富中所占的比例既不高于也不低于"常规"的份额，而且储蓄量既等于新投资的成本也等于其价值之时——货币数量和消费品的物价水平以及总

体产出之间存在着唯一的关系，它具有着这样的性质：货币量增加一倍，物价水平也会增加一倍。

不过，这一简单和直接的数量关系只是上述定义下的均衡现象。如果储蓄量变得与新投资的成本不相等，或者公众对证券的态度——即便这样做理由很充分——转向空头或多头，那么，纵使货币量或流通速度没有发生任何变化，基本的物价水平也会偏离其均衡价值。甚至现金存款保持不变、储蓄存款保持不变、流通速度保持不变、货币交易量保持不变、产出量保持不变，都是可以想象的；然而，基本的物价水平则可能会发生变化。

当然，这类严格的均衡只具有理论上的可能性。在真实的世界当中，任何方面发生变化都可能伴随着其他方面发生某种变化。但是，即便如此，货币量、流通速度以及产出量的变化程度，也不会和基本物价水平的变化程度存在任何确定或可预测的比例关系。实际上，在信贷周期的剧烈波动时期，情况正是如此，这一点也是众所周知的事实。

当然，关于利润和损失对企业家保有的营业存款量的影响，有着各种可能的假设，对于这类存款而言，基本物价水平的变化在没有某种货币因素变化的情况下是不可能发生的。上文提到的那种理论上的可能性——这种理论可能性明确表明只会发生在一种极端情况之下，意在强调这一论点的本质——只有在企业家对营业存款保有量的决定仅受其生产成本的影响时才能成立。

举个例子，如果企业家打算以对待常规个人收入同样的方式来处理意外所得的利润或损失，那么，当他们在判定利润所得或亏损所失对其银行存款数量产生什么影响时，由于基本方程当中的第二项变大而造成的物价水平上涨，就会像第一项变大造成的物价水平上涨需要同样多的货币增量（或其他货币因素的等量变化）。而事实上，情况可能并非如此。实际上，利润的收与支如果使所持有的余额发生任何重大的变化，则它所涉及的余额的持有，在短期内将比所得的收入之收与支按照同样的程度增加时所涉及的要少。

除此之外，即使利润的最后接受者，即持有股票的个人，可能罔顾利润

乃是属于真正的收入存款这一事实而把他们拿到的利润当成收入对待，但是，现今大部分的工商业均是以股份公司的形式进行组织经营的（甚至在合伙制的年代情况可能也大抵如此），意外的利润不是像大多数收入那样，按照每星期、每月或每季度这样的时间段分到个人账户上，而是存在着更长的时间间隔，在这些公司获得这样的利润之后，到它们将其分配到个人账户之前，存在着较大的时滞。这个时间上的滞后一般还不仅是至少半年，而且大部分额外的利润通常或一般就被置于公积金的名下，或者以各种方式从持有股票的个人手中截留，其中最具代表性的例子就是美国的情况。同时，利润更有可能会被用来支付银行贷款，而不大可能以流通现金的形式持有，营业存款量则主要由企业的生产成本决定，这一点和我们一开始所作的假设一样。

此外还有一点值得顺便一提。在后面几章里，我们将会看到，由于基本方程的第二项而引起的物价水平的变化，会造成一些使第一项**在随后的动态过程中增加**的趋势。随着这些趋势的发展，物价水平的相继提高要比完全由第二项增大而造成的上涨需要更多的现金余额量来支撑。由于基本方程中第一项引起的物价水平的变化所牵涉的货币因素变化，要比第二项引起的同等变化更大；与此相伴的是，变化一般起于第二项，然后再扩及第一项，这两件事实部分解释了何以某些类型的物价变化在其发展过程中倾向于自行灭失，并且会带来方向相反的反应。

在均衡情况下，由于 $I = I' = S$，所以我们可以用下面的一般货币因素来表达我们的结论。

如果 M_1 是总的收入存款，V_1 是这些存款的流通速度，那么，我们有 $E = M_1 V_1$；这是因为，根据定义 [参看上文（原书）第 39 页] V_1 是一个社会单位时间内货币收入（E）对收入存款量 M_1 之比。

因此，当 $I = I' = S$ 时，我们可以将方程重新写成：

$$\Pi = P = \frac{M_1 V_1}{O}$$

如果我们想把 P 和货币总量 M 联系起来，我们可以像下面这样来完成之：令 M_1、M_2 和 M_3 分别为收入存款总额、营业存款总额和储蓄存款总额，M 是总存款额，故有：

$$M = M_1 + M_2 + M_3$$

因此有：

$$P = \frac{V_1 \ (M - M_2 - M_3)}{O}$$

令 w 为总存款额中现金存款的比例，V 为现金存款的平均流通速度，其中 V_1 和 V_2 分别是收入存款和营业存款的流通速度，故有：

$$M_1 + M_2 = wM$$

$$M_1 V_1 + M_2 V_2 = w \cdot M \cdot V$$

所以，

$$M_1 = M \frac{w \ (V_2 - V)}{V_2 - V_1}$$

同时，

$$M_1 V_1 = M \frac{w V_1 \ (V_2 - V)}{V_2 - V_1}$$

因此，

$$P = \frac{M}{O} \cdot \frac{w V_1 \ (V_2 - V)}{V_2 - V_1}$$

方程 $P \cdot O = M_1 V_1$ 明显与欧文·费雪教授下面这个大家熟悉的方程 $P \cdot T = M \cdot V$ 具有亲缘关系，不过，这里的 O 代表本期产出，而 T 则非产出量，而是交易量，M_1、V_1 表示收入存款及其流通速度，而 M、V 表示现金存款及其流通速度。[1]

135

1　我们将在本书第十四章对费雪教授的数量方程类型进一步讨论。

第十一章　均衡条件

第一节　零利润的条件

我们已于前一章看到，由于利润（Q）乃是本期产出价值与其生产成本 E 的差额，所以我们有：

$$Q = I - S$$

因此，企业家到底是盈利还是亏损，悉由本期投资的货币价值超过或不足于本期储蓄而定。

是故，我们可知：利润＝产出价值－生产成本＝投资价值－储蓄；利润不仅是生产成本与产出价值之间的余额数字，而且也是储蓄与净投资价值之间的余额数字，二者均以货币计量。

这些利润（无论正负）均由两种要素构成，我们曾［在本书（原书）第 124 页］将其称为 Q_1 和 Q_2。这两种要素中，$Q_1 = I'$（$-S$）是消费品产出的利润，$Q_2 =$（$I - I'$）是投资品产出的利润。

现在，均衡要求 Q_1、Q_2 和 Q 均应为零。这是因为，如果 Q_1 和 Q_2 中有一个不为零，那么就会有某类企业家有动机扩大其产出；而如果总利润 Q 不为零，企业家则会尽其所能地去变动他们在既定报酬率下为生产要素提供的投入总量，而这种变动到底是增加还是减少，要视这类利润或正或负而定。因此，W_1 不会出现在均衡当中，因之 P 也不会出现在均衡里，只要利润

（无论是 Q_1 还是 Q_2）没有回归为零，这种情况就不会改变。

因此，货币购买力的均衡条件要求银行体系应该调节其贷出率，以便投资的价值等于储蓄；这是因为，如若不然，在正或负的利润影响之下，企业家不但自己打算而且供其支配的银行信贷的丰裕或短缺也会迫使他们提高或降低（根据情况而定）其为生产要素提供的平均报酬率 W_1。但是，均衡条件还要求新投资的**成本**应与储蓄相等；这是因为，如若不然，在盈利或亏损的影响之下，消费品的生产者就会改变其产出规模。

是故，在均衡状态下，本期投资的价值与成本均须等于本期储蓄量，而利润势必为零；在这种情况下，货币购买力和整体产出的价格水平就会双双等于生产要素的货币效率报酬率（the money rate of efficiency earnings）（即 $P = \Pi = W_1$）。

读者将会认识到，零利润的条件意味着**总**利润为零。这是因为，整体物价水平与某些企业家或企业家的某个群体的利润或正或负完全可以兼容，这就像它可以与某些商品的价格或升或降相兼容一样。

因此，货币购买力的长期或均衡标准即由生产要素的货币效率报酬率给出；而实际购买力则根据本期投资的成本高出或低于储蓄而在这一均衡水平上下振荡。

本书的一个主要目标意在表明，在此我们找到了物价水平波动实际上所采取的方式的线索所在，无论这样的波动到底是由于在稳态均衡水平上下的振荡，还是由于从一个均衡状态向另一个均衡状态的过渡使然。

在代用货币制度下，一般来说，银行体系通过放款规模和各项条件能够确定企业界的投资率。同时，社会成员们把他们的货币收入多少用于消费、多少用于储蓄的决策的总结果，决定着储蓄率。因此，由于银行体系可以让投资率超过或低于储蓄率，所以（假设效率报酬率没有自发的变动）物价水平相应地就会上涨或下跌。不过，如果企业家与生产要素之间通行的契约类型乃是按照劳作报酬 W 而非效率报酬 W_1 订立（现行的契约可能通常位于这

两者之间），那么，趋于上涨或下降的物价水平便是 $\frac{1}{e} \cdot P$，和前文一样，这里 e 是效率系数。

不过，投资与储蓄之间的不一致，会带来利润率上的非均衡结果。因此，下一个阶段的讨论（在本书第四篇给出）会进一步表明，除非银行体系采取措施对之加以消弭，否则这种利润上的非均衡结果会如何影响基本方程中的第一项，并最终使货币效率报酬（或劳作报酬）率上升或下降（或升或降要视情况而定）到某个点，在这个点上，银行体系可以建立一个与它本身所遵循的标准兼容的新均衡位置。

第二节　利息率或银行利率

现在，银行利率，或者——严格说来——利息率的变化到底以什么样的方式影响货币购买力，已经昭然若揭。

投资的吸引力要视企业家预计本期投资所能得到的预期收入（prospective income）相对于他为能提供生产资金而须支付的利率之多寡而定；或者换一种方式言之，资本品的价值取决于使资本品预期收入资本化时的利率。这就是说，其他条件相同，（比如说）利率越高，则资本品的价值越低。因此，如果利率上升，则 P' 会趋于下降，这会降低资本品生产的利润率，因之会造成对新投资的阻碍。是故，较高的利率会使 P' 和 C 都减少，这里 P' 表示资本品的价格水平，C 表示资本品的产出量。从一方面看，高利率会鼓励储蓄率，低利率则会遏抑储蓄率。由此可知，其他条件相同，利率的提高会使投资率（无论是以价值衡量还是以成本来衡量都是如此）相对于储蓄率趋于下降，也即使两个基本方程的第二项向负值方向移动，从而使得物价水平趋于下降。

沿袭维克赛尔（Wicksell）[1]的术语，我们可以方便地把使我们第二个基

---

[1] 即 Knut Wicksell，中译为克努特·维克赛尔（1851—1926），瑞典经济学家，瑞典学派的主要创造人。生于斯德哥尔摩的小商人家庭，1872 年毕业于乌普萨拉（转下页）

本方程中第二项为零的利率称为**自然利率**（nature rate of interest），把实际上通行的利率称之为**市场利率**（market rate of interest）。因此，自然利率是使储蓄与投资价值恰好平衡，从而使整体物价水平（Π）刚好与生产要素货币效率报酬率相符的利率。另一方面看，市场利率每一次偏离自然利率，都会使第二个基本方程中的第二项不为零，从而造成物价水平的扰动。

因此，我们就得出了一些普通的数量方程无法提供的内容，这就是，对银行利率的上升何以会在它改变实际利率的范围内使物价水平下降，给出了简单而直接的解释。为对银行利率理论给出一套更加完整的解释，我们在本书第十三章和第三十七章还会重新回来对之进行讨论。

第三节　膨胀与紧缩

我们业已看到，影响物价水平的主要有两类波动，分别对应着我们的第一个基本方程中的两项，其中第二项可以分成两个部分。我们可能会看到效率报酬率 W_1 的上升或下降。我们把这叫做**收入膨胀**（income inflation）［或**收入紧缩**（income deflation）］，分别对应着基本方程第一项的变化。我们可能会看到总利润 Q 上升到零以上或下降到零以下，原因在于储蓄和投资价值之间的不平等。我们把这叫做利润膨胀（profit inflation）［或利润紧缩（profit deflation）］。

进一步来看，由于 $Q = Q_1 + Q_2$，其中 Q_1 和 Q_2 如本书（原书）第 124 页之

（接上页）大学，其后一度辍学，1885 年获得数士硕士学位，1887 年从事经济学研究，其后 5 年在英、法、德、奥地利和瑞士等国留学，研读著名经济学家的主要著作，其中庞巴维克和瓦尔拉斯的著作对其影响最大。1895 年获经济学博士学位，1899 年任乌普萨拉大学助理教授，1900 年任隆德大学副教授，1903—1917 年任隆德大学教授。1917 年担任斯德哥尔摩经济学家俱乐部主席，退休后继续从事研究工作，1926 年 5 月 3 日去世。主要著作有《价值，资本和地租》（1893），《财政理论考察，兼论瑞典的税收制度》（1896），《利息与价格》（1898），《国民经济学讲义》（2 卷，1901—1906），《经济理论文集》（1958）等。——译者注

定义，所以，利润膨胀（或利润紧缩）即为 Q_1 和 Q_2 两项之和，我们可以分别称为**商品膨胀**（commodity inflation）[或**商品紧缩**（commodity deflation）]，以及**资本膨胀**（capital inflation）[或**资本紧缩**（capital deflation）]。因此，（根据前述对 Q_1 和 Q_2 的定义）商品膨胀衡量的是流动消费品相对于其生产成本的价格变化，而资本膨胀衡量的是资本品相对于其生产成本的价格变化。不过，在后面的讨论里，我们主要关心收入膨胀和利润膨胀，我们将很少要求把后者分割成商品膨胀和资本膨胀两个组成部分来进行讨论。

由此可知，整体产出的物价水平 Π 的变化是由收入膨胀和利润膨胀的加和来衡量的；而货币购买力 P 的变化则是由收入膨胀与商品膨胀的加和所衡量。值得注意的是，资本膨胀或资本紧缩本身并不会影响货币购买力，因为投资成本 I' 不会受它影响。资本膨胀或资本紧缩就其对货币购买力影响所具有的意义，乃在于这样的事实：它的出现或早或晚几乎肯定要影响到资本品的产出，并因之而导致商品膨胀或商品紧缩。

第四节 变化的因果方向

对于读者来说，认识到我们上文给出的**利润**定义以及在我们所谓的**收入**或**所得**与所称的**利润**之间所作的产品总值的分划皆非随意为之，非常重要。我们所称的"利润"这种实体的基本特征在于，它之具有零值乃是今日之实际经济世界中货币购买力均衡的一般条件。正是由真实世界中引入这一事实，才使我们选出的特定基本方程具有了意义，同时也使它们不再仅仅是一些单纯的恒等式而已。

在社会主义体制下，生产要素的货币效率报酬率可能会因一纸命令骤然改变。我认为，从理论上来说，在竞争性的个人主义体制下，这种报酬率可能会因企业家预期即将到来的货币变化所导致的集体性预见力或工会的突发行为而改变。实际上，诚如我们将在本章稍后一节所见，价格实际上可能由于工资确定方法或效率系数的改变而使实际报酬率相对于货币效率报酬率而

言自动发生变化而被修正。不过，在现行条件下，最普遍和最重要的变化原因则将是企业家在他们实际享有的或正或负的利润影响下，采取的扩大或缩减在现行生产要素报酬率之下所提供的就业量从而使这些报酬率或升或降的行动。这是因为，利润偏离零值，乃是除俄国之外的现代世界中工业国家发生变化的主要根源。正是按照特定方向改变利润率的行为，才促使企业家生产这种这类商品而非那一类商品，正是整体地改变利润率的行为，才促使他们改变为生产要素提供的平均报酬。

141

此外，在今日之实际世界，把上述情况视为常规的变化机制何以适当，还有另外一个理由。这是因为，当一国之中央货币发行当局希望改变该国的货币收入水平并从而改变货币收入所需的流通货币量时，它并没有权力下令减少个人的货币收入——唯一有权力下令去做的是关于借贷条件的。因此，正是通过借贷条件的改变，状况的改变才得以发生——这种改变影响到了资本品生产的吸引力，从而扰乱了相对于储蓄率的投资率，这又会搅乱消费品生产者的利润率，由此而使企业家修改其为生产要素提供的平均报酬率水平，从而最终达到改变货币收入水平的终极目标。这不是可以想到的取得这一结果的唯一途径，但实际上它却是现代世界中的大多数国家通常在走的唯一条路。

因此——一般来说——关于新的均衡价格水平的每一个变化都是由利润偏离零值而引发的；上述分析的意义在于，它证明了这一均衡条件在实质上乃与下述两点相同：(1) 储蓄与投资价值的相等，(2)"市场利率"和"自然利率"的相等。

因此，如果银行体系通过使市场利率与自然利率相等的方式而能对其贷出的款项进行调节，那么，投资价值将等于储蓄量，总利润将为零，整体产出的价格将处于均衡水平，而且除非或者直到货币购买力也处于均衡水平，否则的话，总是会有某种动机，使生产资源在消费品生产和资本品生产之间来回流动。因此，购买力稳定的条件乃是银行体系应该以这一方式并按照这

一标准而行为；虽然我们可能不得不承认，在短期内这并非总是可行的，因为短期当中自然利率有时候也会发生极端的波动。

第五节　企业家的行为

迄今之所言，皆似企业家在其未来的安排中，完全受着出售本期产品时获利与否的影响。但是，由于生产需要时间——在本书第六篇我们将强调在很多情况下生产所耗时间还是非常之长的——而且由于企业家在生产过程开始阶段即能预测储蓄与投资之间的关系在该生产过程的期末对该产品的需求产生的影响，所以，很显然，影响他们决定生产规模和值得为生产要素提供多少报酬的因素，乃是其新营业项目预期的利润或损失，而非刚结束的营业项目实际的利润或损失。因此，严格上我们应该这么说，变化的主要根源应当是预期的利润或损失，而且银行体系能够影响价格水平，正是由于造成了适当的预期，才做到了这一点。诚然，银行利率的变化能使企业家行为迅速发生改变的一个原因就是这些变化所产生的预期，这一点众所周知。是故，企业家有时在作为其行为根据的价格变化实际产生变化以前，就已经开始采取行动了。由于——试举一个预期价格会跌落的例子——成本缩减或产量缩减可以在单一产业的情况下切实地防止亏损或令人感到忧心的物价下跌，所以每一家企业可能都希望通过这种手段避免损失。不过——除了全体企业家彻底停产之外——对于作为整体的企业家而言，无论他们如何缩减成本或缩减产出，只要储蓄超过投资如期地成为现实，那么，要想避免损失就总是不可能的。

进一步来说，即使除了它们自身之外并无别的依据，广泛流传的预期也会在短期内自我确证。这是因为，企业家活动的减少会降低所需的营运资本，因此也就会降低投资；而其活动的增加则有相反的效果。

说是这么说，但是要想对这类问题进行正确的预测却非常之困难，所需的信息远比通常所能取得的要多得多，是故，企业家的一般行为事实上主要

还是受最近的经验所左右，其他则由对银行利率、信贷供给以及外汇状况等方面变化的可能结果所作的这类广泛的归纳总结进行补充。此外，建立在错误的预期基础之上所采取的行动不会在相反性质的经验之下长期存在，因此，除非事实与预测相符，否则预测很快就会被事实推翻。

因此，当我说储蓄与投资之间的非均衡是变化的主要根源时，我的意思不是要否认企业家的行为在任何既定的时刻都是建立在事实与预期混用的基础之上的。

还有另外一件事情，在这里也值得说上几句。当一个企业家出于某种原因对前景感到灰心时，他可以从以下两条道路中选择一条，或者二者兼之——他可以削减产出，或者他可以通过减少其为生产要素提供的报酬而降低成本。如果全体企业家都选择这两条道路，那么，这两者便没有任何一条能够使他们作为一个整体所蒙受的损失有所减轻，只不过起到间接地减少储蓄或者让（或使）银行体系放松信贷条件，由此增加投资（这两点均非企业家自己所能企及）；同时，从另一方面来看，两种方法都可能因减少了投资成本而加重他们的损失。虽然如此，这两种方法实际上还都是对他们颇具吸引力的，这是因为，任何一个企业家阶层如果都能以超出一般的程度接受其中一条道路，那么他们就有能力保护他们自己。不过，如果要对某一个企业家或某个企业家阶层在短期内采取这种方法还是另外一种方法究竟由什么严格条件决定进行讨论，那这就会使我深深陷入短期经济学那错综复杂的理论之中。这里，我只需要重复一遍本书（原书）第 113 页已经给出的那个说明也就足够了：就目前的分析目的而言，我们并不需要对实际或预期的亏损（或盈利）要经过多长时间才能对企业家的行为产生充分的反作用做出某些具体的假设。只要储蓄与投资之间非均衡的总体趋势并非上述意义下的趋势，而且如果这一原因持续存在，那么这种趋势迟早必会实现也就足够了。关于储蓄与投资之间的分离在量上所产生的对市场通行的物价水平的影响，本节所述的所有限制条件也不会以任何方式对我们结论的严格性或有

效性带来影响。

第六节 外部均衡的条件

迄今为止我们所述之观点，好像都是在讨论一个**封闭体系**（closed system），该体系不能容许与外部世界发生买卖和借贷关系。但是，我们所讨论其通货体系的国家不仅应与外界买卖货物，还应拥有相同的货币标准，而且还要与外界发生借贷关系，这乃是当今世界各国之通例。

不过，要把我们的观点扩展到尚未充分就基本方程的各项做出充分说明的国际体系上去，并不需要增加其他什么。其主要结果乃在于引入一个新增的均衡条件。

令 L 和 B 分别代表与本书（原书）第 118—119 页上给出的"对外收支余额"与"对外贸易余额"；G 代表黄金输出量；S_1 代表储蓄总额 S 和 L 之间的差额，这个 L 并不以黄金输出的方式来融资弥补——我们称它为国内储蓄量；I_1 表示总投资价值 I 和 B 之间的差额——我们称它为国内投资价值；I_1' 表示 $I_1 - Q_2$——我们称其为国内投资的"校正"成本；那么，我们有：

$$L = B + G$$
$$S_1 = S - L + G$$
$$I_1 = I - B$$

因此：

$$I - S = I_1 - S_1$$

由于：

$$I_1 - I_1' = Q_2 = I - I'$$

故有：

$$I' - S = I_1' - S_1$$

因此，我们即可在我们的基本方程中用 $I_1 - S_1$ 代替 $I - S$，用 $I_1' - S_1$

代替 $I'-S$。相应地，整体产出的物价水平之均衡就会要求国内储蓄量应与国内投资值相等，货币购买力之均衡则要求国内储蓄量应与国内投资的校正成本相等，而这种校正成本乃是国内投资的实际成本减去对外贸易余额之利润后的所得，也即减去 B 的价值超出其成本的部分。按照本书（原书）第119页的定义，I 包含了黄金进出口的修正值，但是 I_1 却没有；也就是说，I 等于国内投资、对外投资收支余额和黄金进口的总和。

这些都是内部均衡的条件。但是，当我们处理的不再是一个封闭体系时，我们也就需要一种外部均衡的条件。很显然，只要黄金持续流入或流出一个国家，则这种均衡就不可能存在。因此，外部均衡的条件就是 $G=0$，也即 $L=B$，这会使对外投资的价值（即对外贸易余额的价值）与对外投资收支余额相等。

因此，一个完整的均衡，既要求 $I_1=S_1$ 和 $I_1=I'_1$，也要求 $L=B$。

我们将在后文第二十一章对外部均衡的这条件之意涵进行讨论。不过在这里我们或可提上一到两个结论。

首先，在任何给定的情况下，对外贸易余额都取决于国内外那些进入国际贸易的商品与劳务的**价格水平**。另一方面，对外投资余额则取决于国内外的相对**利率**（当然，这些利率要对各类风险等的变化进行校正，这是为了表示贷款的净利益）。现在，这两者之间尚且没有什么直接或自动的联系；中央银行也没有任何可以改变相对物价水平的直接手段。中央银行的武器不过是改变利率以及一般的贷款条件。因此，当国外的物价水平或外国借款人的需求（即他们在既定利率下借款的热切程度）有所变化，却又没有反映到国内的相应变化上去时，中央银行维持外部均衡的唯一手段就只能是改变国内的贷款条件了。但是，如果在原来的贷款条件下 $I_1=S_1$，那么在新的贷款条件下它们将不会相等，是故，这种维持外部均衡的努力所产生的第一个影响将会是导致内部不均衡。我们将在后文第十三章看到，中央银行沿此路线所采取的行动最终是可以带来一种新的局面的，在这种局面下，内部均衡与外部

均衡同时得以恢复。但是，这并不会消除两种均衡一开始会出现不协调的倾向这一事实。

其次，就国际通货体系而言，譬如黄金，中央银行的基本任务乃在于维持**外部均衡**。内部均衡只能听天由命，或者这样说更恰当一下，内部的情况迟早必须受到逼迫，而与外部的情况达成均衡。这是因为，维护一国通货与国际本位保持平价为中央银行职责所系乃由法律所定，不可移易，而这种职责与外部非均衡的长期存在并不相容；然而，对于内部均衡，却没有这类具有约束力的相应责任存在。只要中央货币发行当局要求按照货币购买力本身以外的任何其他客观标准来维持其货币的平价，上述观点即可适用，中间不过是程度的大小之别。

不过，一国能够为使外部均衡状况适应其内部均衡条件而支配国际局势的程度，以及它为了保持其内部均衡而罔顾外部不均衡（任凭黄金自由地流进或流出）所能应付的时间长短，不同情况下大相径庭，取决于其金融力量中多方面的因素。大战之前的英国和这场战争后的美国在影响国际局势，使之适合自己这方面，均有着相当大的力量。自 1924 年以来，法国和美国即成了长期罔顾外部均衡而保持内部均衡的例子，而英国则是被迫对内部均衡不管不顾，尽力维持自我施与的外部均衡的例子，这种自我施与的外部均衡与它当时的国内形势并不协调。

内部和外部均衡之间条件上的不协调，其强烈程度取决于对外收支余额相对于总储蓄量是否很大，是否对国内外相对利率的**细小变化**比较敏感，以及对外贸易余额是否容易受相对价格**细小变化**的影响；这种不相协调的存续时期之长短，则取决于改变生产的国内货币成本难易程度如何。如果对外投资支付余额、对外贸易余额，以及生产的国内货币成本分别对利率、价格和就业量的细小变化均颇为敏感，那么，同时维持外部均衡和内部均衡不会遇到任何困难问题。我认为，流行极广的理论轻描淡写地假设上述的敏感性条件在实际的当今世界当中皆可得到满足，有过于轻率之嫌。而这一假设并不

妥当。在有些国家（当然并非所有国家），对外投资支付余额是很容易受到影响的，在大多数国家，生产的货币成本对于上涨趋势的变化几乎没有什么抵抗力。不过，在许多国家里，当增加对外贸易余额以应对国外局势的变化时，它的大小也颇稳定，不大容易受到影响；当面对上涨趋势的变动时，生产的货币成本也是这样的情况。

在大战之前，除了外部均衡的条件，人们毋庸担心其他问题。但是，自大战以来，关于货币管理以及稳定货币购买力平价之重要性的思想发展，使人们更加普遍地关心内部均衡的维持，而没有让大家清楚地认识到两者之间彼此相容的程度。不过，有关这一问题，我们必须留到下一章再做深入探讨。

第七节　因报酬的"自发"变化所致的物价水平变动

在前面几节里，我们一直假设效率报酬率一般来说不会"自发"变化，当然这种所谓的"自发"不过是打个比方；只有当企业家受到盈利或亏损之影响从而改变其所提供的报酬时才发生变化。但是，这并非事实的全部，我们必须对它进行补充。

如果货币报酬率一律按照产量固定下来，就好像是计件工资一般，从而自动随着效率系数的每一种变化而自动地趋于增加或减少，那么，前述关于价格变化的因果关系之内容，我们就不需要再做补充了。

另一方面来看，如果货币报酬率一律根据劳作来计算，就仿佛是一种计时工资，从而无论效率系数如何变化，货币报酬率总是不变，那么，物价水平将会随着效率的每一种变化而成反比例变化（假定投资于储蓄处于均衡状态）。也就是说，物价水平会在效率变化的相反方向上产生一种自发的变化趋势，其原因在于投资和储蓄之间的差异带来的任何进一步的变化，都会叠加在这个趋势上。

事实上，整体而言，报酬可能要在劳作基准和效率基准之间的某处确

定。和前文一样，如果 W 代表劳作报酬，W_1 代表效率报酬，而如果 W_2 代表实际报酬，那么，如果实际报酬在劳作基准方面以比例 a 确定，在效率基准方面以比例 b 确定，则 $W_2 = (a \cdot e + b) W_1$，其中 e 是效率系数。在这种情况下，出于企业家利润之外的其他原因，P（或 Π）会有一种自发的变化趋势与 $(a \cdot e + b)$ 的变化自发地成反比例变化。

读者应可看到，平均报酬率的变化对其自身来说并不存在可以直接带来利润或亏损的趋势，这是因为——只要货币发行当局允许变化发生而不去试图阻碍它——企业家在支出方面的变化，总会由其收入方面的相应变化而得到补偿，收入的这类相应变化则是物价水平的比例变化之结果。但是，如果报酬率的这类自发变化所需要的货币供给与货币发行当局的看法不一致，或者与货币发行当局的能力局限不符，那么，货币发行当局为求挽救局势就会被迫发挥影响打破投资与储蓄的均衡，从而诱使企业家以某种方式改变他们对生产要素的报酬支付，目的是抵消发生在报酬率上的自发变化。

因此，我们可以方便地把我们所谓的效率报酬率上的"自发"变化，以及因工资体系的性质（这其中包括诸如工会的势力和活动等）而产生的"自发"变化，与我们所谓的"引致"变化相区分，这种引致变化乃是因货币发行当局允许或促成投资与储蓄之间的差额而出现盈利或亏损所产生的变化。如果所产生的这些自发变化与货币发行当局的意图不合，那么，对后者而言，唯一的补救之法就只能是促成程度相等而方向相反的引致变化。

由于本书乃是关于货币而非工资体系的专论，所以接下来我们更多关心的是对引致变化的周密分析，而非对自发变化的周密分析。此外，虽然我们把与通货情况不相容的自发变化看成是将会迫使货币发行当局不断地蓄意打破投资与储蓄之间均衡的行为，但是，从分析的角度言之，这种情况很容易和另外一种情况——这种情况在属于未予管理的国际通货体系的国家当中是非常普遍的，值得我们予以相当详细的讨论——相混同，这种情况即是，迫使货币发行当局打破投资与储蓄之间均衡的货币局势，不是因为效率报酬率

上发生了自发变化，而是因为效率报酬率的现有水平已经不再与货币情况相容（可能是因为国外的变化所致）。而且，在短期当中引致变化可能要比自发变化重要得多，这也是在下文大多数时候我们只注意前者的另外一个理由。

总之，在此我们不妨就上文所述对物价稳定问题的意义聊表数语。

如果我们不仅对报酬（或工资）体系施以控制，还要对货币体系施以充分的控制，从而使我们仅凭政府的命令就可以改变报酬率，使货币供应适应于政府命令规定的报酬率，还可以控制投资率，那么，我们即可以在货币购买力、货币的劳动支配力或其他方面予以稳定，而不会冒造成社会或经济摩擦或引起浪费的风险。

从另一方面来看，如果我们控制住的是报酬体系而非货币体系，那么，要想决定物价将处在什么水平，就超出了我们的能力范围；我们所能做的最多也就是运用我们的力量以确保均衡报酬率出现时仅产生最小的摩擦和浪费，这一均衡报酬率是受外部力量所任意支配的。也就是说，我们最好把报酬率固定在某一个可以和货币情况相容的水平上，使其不会受到任何扰动，从而破坏 I 和 S 之间的相等关系。

但是，如果——这是货币改革家通常所假设的情况——我们至少对货币体系有着部分的控制力，而对报酬体系则完全不能控制，以致我们有那么一些力量可以决定均衡物价和报酬率将来将达到的水平，不过，除了使引致变化的这种机制运行下去之外，再没有其他力量来实现这种均衡，那么，我们最好在选择我们的标准时想一想，到底什么才是最适合报酬体系的实际情况特有的自发变化之自然趋势。

举个例子，如果报酬体系自由发展，趋向于更加接近稳定的效率报酬而非稳定的劳作报酬，那么我们可能最好还是去稳定货币购买力；不过，如果事实情况正好倒过来，那么我们最好还是取稳定货币的劳动支配力。又或者，如果货币报酬率有上升的趋势（由于工会的势力或者仅由于人们喜欢透过货币看待问题，并认为货币报酬的增加乃是境况向好的标志），那么，在一

个效率不断提高的进步社会，最好是稳定购买力，在一个效率不断下降的退化社会，最好则是稳定货币的劳动支配力。

不管怎样，在决定哪一种做法最好时，我们总是应该对上述这些思考斟酌损益，在社会的便宜和浪费与摩擦的避免这一基础之上，顾及社会正义方面的考虑。

从我的角度来说，我多少还是倾向认为，只要物价水平的变化率始终控制在某些较为狭窄的范围之内，那么拥有一个能够尽可能避免引致变化必要性的体系，要比根据任何一种严格的原则来稳定物价水平更为重要，当然这尚非最终的定论。不过，这至少是首先应该考虑要做的事情。这是因为，所有的体系当中最坏的一种（撇开失去全部凭借的对非兑换货币加以滥用的那种体系不算）正是银行体系无法校正周期性的投资与储蓄之间的偏离，而这种偏离忽而左、忽而右，飘忽不定。此外，报酬方面的自发变化趋于上升，但是由于黄金相对短缺而导致的货币变化则趋于下降，这使得即便抛开来自投资方面并叠加在它们之上的波动，我们对于引致变化也有一种长期的需要，这种需要的程度不仅要抵消自发变化，而且还要大到能够让它们发生逆转的地步。不过，我们今天所拥有的体系可能正好属于此类亦未可知。

这一思想路线对于将来要出现的东西预示甚多。如果读者尚未对之充分领会，那么当回过头来二次阅读时会很容易就能理出头绪来。

第十二章　对储蓄和投资之间分别的进一步说明[1]

第一节　储蓄与投资

前面几章我们一方面讨论了社会的报酬或货币收入及其所分成的两个部

1　我在储蓄和投资之间所作的区分，其概念这几年已经逐渐为经济学文献所吸纳。根据德国权威学者的说法，这个概念是路德维希·米塞斯［Ludwig Mises，即路德维希·海因里希·艾德勒·冯·米塞斯（Ludwig Heinrich Edler von Mises，1881—1973），20世纪著名的经济学大师，卓越的自由主义思想家。奥地利学派第三代掌门人，朝圣山学社成员。自由意志主义运动的主要代表人物，也是促成古典自由主义复苏的学者。米塞斯早年主要关注货币信用原理与经济周期，他觉察到奥地利经济学派中货币分析领域是一个空白，对此进行了深入的研究。——译者注］首先在他于1912年出版的《货币与信用原理》（第一版，第227页、第411页，等等。）里予以介绍的（此书1934年被翻译成英文。——译者注）。［参看哈恩在Handw Örterbuch der Staatsmssenschaften（第4版）卷V的第951页"论信贷"一文；以及熊彼特，*Theorie der tuirtschaftlichen Entwicklung*（第2版，1926），第156页。这些参考文献是米塞斯自己给出来的，参见：*Geldwertstabilisierung und Konjunkturpolitik*，1928，p.45.］后来，熊彼特以更加明确的形式采用了这个概念，而"强制储蓄"（forced saving，德文为"erzwungenes Sparen"或"gezwungenes Sparen"；在这一点上我不是太喜欢用"储蓄"这个词；参看下面给出的更深入的注释。）（也即我所定义的储蓄与投资价值之间的差额，虽然就我所知，这个概念与上文第十章和十一章这两章的分析并不是非常接近，但我认为实质上看并无差别）几乎已经成为德国新近关于货币之论著的众所周知的特点了。不过，就我自己而言——我想这对于多数其他英语世界的经济学家来说也是如此——我的认识能够走到正确的方向上来，则是得益于D.H.罗伯逊先生于1926年出版的《银行政策与物价水平》一书所给我带来的启发。［我不是很喜欢罗伯特逊先生所用的那个术语"非主动造成的不足"（automatic lacking）。我更喜欢普遍"不足"（"lacking" simpliciter）一词而非他的"非主动造成的不足"；更喜欢"储蓄"一词而不是（转下页）

分，一个是由收入的接受者用于本期消费的部分，一个是被"储蓄"起来的部分；另一方面，我们还讨论了社会的实际商品和劳务产出及其所分成的两个部分，一个是市场行销并卖给消费者的部分，一个是被用于"投资"的部分。因此，"储蓄"是与货币单位相联系的，它是个人货币收入与本期消费的货币支出之间诸个差额的总和；而"投资"则与商品的单位相联系。本章的目的是要进一步阐明这两者之间区别的意义所在。

储蓄是个体消费者的行为，它是由消费者不把其本期的全部收入都用于消费的消极行为所构成。

另一方面，投资是企业家的行为，企业家的功能是要做出决定非消费产出量的决策，投资是由启动或维持某种生产过程或保有流动性财货的积极行为构成。投资是由财富的净增量来衡量的，其形式可以是固定资本，也可以是营运资本或流动资本。

有人可能会这样认为——而且实际上也常常这样认为——投资量必然等于储蓄量。但是，稍加思考我们会发现，如果我们企业家意外所获的利润或蒙受的损失从收入和储蓄中排除出去——根据前面给出的那些理由我们必须要这样做——收入实际情况并非如此。

我们先暂时忽略贮藏品变化的可能性，后文我们将会看到，与其他要素变化的可能性相比，贮藏品变化的可能性事实上可能还是比较小的；这就相当于假设可用的产出容易腐坏。在这种情况下，消费量确与可用产出量相

（接上页）他的"自发的不足"（spontaneous lacking），而对于他的"引致性不足"（induced lacking）这个词我则无特别的术语进行替换。而且从其他的角度来看，我们可能会把"暴利"（profiteering）当作企业家意识到对于收入接受者来说"不足"之所在相等价的情况来对待。］最近，阿巴提先生（Mr Abbati）所著的《最后的购买者》（1928）一书也得到了与此大体相似的结论，我认为这是他独立取得的成果。阿巴提先生可能没有使那些未能自己找到同样线索的人充分地理解他的想法。但是，储蓄与投资之间的区分，其本质含义则可在他的著作之第五章中找到。此外，阿巴提先生所谓"最后购买"的加总，意思是指消费方面的支出加上投资所得的结果，他认为，萧条乃是由于这个加总结果没有货币收入总量多而导致的。

当。但是，总产出当中将适于可用产出的比例则已由企业家决定的投资量明确地予以确定了下来。因此，当投资量为正时，无论储蓄量多少，消费量总会少于产出量；当投资量为负时，无论储蓄量多少，消费量总会超过产出量。总之，资本的增减取决于投资量而非储蓄量。

如果我们想一下当个人不把其货币收入用于消费时所发生的情况，那么，储蓄的出现完全可以没有相应的投资，这一点理所至明。个人如何处理他的剩余收入——无论是把它存在银行、用以支付贷款还是购买房屋或证券——只要企业家没有随之增加投资，情况就不会有所改变。这样，市场上少了一个消费品的购买者，其结果是消费品的价格下降。这种物价水平的下跌会提高该社会其他人的货币收入的购买力，因此，他们就能够增加自己的消费，所增加之量即为储蓄者放弃之量，而所花去的货币量与之前相比并无差别。不过，如果其他的人也继续相应减少他们在消费方面的货币支出，从而增加他们的储蓄，如此所带来的结果只能是让他们实际花费的收入之余额的购买力进一步提高。

与此同时，储蓄者作为个人是变得更加富裕了的，其增加的财富即为他们的储蓄量；但消费品的生产者销售本期产品时的价格却比没有做这番储蓄时为低，财富的减少量也是这个量。因此，在这样的情况下，储蓄带来的结果不是总财富的增加，而只是引起了双重转移——消费从储蓄者向消费者总体中转移，财富从生产者总体向储蓄者那里转移，而总消费和总财富都保持不变。是故，用罗伯特逊的话说，储蓄是"失败的"。相应于储蓄的增加，财富并未出现任何形式或方式的增加——储蓄的结果只是在消费者之间以及有权保有财富的人之间发生变化或移转，除此之外别无其他。储蓄已经被生产消费品的企业家所蒙受的损失给抵消了。

另一方面来看，如果投资与储蓄同时发生，则消费者支出与生产者的可用产出之间的均衡将会维持在先前的物价水平上。这是因为，如果投资所采取的乃是增加固定资本或营运资本的形式，同时又不会伴随出现就业的增

加，且这个投资可以由同等的储蓄量所抵消，那么，生产者可用商品的产出就会被投资行为所减少，其程度与消费者因储蓄行为而减少对这类商品的支出在数量上是相等的；如果投资采取的是增加营运资本的形式，并伴随着就业量的增加和生产要素报酬的增加，且这个投资可以由相等的储蓄量所抵消，那么储蓄者所减少的消费支出就会恰好被生产要素所增加的报酬而导致的消费者支出等量的增加所抵消。

最后，如果投资超过支出，那么——按照前面的观点可以很容易地看出——消费者支出相对于生产者可用商品的产出是会增加的，其结果是消费品物价上涨；超过储蓄量的新投资之所以有可能出现，并不是因为忍住不去花费货币收入而带来自愿对消费的节制，而是由于货币收入价值缩水而引发的自愿节制所致（此之谓罗伯特逊先生所称的"非主动造成的不足"）。

现在，如果这些关于未来产出流在给定日期上分别成为可消费或非可消费形式之比例的决策由该日期决定"储蓄"多少的这同一拨人做出，那么就没有任何麻烦了。但是，如果这些决策乃是由不同的人所作——事实上也的确如此——那么（除了贮藏品的数量可以变化这一点之外）社会整体资本财富的净增加量会在一定程度上（或多或少）与个人的现金储蓄总量有所不同，后者这个量就是个人现金收入不被用于消费的那部分。

只要我们想到收入并不包括利润或亏损，那么，关于此点我们就不需要感到矛盾；而正是这些利润或亏损说明了储蓄与投资价值之间的神秘差异。认识到这一点非常关键。个人的储蓄行为可能会带来投资的增加，或社会中其他个人消费的增加。储蓄行为的效能本身并不能保证资本品存货将会相应地增加。

第二节 一个例证

如果我们给出一个比喻或例证，可能会让这个结论变得更加明朗——或者至少可以使它变得更加生动活泼。我们且假设一个拥有香蕉园的社会，它

除了种植和采集香蕉以外别无其他产业；而且这个社会除了香蕉以外也没有其他消费品可以消费。我们再进一步假设这个社会在以下意义上实现了投资与储蓄之间的均衡，即该社会不用于香蕉消费而用于储蓄的货币收入与它们的生产成本相等（这其中包括企业家的常规报酬）。最后，我们还要假设成熟的香蕉不能保持超过一或两周，这个假设也算得上合理。

这个伊甸园开展了一项节俭运动，敦促公众减少浪费，不要养成把他们全部的本期收入都用于购买香蕉来满足日常消费的习惯。但同时，新种植园的发展上却没有什么相应增进——这是出于以下多种原因中的某一个而造成的：可能是一些建议应该更加审慎的决策影响了企业家以及储蓄者，怕将来香蕉生产过剩、物价水平下跌而不可收拾，所以没有新发展；或者存在一些技术上的原因，阻碍了新发展以更大的幅度增进；或者这类发展所需的劳动需要高度专业化，一般采集香蕉的劳动者尚且达不到这样的专业化程度；又或者在发展所需的初始准备和它最终要求大量支出的日期之间尚有一段相当之大的时间间隔。那么，在这类情况下，又将发生什么呢？

到市场上销售的香蕉还和以前一样，然而本期收入中用于购买香蕉的钱数却因为节约运动而减少了。由于香蕉无法保存，所以它们的价格必然下降；其下跌程度适与储蓄超过投资的数量成比例。[1]因此，公众还是与之前一样消费全部的香蕉产量，但是物价水平却是降低了的。这真是再好也没有了，或者说看起来这真是再好也没有了。节约运动将不仅带来储蓄的增加，而且它还降低了生活成本，真是一举两得。公众会储蓄货币，而不需要克制自己消费其他任何东西。他们将要消费的，适与之前相同，而节俭的美德得到了丰厚的奖赏。

但事情尚未结束。由于工资仍然没有改变，降低的只是香蕉的售价而生

1　我们将在第十九章对香蕉可以保存这种情况进行详细讨论。我们会发现，该种情况与本处所述的情况之差别并不如预想的那样大。

产成本并没有降低；因此，企业家将会蒙受非正常情况下的损失。是故，储蓄的增加并没有使该社会的总财富增加哪怕一点儿；这只不过是把财富从企业家的口袋挪到了一般公众的口袋当中而已。消费者的储蓄将直接或通过银行体系的中介而被用来补偿企业家的损失而已。此一情形的持续存在，会促使企业家想方设法解雇工人或降低工资，从而把自己保护起来。但是，即便是这样也不会改善他们的处境，因为公众花钱的能力会随着生产总成本减少多少而减少多少。无论企业家把工资减低多少，也无论有多少工人被解雇，只要这个社会的储蓄超过新投资，那么，企业家就会一直蒙受损失。因此，除非以下三种情况，否则必不可能出现均衡之结果：（a）所有生产停止，全部人民饥馑而死；（b）由于日见贫困，节俭运动被叫停或逐渐偃旗息鼓；（c）有了某种其他的方式刺激了投资，使投资的成本不再滞后于储蓄率。

第三节　关于过度储蓄的诸种理论

经济学家熟悉的那一类理论是这样的：它们把信用周期现象归结为所谓的"过度储蓄"（over-saving）或"消费不足"（under-consumption）所造成。我认为，说到底这些理论与我自己的理论多少有些类同。但是，它们却并不像乍看起来那样相近。波尼亚蒂安（Bouniatian）以及受其影响的欧洲著述者，其中有英国的 J. A. 霍布森先生（Mr J. A. Hobson），以及美国的佛斯特和卡钦斯诸位先生（Messrs Foster and Catchings），是这一思想学派的著名领袖，如果过度储蓄或过度投资与我所赋予这些术语的内涵一样，那么，这些人的理论事实上并非是关于过度储蓄或过度投资的理论。这就是说，他们之所言，与储蓄超过投资或者投资超过储蓄毫无干系。他们所思所想，并非储蓄与投资之间的均衡，而是资本品的生产与对使用这类产品的需求之间的均衡。他们把信用周期现象归因于资本品周期性的生产过剩，其结果使这些资本品所促进的消费品产量要大于公众手中所掌握的购买力在现有物价水平下所能吸纳的数量。

至于这些理论与我的理论存在的任何可以调和之处，那也不过是在事物发展过程的较靠后的阶段上才有的；这是因为，在某些情况下，投资率滞后于储蓄量的趋势可能会作为上述意义下过度投资的反作用结果而出现。不过，这些理论认为现有的财富分配倾向于产生大量储蓄，大量储蓄转而导致过度的投资，过度的投资则又会导致消费品生产过多，就此而论它们与我的理论所处理的**领域**全然不同：这是因为，按照我的理论，无法带来大量相应投资的大量储蓄（而非能够带来大量投资的大量储蓄）才是问题的根源。

考虑到传统经济学家几乎全然把这一非常实在的问题置诸脑后，而霍布森先生和其他一些人则试图分析储蓄和投资对物价水平以及信用周期的影响，这一点还是很值得称颂的。但我认为，他们并没有能够把他们的结论与货币理论或与利率所起的作用给连接起来。

第四节　对上述论点的总结

如果我在这个阶段设法给出关于前面几章论点的一个大致的总结（这会相对牺牲一些精确性），对于读者来说或许会有所帮助。

在任何一个时期中，整体产出的物价水平是由两部分构成的——用于消费的商品之物价水平，以及增加了资本存量的商品之物价水平。

在均衡条件下，这两种物价水平都是由生产的货币成本决定，或者换句话说，即由生产要素的货币效率报酬率所决定。

用于消费的商品之物价水平在事实上是否与其生产成本相等，这个问题取决于一个社会用于消费的收入比例是否与该社会以这种消费形式而呈现的那部分产出所占的比例相同；换言之，这个问题取决于收入在储蓄和消费支出之间的分配是否与增加了资本存量的商品之成本和被消费的商品之成本彼此间产出的生产成本之分配相同。如果前者的比例大于后者，那么，消费品的生产者就会获利；而如果前者的比例小于后者，那么，消费品的生产者就会亏损。

因此，消费品的物价水平（即货币购买力的倒数）到底是超过了还是不足于其生产成本，所根据的是储蓄量到底是不足于还是超过了新投资的生产成本（即添加到资本存量当中去的商品的成本）。所以，如果储蓄量超过了投资成本，则消费品的生产者就会蒙受损失；而如果投资的成本超过了储蓄量，则他们就会获得利润。

那么，新投资——也即添加到资本存量中去的商品——的物价水平又会出现什么情况呢？ 对此问题尚需更详细的作答，在这里我请读者诸君务必耐心，等到后面几章再来回答。对于读者来说，理解我在第十章给出的对这个问题的叙述不过是为了对这个主题预作铺垫而给出的初步探讨是非常重要的。大体上来说，它取决于这些投资在未来某个时期所将展现出来的那些财货的预期物价水平，也取决于为求这些财货的资本现值而用来折现的利率到底是多少。因此，投资品的生产者是获利还是亏损，取决于市场关于未来价格之预期和现行利率是朝向这类生产作有益还是不利的方向变化。它并**不**取决于消费品生产者是获利还是亏损。

尽管如此，我们所说的这两类物价水平仍然是彼此联系而又存在着一定差距的，一般而言，它们变化的方向也是**相同**的。这是因为，如果投资品的生产者获了利，那么他们就会形成想方设法增加产量的趋势，这也就是增加投资的趋势，因此这一趋势——除非储蓄碰巧以相同的比例在增加——会倾向于提高消费品的物价；反之亦然。另一方面来看，如果消费品生产者获利而投资品生产者亏损，那么对于产出而言，就有着一种从后者向前者改变的趋势，除非储蓄恰好以相同的比例在减少，否则的话这种情况是会降低消费品的物价水平的，而且消弭了消费品生产者的利润。因此，虽然对于这两类物价水平来说向相反的方向变化并非没有可能，但是，预期它们会沿着相同的方向变化，这样的想法还是更为自然一些。

现在，我们首先按照这个逻辑序列向前推演，然后再向后推演；为了便于叙述，我们把自己限制在讨论这两类物价水平都朝着同一个方向变化的

情况。

如果全体生产者都获利，个别生产者就会设法寻求产出的扩大，以赚取更多的利润。通过在原来的报酬率下使用更多的生产要素，或者通过给予更高的报酬来增加生产要素投入，他们可以做到这一点。在本书第六篇我们将会看到，这两种情况无论哪一种都会使总投资成本增加，因此生产者如此来努力赚取更多利润时，至少一开始会加重物价和利润的上涨趋势。是故，我们可以得出这样的结论：一般而言，利润的存在会带来更高的就业率和生产要素报酬率这样的趋势；反之亦然。

其次，我们沿着因果序列向后推演。为了使生产者能够并且愿意以更高的生产成本进行生产和增加他们的非消费产出，他们必须能够取得对适量货币和资本资源的支配权；为了使他们能够并且愿意这样做，则支配这类资源所需要付出的利率势必不能高到阻止他们向前进的地步。为了取得对足量货币的支配权，他们需要借入多少银行信贷，取决于公众到底如何来处理他们的储蓄——也即取决于储蓄存款和证券分别所具有的相对吸引力。但是，无论公众怎么处理，也不管生产者在产出当中增加非消费品所占比例的动机强弱如何，银行体系总是作为一种平衡因素而发挥作用；通过控制物价和银行信贷数量，银行体系必然可以控制用于产出的总支出。

因此，在这一因果序列中，其第一个环节就是银行体系的行为，第二个环节是投资的成本（就购买力而言）和投资的价值（就整个产出的价格水平而言），第三个环节是利润或亏损的出现，第四个环节是企业家为生产要素支付的报酬率。通过变换银行信贷的价格和数量，银行体系可以控制投资的价值；而生产者是盈利还是亏损则取决于相对于储蓄量的投资之价值；为生产要素支付的报酬率倾向于随着企业家盈利与亏损而提高或下降；该社会产品的物价水平是生产要素平均效率报酬率与企业家平均利润率的加和。因此，把第一个环节和最后一个环节放在一起，我们可以看到整体产出的物价水平随着银行体系使投资**价值**超过或不足于储蓄量而在效率报酬率上下浮

动；货币购买力随着银行体系使投资**成本**超过或不足于储蓄量而在效率报酬率上下浮动。

这并不是说，银行体系是这种情势当中唯一**的**因素——其最后结果取决于银行体系的政策与其他各种因素联合发挥的作用。但是，就银行体系作为一个可以按照计划行动的自由机构这一点而言，它是能够作为一个平衡因素而控制最后的结果的。

如果银行体系能以某种方式控制住信贷的条件，使储蓄等于新投资的价值，那么，整体产出的平均物价水平就是稳定的，而且与生产要素的平均报酬率相符合。如果信贷的条件较之这一均衡水平更加宽松，那么，物价就会上扬，利润就会出现，财富也会因公众收入的价值下降而快于储蓄的增长——这一项的差额将以所增加的资本之所有权的形式转移到企业家的口袋里去；企业家将会竞价购买生产要素所提供的服务，而后者的报酬率将会提高——这种情况一直持续到使实际上的信贷条件与它们的均衡水平彼此更为接近为止。而如果信贷条件比均衡水平更加严苛，则物价会下跌，亏损就会出现，财富就会比储蓄增加得慢，其程度和亏损的程度相当，失业将接踵而至，而且会有一种压力使得企业家减少生产要素报酬率——这种情况一直要等到实际的信用条件与它们的均衡水平彼此更为接近为止。

繁荣与萧条不过是对信贷条件在其均衡位置上下振荡的结果之表达。

一旦这种比较而言相对简单的封闭体系被更为复杂的国际体系代替，其结果——我们将会看到——是，维持国际均衡的必要性会迫使国内银行体系订立一种偏离其国内均衡水平的信贷条件。因此，国际均衡的条件可能在一定时期内与内部均衡难以相容；而要恢复或保持完全的均衡态势，国内情势当中的两种要素应该均能变动才是——不仅信贷条件要能变动，生产要素的货币效率报酬率也要能够变动。

第十三章 银行利率的"独特作用方式"

第一节 传统的学说

在价格基本方程中，银行利率并未明确作为一个要素出现在里面。因此，它就不可能直接影响物价水平，而是通过它对基本方程中真正出现的一种或更多种因素的影响来间接地影响物价水平。是故，对于大意是（例如）银行利率提高将导致物价水平下跌的这类说法，除非同时能够向我们解释了它对基本方程中的因素到底产生了什么样的中间作用，否则我们是一定不能满足于这样的说法的。

在第二章，我曾简略地预先给出了后面将要提出的解决方法的一般性质。银行利率主要是针对基本方程中的第二项发挥作用。它是储蓄率和投资率之前的一种造成扰动或恢复均衡的工具；这是因为，提高银行利率可以刺激其中一项，而抑制另外一项，银行利率下降则会带来相反的效果。这并不会妨碍它迟早会影响到基本方程中的第一项，或者对基本方程中的其他要素产生次一级的影响，尤其是对银行货币量、流通速度和储蓄存款的比例所产生的影响。

不过，在我们对这些概念详加阐述之前，对于历史当中发展出来、今天依然有所影响的学说做一番概览，可能还是颇有好处的。但是，要做这样的概览却显非易事。就我所知，英语文献中尚且没有对这个主题做过系统性的梳理。

153

你若在马歇尔、庇古、陶西格（Taussig）[1]或欧文·费雪的著作中去找寻，只会徒劳而返。即便是卡塞尔教授的工作，虽然相比之下更为丰富一些，但是也没有详细地对这其中的来龙去脉进行研究。[2]霍特里讲的稍微多一些；但是，在这个问题上，他多少有些不合于传统，无法被引述为上述已经为大家所接受的学说之代表。不过，在系统研究方面，仍然有一个非常了不起的尝试，这就是克努特·维克赛尔的《利息与价格》，此书在 1898 年以德语出版，本应引起英语世界的经济学家比现在更多的关注和赞誉。就内容与意图而言，维克赛尔的理论与本书非常相近（要远比卡塞尔所持有的维克赛尔学说更加接近），虽然在我看来维克赛尔也没有成功地把银行利率与数量方程连接起来。

在现代意义上来讲，"银行利率政策"源于 1836—1837 年货币危机后、1844 年银行法案前的诸多讨论。在 1837 年以前，这类的概念并不存在——例如，在李嘉图的著作中就找不到这类概念，而要解释为什么也并不困难。因为在李嘉图的一生中，以及之后一直到 1837 年取消高利贷法，利率始终受到法定最高限额 5% 的限制[3]。76 年间——从 1746 年 5 月 1 日始到 1822 年 6 月 20 日终——银行利率一直保持在 5%，从未改变。从 1822 年到 1839 年，则是在 4% 和 5% 之间小幅波动。1839 年 6 月 20 日英格兰银行把利率定为 5.5%（6 周之后改为 6%），这是该行官方利率第一次超过 5%。[4]

---

1 陶西格（1859—1940），美国著名经济学家。他出生于美国密苏里州圣路易斯城。1883 年获哈佛大学经济学博士学位。他曾以美国总统威尔逊经济顾问的身份，出席"巴黎和会"，并被推荐为《凡尔赛和约》经济条款的起草人之一。主要著作有：《美国对幼稚工业的保护：一项经济史研究》《美国关税史》《经济学原理》《国际贸易》《美国商界领袖：社会根源和社会分层的研究》（合著）等。——译者注

2 卡塞尔接受在大战之后的著作里间或提到过不少银行利率的例证。但是就我所见，他对这个问题最为系统的处理见于他的《社会经济理论》（*Theory of Social Economy*）一书的第十一章。

3 我相信，在马恩岛（位于英国西北海岸的爱尔兰海域；是英国属地；英联邦半自治区。——译者注），至今还在实行了法定最高利率 6% 的政策。

4 有关十九世纪银行利率的详细统计资料以及它与市场利率的关系，可参看吉布森（Gilbson）的《银行利率——银行家手册》（*Bank Rate*：*the Banker's Vade Mecutn*）。

此后 90 年当中所发展出来的这一传统学说乃是由三派不同的思想交织而成，它们彼此交融，很难分开，不同的作家对每派思想侧重点也各各不同。从当年那场争论一开始，这三派思想就隐隐约约地出现了。

1. 第一派思想仅把银行利率当成调节银行货币量的手段。作为英格兰银行典型工具的银行利率其实践方法就是根据这一派思想而在十九世纪中叶发展起来的。例如，奥弗斯通勋爵[1]（Lord Overstone）——此人可称得上是这一时期改革者的典型代表——就把银行利率视为减少银行贴现需求的一种正确而有效的方法，而且也是减少流通量的正确而有效的方法。[2]

银行利率的提高将伴随出现银行货币量的减少，这种观念认为，银行利率的提高或为因，或为果——或者至少可以这样说，如果银行利率没有提高，银行货币量会更多——而且这种关系反过来说也成立，因此较高的银行利率与物价下跌的这种所称的关系可以直接从一般的货币数量论中推论出来。事实上，上述的观念一直贯穿于十九世纪后期有关这一问题的所有文献。这正是马歇尔在其《在金银委员会所作的证词》（*Evidence before the Gold and Silver Commission*）中的重要部分，[3]这决不是因为他认为新货币主要通过投机或投机性的投资而出笼，上述观念才是该书的很重要的组成部分。[4]就在这之前不久（1886 年），罗伯特·吉芬爵士（Sir Robert Giffen）也曾就这一问题发表过一个与马歇尔完全相同的说法。[5]庇古教授的银行利率理论似乎

1　即 Samuel Jones-Loyd，第一代奥弗斯通男爵（1796—1883），英国银行家和政治家，此人对后世内阁财政政策方面有着深远的影响力，此外他还对英格兰银行法有着较大的影响，银行业方面的经营使他成为了当时英国最富有的人，同时，他在货币和银行这些方面的言论也颇为著名。——译者注

2　《关于英格兰银行各部分立所作的思考》（1844）；参看其《论文选萃》（*Collected Tracts*），第 264 页。

3　例如，在官方文件第 48 页上，他写道："我自己并不把贴现率放在首位；我个人的看法则是当强调市场上需要贷出的实际货币量。"

4　参看官方文件，第 52 页："投机者手中的资本增加，物价就会上升，这些投机者乃是作为购买者进入到市场中来的。"

5　《金融论文集》（*Essays in Finance*），第二集，论文 II；《黄金供给、贴现率与物价》（*Gold Supply，the Rate of Discount and Prices*）。

完全沿袭马歇尔的这一思想得来。他认为银行利率会直接对银行信贷量发挥作用，因此按照货币数量方程银行利率就会对物价水平发挥作用。[1]霍特里先生在他《通货与信贷》（*Currency and Credit*）一书中所作的星散的评论似乎也是按照这样的思想路线展开的。[2]

卡塞尔教授使用同样的方式解释了因银行利率调节着支付手段的供给，所以物价水平乃是由银行利率所调节。而我从他的《社会经济理论》（*Theory of Social Economy*）一书第十一章第 57 节当中并未看出他认识到了银行利率的下跌会导致物价水平的上升，除了他所说银行利率的下跌使人们去供应"新发行的银行支付媒介"，或与这种供应有所关联："因此，如果银行能够成功地使新的银行支付媒介投入流通，而且如果支付媒介的数量因此而以比商品生产和交换更大的比例增加，那么一般物价水平必定上涨。"[3]对于卡塞尔教授的理论是否包括或蕴含比此更多的内容，我们后文再回来讨论。

现在来看，银行利率的变化与银行货币供应的变化，此二者之间的关联通常或一般来说乃是这一情况的一个因素。但是，这种关联肯定不是一成不变的；它对物价的影响也不与货币供应量的变化成比例。有许多条件以及复杂的情况还要补充进来，等到补充完整的时候，这个理论也就会变得面目全非。不管怎么样，我都认为，只是按照这些思想路线来讨论银行利率并不完整，而且也忽略了一个基本的要素。

2. 第二派思想是处于实践当中的银行家一般所讨论的最多的。他们主要并不是把银行利率当成调节物价水平的工具，而是把它当作调节对外投资差

1　例如，《工业波动》（*Industial Fluctuations*），第 241 页。至少按我的理解，他的思想就是这样的；之所以这样说，乃是因为他对自己的观点并没有表述清楚，或叙述成系统。

2　《通货与信贷》，第 IX 章，第 132 页、133 页（第三版）。

3　参看（英译本）第 478 页，也可参看《经济学中的基本思想》（*Fundamental Thoughts in Economics*），第 128 页："支付手段的供应基本上是受银行利率的调节，因此，货币单位的购买力也基本上受银行利率调节。"

额，从而保护国家黄金储备的工具。也就是说，提高银行利率的目的是让它高于其他国际金融中心的现行利率，从而影响国际短期贷款市场，使国际债务余额转而对自己有利。

把银行利率用在这个目的上，这种做法是英格兰银行在 1837 年之后的 20 年间发展出来的一种实际操作上的权宜之法。最先对这一做法的作用机理进行清晰阐述的，是戈申（Goschen）的《外汇》（*Foreign Exchanges*）给出的，[1] 该书 1861 年首次初版。但是，戈申认为银行利率的变化主要是市场条件的反映，而非决定市场条件的要素。后来是白芝浩（Bagehot）[《伦巴第街》（*Lombard Street*），第五章][2]强调指出英格兰银行在决定市场条件方面应该达到什么样的程度（但"英格兰银行在这件事情上并没有肆意妄为、刚愎自用"），而完成了这个方面的阐述。

很显然，这也是这个问题一种重要的方面。但是，如何与第一派思想相联系，它却绝不是那么的显而易见，而且我也不知道有哪位著述者曾尝试着在这方面加以综合。此外——至少从表面上来看——这两派思想似有南辕北辙之嫌。这是因为，提高银行利率的目标在于吸引黄金或避免黄金损失，是

1　尤其要参看其中的第六章，"对所谓外汇校正值的评论"。不过，克拉帕木（Clapham）教授使我注意到了图克（Tooke）《物价史》（*History of Prices*）（卷 II，第 296 页，该书出版于 1838 年）中的一段，在这一段中，图克把"美国银行的国外证券议价和金融安排的便利条件之减少"归因于银行利率的提高，"……从而限制了它们的范围……尤其是金融市场的适度压力会对美国给我国贷款的放纵程度造成约束。"

2　白芝浩（Walter Bagehot）（1826—1877），英国著名的经济学家、政治社会学家和公法学家之一。白芝浩出身于英格兰的一个银行世家，于 1848 年毕业于伦敦大学，早年研习法律，后子承父业，成为银行业经理人。1858 年于英国著名的《经济学人》（*The Economist*）创办人詹姆斯·威尔逊（James Wilson）长女结婚，两年后接管了该杂志，成为第三任主编，直到去世。白芝浩博学多才、知识渊博、酷爱写作，影响一直到今天。白芝浩对金融颇有独到见解，1873 年，他把自己于 19 世纪 50 年代发表在《经济学人》上的 11 篇文章结集出版，取名《伦巴第街——货币市场记述》。在这本书里，白芝浩被认为是第一个探讨商业周期问题的经济学家，并且创建了非常独特的中央银行理论。——译者注

故其效果乃是**提高**信贷的基础，使之达到比不这样做的情况下要高的程度。或许有人会反对，称银行利率的提高只有在中央银行其他资产的减少较之其黄金存量的增加为多时才有可能实现，因此两相抵销之下，其效果乃是减少了信贷总量。[1] 不过，到底这一点能够在多大程度上确切地或一如既往地与所观察到的事实相符，尚在未知之数。

3. 这第三派思想最是接近我所认为的问题的本质。之前它也历经了多次讨论，但是却很少或从未以一种清晰或与众不同的方式被提出来。这派思想认为银行利率在某种方式之下可以影响投资率，至少可以影响某些类的投资的投资率，而且可能在维克赛尔和卡塞尔的理论当中，相对于储蓄率，银行利率还会影响投资率。

我认为，有关这一点最简单的表达方式是：相对于储蓄，提高银行利率会抑制投资，因此就会降低物价，物价的下降会使企业家的收入降低到正常水平以下，使他们提供的总体就业机会减少；而这迟早又会导致报酬率按物价下跌的同一比例下降；到了这个时候，新的均衡位置已经出现了。据我所知，目前还没有哪个著述者把物价的下跌与生产成本的下跌这两个阶段清晰地区分开来，而是把物价初始的下跌当成了事情的最后阶段。而且，以前的著述者到底在多大程度上了解，相对于储蓄而言，抑制投资的做法本身必然会降低物价这个问题，尚且难说的很。

马歇尔已经发表的那些评论，主要是他 1887 年在金银委员会和 1898 年在印度通货委员会的证词中给出的，这些评论并没有让我搞清楚他的论点到底是什么。货币供给量的增加会通过降低银行利率而刺激投资（或投机）这

---

[1] 这可能是传统学说的基本假设，这种学说认为，当银行利率的提高增加了构成信贷基础的黄金部分时，会同时压缩信贷的整体上层结构。参阅：维特斯，《货币的意义》（Withers, *Meaning of Money*），第 276、277 页。但我不记得有谁在引证统计数字时检验这个假设的精确性。根据我的理论，这个假设并非用之四海而皆准，它需要各种特定条件才能实现。

货币论

一点，马歇尔是肯定认识到了的。他的论点在以下三段中阐述的最是清楚：

> 如果金银供给量增加，则银行家或其他人就能为企业界（包括证券经纪人在内）的人们提供宽松的贷款条件，因之人们就可以作为货物的购买者而进入市场，开办新企业、新工厂、新铁路，等等。[1]

贷款的供给和人们获取贷款的愿望，已经把贴现率固定在诸如8%、6%、5%或2%这类水平上，然后小幅流入黄金之后，按照其自有的方式进入到经营信贷的人手中，使供给相对于需求而得到提高；此时无论均衡水平多低，贴现率总是要下降到均衡水平以下，因之对投资形成了刺激……这一新的贴现率通过把资本流到在旧有的利率水平上不愿意而只愿意在新的利率水平上接受资本的投机者手里而影响均衡；无论他们的投机形式是什么样的，这都肯定会直接或间接地抬升物价水平。这就是主要的问题所在。情况是这样的：当黄金进入到一个国家时，大家都知道这种情况，而且人们也会预期物价水平会上涨。现在，如果一个原来对是否借款来投机而颇为踌躇的人就有理由相信价格会上涨，那他就会愿意以3%的利率去借他原来不愿意用2.5%的利率去借的贷款，因此黄金流入该国通过使人们相信物价将会上涨而增加了资本的需求，是故，在我看来，这就会使贴现率上涨。[2]

> 有了这样的额外供给，放款人更加会降低他们的贷款利率，持续降低到需求能够消化较大的供给为止。当这一切完成时，投机性的投资者

1　《金银委员会官方记录》第9677号，第49页。

2　参见《金银委员会官方记录》第9981号，第130页。由此可以看出，马歇尔的思想当中对新黄金到底是使贴现率提高还是使它降低似乎还存在着混乱。在印度通货委员会所作的证词当中，他把时间顺序讲得更加清楚："新通货……**先是**增强了放款人扩大贷款的意愿，使贴现率降低；但是**之后**它又抬高了物价，因此而趋于增加贴现率。"（《金银委员会官方记录》，第274页；黑体为我所加）但这里提高贴现率的是更高的价格，而上述引文讲的则是由于对更高价格的预期而对资本产生需求因而使贴现率提高。

手中就有了更多的资本，这些投资者到市场上来作为买者而购入货物，这就会导致价格上涨……此乃我对于贵金属的这种额外供给使物价上涨的方式所持有的看法。物价上涨之后会得到维持，因为企业经营方式继续保持不变，如果一个拥有 1 000 英镑收入的人身上平均带 12 英镑，如果该国通货增加，则他身上的钱就从 12 英镑增加到 14 英镑；于是，原来以 12 英镑购买的东西将来要以 14 英镑才能买得到……1

这里所要强调的是"投机"，会给人一种假象；虽然在第一段引文中似乎也提到了投资，但并没有改变这种假象。整体而言，我倾向于认为马歇尔心中最多只是认为使价格上涨的乃是所创生出来的新增购买力，但在现代经济世界，信用体系的组织使得"投机者"是那些最可能率先获取新货币之人，银行利率在这一因果链条之中会起到显著的作用。这似乎是我一向所习受的学说，而且这一理论肯定没有让我清楚地认识到任何时期的报酬量、储蓄量与消费品数量之间的关系，也没有让我认清它们和投资与储蓄的均衡之间的联系。

当我们回到霍特里先生更早的著述上来时，我们似乎离银行利率影响投资率的想法更近了；但是，霍特里先生所强调的全部都在一类特定的投资，即经纪人和中间人在流动财货（liquid goods）上的投资——他给这种投资赋予了一定程度上对银行利率变化的敏感性，但这种敏感性事实上是肯定不存在的。要想清晰地展示他的思想路线，我们有必要引述大段原文：2

这种利率的提升到底对借款人会带来什么样的确切影响呢？借款人主要有两类，一类是生产者，另一类是经纪人（dealer）。当然，生产者会发现商品的生产成本略有提高……但是，一般而言，我们所考虑的利

---

1 《金银委员会官方记录》第 9686 号，第 51 页。

2 《好的贸易与坏的贸易》（*Good and Bad Trade*），第 61—63 页。

率变化都太小，以致不会马上影响到零售价格……不过，经纪人自身会受到利率的影响。经纪人的一个特别的功能就是对他所打理的货物保持一定的存货量或"处理余量"。他要想毫不迟延地满足其顾客多变的需求，这样做就是必需之举。现在经纪人是借钱买入货物，然后售出货物再来还钱。因此，当他的存货很多时，他欠下的银行家债务也会相应地变大。他认为适于保持的存货量是根据经验做出的，但当然也可以在相当大的范围内进行变动，而不必冒带来不便的风险。当利率上升，他会急于在不引起严重不便的范围之内尽可能地减少债务。如果他减少存货，那他就能减少债务，而且存货只要在出售之后延迟补充就可以减少。但是，制造商所接受的订单则来自需要补充存货的经纪人。因此，制造商立刻会发现他们所接受的订单数减少了，数量也减少了。经纪人原本可以用来支付制造商购买货物的货币，此时却用于还银行家的账款去了……这也就是说，他（制造商）遇到了需求疲软的情况；而为了解除由此对产出施与的限制，他会在现存生产费用允许范围之内降低价格。这样降低价格会使经纪人有能力降低零售价格；一般来说这是一种会刺激需求的办法。但是，当经纪人减少存货、生产者限制产量时，生产者和经纪人对银行的债务就会减少；银行资产这般减少，伴随而来的是资产负债的减少，也即信用货币供给量的减少。因此，掌握在公众手中的货币余额就会下降，由此所建立的收入上层结构也会同时萎缩。

现在，我认为这对于较高的银行利率所通常发挥作用的方式，只是一种很不完备的阐述。读者可以看到，这一作用方式完全在于货币利率提高后增加了企业的成本。霍特里先生承认，这些新增成本实在太小，根本不足以对制造商产生重要影响，但是他又不加深究地假设它们对贸易商产生重要影响。他并不把他的观点建立在经纪人心中生出的物价水平下跌的预期之上，而是把信用货币供给量减少当成了他的因果链条的最后一环。然而，他从银

行家那里取得贷款要付的利息到底是 5% 还是 6%，这个问题对经纪人心理的影响，相对于对他所打理的货物之现行与未来销售率以及他对这种货物未来价格变化的预期之影响而言，它对制造商的影响并不会大多少。

不过，我之所以引述这段话，目的倒不是为了批评霍特里。我怀疑今天他还会不会用同样的这些话来表达自己的意见。我引述这段话无非是因为它的表达形式非常清楚，以致可以把它看作是关于这一问题的某种流行看法的基本要素之一来加以反对。

差不多 100 年前，约瑟夫·休谟（Joseph Hume）[1] 曾提出过一个与霍特里的观点非常相近的说法，图克（Tooke）[2] 在对这一说法进行评述时所给出的意见，也可以视作对霍特里理论的一个经典驳斥。在 1836—1837 年危机以前，"通货理论"——图克的理论——的狂热拥护者认为，英格兰银行只是通过它的通货流通量而对物价水平发挥影响作用的；但是，1837 年却有人提出了一种新的观念，认为银行利率通过它对"投机"的影响也能产生一种独立的影响作用。图克既不否认纸币发行过多与货币不相宜地贬值之间所存在的关系，也不否认利率下降会刺激各类投资。但休谟则主要强调货币贬值对诸如棉花和谷物这类商品投机活动的刺激效果，对此，图克曾加以反驳，这段话值得在此引述：[3]

毋庸置疑，很多人由于信息不全、理由不充分或对未来会发生于己有利之事过于乐观，会做出不那么明智审慎的投机；但是，他们这般投机的动机或诱因，总是他们对未来物价的走向抱有上涨之看法，而不论

1　约瑟夫·休谟（1777—1855），苏格兰医生，英国国会议员。初时在爱丁堡大学学习医学，后于 1797 年在印度担任军队外科医生，因通晓印度语而担任翻译官等工作。1812 年，他捐了一个议员的职位，成为一名托利党议员，并与詹姆斯·穆勒（James Mill）和杰里米·边沁（Jeremy Bentham）结识。——译者注

2　图克，《物价史》，1838—1839 年，第 120 页。休谟的理论是 1839 年 7 月 8 日在下议院对英格兰银行管理问题发表的一篇著名演说中提出来的。

3　参同前引书，第 153—154 页。

货 币 论 |

这种看法有没有根据，所凭靠的是自己的看法还是权威或其他人的成例。购买乃是销售的动机，并不只是由借款的便利条件或 3% 与 6% 的贴现率之间的差额而提供。这里所述及的那些人除非确信物价至少会上涨 10%，否则很少会进行投机……但是三个月贴现率的最大差额不过是 3% 和 6% 之间的差额，这对 1 夸脱小麦而言不过差 4.5 便士，我敢说，这样的差额是绝不会诱使或阻挡人们哪怕一次投机性的购买的。但是，给定这一动机的力量，对于那些只能以信用或必须借钱才能购买的人来说，根据这一动机而采取行动的程度毫无疑问会受到借款便利条件的大小之影响。

此外——图克补充道（就像之后许多其他人所做的一样）——在实际的经验当中，商品价格下跌经常不是和利率的上涨相联系，而是与利率的下跌相联系。[1]

如果我的理解没错，马歇尔认为银行利率对投资的影响是新增的购买力进入市场的因素，霍特里则把这种影响限制在一种特定的投资上，也即经纪人在流动财货存货上的投资，维克赛尔——虽然在这里也还有一些晦涩未明之处需要克服——的看法更接近于银行利率影响投资与储蓄之间的关系这个基本的概念。我之所以说这中间还有一些晦涩未明之处，乃是因为我认为维克赛尔的理论在卡塞尔教授所因袭的那种形式下，实际上已经变成与上述第一派思想相同的东西，也即：银行利率的水平决定了银行货币量，因之决定了物价水平。但是，我认为维克赛尔自己的思想应当不止于此，只是在他的书中显得语焉不详而已。

维克赛尔设想存在一种"自然利率"，他定义这种利率对商品价格的影响为"中性"，不会使价格上扬，也不会使价格下跌，而且还补充说，这种利

---

1 当然，按照我的理论，对此所做的解释会是这样的：银行利率的变动常常代表着人们在依循自然利率变动时所呈现出来的延迟的、不够充分的行动。

163

率一定与非货币经济体系中一切以实物形式借贷时所取得的利率相同。[1]由此可知，如果实际出现的利率低于它，则物价就会出现上涨趋势；相反，如果实际出现的利率高于它，那么物价就会出现下跌趋势。[2]由此还可以进一步推论，只要货币利率处在自然利率之下，物价就会持续上涨——且上不封顶。[3]对于物价会累积性地上涨这个结果来说，货币利率不断扩大，低于自然利率的距离并无必要，只需要低于、并且一直低于自然利率即可。

维克赛尔原本的表述就在那里，无可辩解，若不对之进一步发展，似乎一定是难以令人信服的（就像难以让卡塞尔教授信服一样），然而这些表述却可以非常紧密地按照本书的基本方程来加以阐释。如果我们把维克赛尔的自然利率定义为储蓄和投资价值处于均衡状态时的利率（按照我们在前文第十章所下的定义衡量），那么，只要货币利率维持在使投资价值超过储蓄的水平上，整体产出的物价水平就是上升到其生产成本以上，这反过来会刺激企业家竞相把报酬率抬高到它们之前水平以上，而只要货币供给持续地使货币利率低于这般定义的自然利率以下，则这一上涨的趋势就会继续无限期地延续下去。一般而言，市场利率不可能持续低于自然利率，除非银行货币量一直在增加；但是这一点并不影响维克赛尔论点在形式上的正确性。卡塞尔教授认为，维克赛尔用这种方式进行论证时犯了一个非常奇怪的错误，[4]他对此的解释是，维克赛尔的表达并不完整，不过这却可能表明维克赛尔与本书

1　《利息与价格》（*Geldzins und Guterpreis*），第 93 页。

2　维克赛尔也曾在上述意义下使用过"实际"利率（real interest）这个术语。但是，如上定义的"自然"利率却一定不能与欧文·费雪的"实际"利率混为一谈，费雪的这个利率是参照货币价值在垫支与偿还贷款时的任何变动做出修正的货币利率。参看：哈耶克，《黄金理论与市场景气理论》（*Geldtheorie und Konjunkturtheorie*），第 124—125 页。

3　虽然这将不会涉及——维克赛尔没有提到的——使货币报酬率不断上涨的情况，但是，这却从不足以彻底消灭利润；反过来，这种上涨又要求货币量不断增加以充实之。

4　见其所著《社会经济理论》（英译本），第 479 页。

的思考路向是一致的，而卡塞尔不是这样——虽然卡塞尔在其他地方实际上也曾使用过维克赛尔用过的同样术语，即实际利率（the true rate of interest）是货币价值不变时的利率。[1]

不管我是不是夸大了维克赛尔思想所到达的深度，[2]他都是第一个说清楚利率通过其对投资率的作用而影响物价水平的著作家，而且这种情境下的**投资**，意思是**投资**而非"投机"。在这一点上，维克赛尔非常明确，他指出：投资会受到像 0.25% 这样微小的利率变化的影响，但我们不能认为这对投机者的心理会产生影响；如此而增加的投资会使对用于实际使用而非"投机"目的的商品之需求增加，正是这种实际上的需求导致物价上涨。[3]

最近，在这些概念之下，德国和奥地利发展出来了一个新的思想派别，我们可以把它称为"新维克赛尔学派"（Neo-Wicksell School），这一派把银行利率与储蓄和投资之间的均衡联系起来，以及后者对信贷周期的重要性的理论，与本书的理论相当接近。这一派的著作，我特别要提到的是路德维希·米塞斯（Ludwig Mises）的《黄金价值的问题与市场景气政策》（*Geldwertstabilisierung und Konjunkturpolitik*, 1928）、汉斯·内瑟尔（Hans Neinsser）的《黄金的交换价值》（*Der Tauschwert des Geldes*, 1928），以及弗里德里希·哈耶克（Friedrich Hayek）[4]的《黄金理论与市场景气理论》（*Geldtheorie und*

1　例如参同前引书第 480 页，以及《经济学基本思想流派》（*Fundamental Thoughts on Economic*），第 129 页。

2　此外，还有很多小的提示，我们就不一一引用了；根据这些提示，一位著述者可以感受到另外一位著述者的内心当中所认为的基本概念与自己的到底有什么样的差别。按照这一检验，我感到我之所欲言与维克赛尔之所欲言就其根本而言何其相似乃尔。

3　《利息与价格》，第 82—84 页。

4　弗里德里希·奥古斯特·冯·哈耶克（又译为海耶克，Friedrich August von Hayek，1899 年 5 月 8 日—1992 年 3 月 23 日），奥地利出生的英国知名经济学家和政治哲学家。——译者注

Konjunkturtheorie，1929）。[1]

4.还有第四种因素，有些著述者（庇古教授就是其例）引用这个因素来强化他们有关银行利率对物价水平影响的其他解释，这就是它的**心理**影响。但是，对银行利率上升引起物价下跌的预期很难独立地解释为什么银行利率上升会导致物价下跌。这是因为，如果这种预期事实上并无根据的话，它是不能仅仅作为一种幻觉而年复一年地持续存在下去的。企业界中人即便只是出于银行利率上升会提高生产成本这一很能站得住脚的理由，也完全可能形成相反的预期，也即银行利率上升会提高物价水平；但是，如果银行利率上升事实上并**没有**使物价上涨，那么，这样的预期就不可能持续存在。即便这种预期能够持续存在，它的实现也不可能持续存在。不管怎么样，我认为那些提出这种解释的人意思并不是说，银行利率的上升所带来的影响可以追根溯源到企业界所犯的心理错误上来。他们的意思应该是这样的：因为银行利率上升实际上确实会让物价水平趋于下跌，这一点压根儿与任何预期没有干系，所以，企业界便对这个趋势进行了"贴现"，使它在物价水平上体现得比原来更快，而且可能在程度上也更极端。是故，结果得到正确预期这一事实本身并非其何以会发生的理由，而且也无法帮助我们去发现**何以**这种结果会发生的理由。

我希望读者不会感到我在那些主要只具有历史意义的事情上花费了太多的笔墨。但是，人们对银行利率这个问题的认识，其逼近真理的过程长期以来一直是混乱而不完备的，所以，介绍一下观念的历史以作为建设性理论的

1　这些作者们的书直到本书付梓我才拿到，如果在我思想发展的早期阶段拿到它们，同时我的德文又不是那么差劲的话，我原本会更多地提及这些作者们的研究工作（对于德文，我能清楚地加以理解的部分都是我已经知道的部分！——因此**新的**概念往往由于语言方面存在的困难而让我无法觉知）。我发现，内瑟尔博士对货币问题的总体态度于我心有戚戚焉，我也很希望他对我的研究工作会有同样的感受。还有一些其他的德国著作家也曾讨论过同样的问题，对于这些人的著作，我只是大致浏览了一下而已。

引言，对于这一理论来说，要比对发展阶段明确的理论更具价值。

第二节　关于银行利率的一般理论

在本章的这一节，为了方便，我们把"银行利率"说成是市场上通行的有效借贷利率（the *effective* rate for lending and borrowing），也即这一利率不一定是官方公布的中央银行对三月期特别规定类型证券进行贴现的那个利率，而是市场上任何时期对货币进行短期借贷的有效利率之复合体。如果官方利率的变化没有改变市场上的有效利率，我们便把它叫做"无效"利率。同样为了方便，市场上长期当中进行货币借贷的有效利率复合体我们用"债券利率"（bond rate）这个术语来表示；我们把银行利率和债权利率的复合体用术语"市场利率"命名。官方利率、有效贴现率以及市场利率之间的关系，我们将在第三十七章予以讨论。在这里，我们将假设银行利率的变化会在同一方向上影响市场利率。

关于银行利率的复杂情况和具体细节将会充斥于本书后续很多章节，在这里我们先把银行利率的一般理论做一个大概的阐释：

我们前面讲过，除非自然利率同时有一个相应的提高，否则市场利率的提高（举个例子）是会破坏投资价值与储蓄之间的平衡的。通过刺激储蓄，或者阻碍投资，它都可以做到这一点。

关于储蓄，利率变化的影响是直接而基本的，不需要做特别的解释，虽然这种影响的大小实际当中往往很小，尤其是在短期当中，情况更是如此。因此，除非利率的提高是为了抵销由于其他原因利率没有提高会导致的储蓄下降所必需，否则就会有一种直接的趋势，使得储蓄率上升。

但是，它在阻碍投资方面的影响尚需稍加解释。投资品（investment goods）不同于资本品（capital goods）[参看前文（原文）第117—119页上的定义]，投资品相对较为全面一些。但是，资本品产出的缩减早晚会抑制投资。那么，除非这种商品的价格相对于生产成本下跌，或者除非对该商品的

需求在现行价格下减少，否则，站在各个企业家的立场上看，没有理由缩减这类商品的产出。银行利率的上升又能以何种方式导致这一现象的发生呢？

资本品的需求价格取决于什么呢？ 取决于两点——一是以货币计量的固定资本净预期收益（根据市场上的看法而估计得出，要考虑到他们对预期的不确定性等所作的估算），二是使这一未来收益资本化的那种利率。由此可知，这类商品的价格可因上述两种原因当中的任何一种而变化——因为预期收益的变化而变化，或因为利率的变化而变化。我们还可以进一步推进这一分析：就当下的目的来说，由于预期收益可以按照货币来衡量，它的变化可能是实际收益（real yield）的变化所致，也可能是实际收益的预期价格（prospective price）（或货币价值）的变化所致。

银行利率的变化并不会对固定资本的预期实际收益带来任何的影响（较远一些和次级量值的影响除外）。它会影响实际收入的预期价格，这一点应该不难想见；但是，一般而言，其影响所及的商品之未来收益，实现的时间段相对会短一些，而且对于这种商品而言，银行利率的变化本身就构成了一个新的事实——例如对通货发行当局的政策和意图有了新的判断。不过，这种不难想见的影响目前我们暂且不表。银行利率（尤其是受银行利率影响的债券利率）与资本品价格所受的第三种影响——也即为求达到现有货币价值而使固定资本的未来货币收益资本化的利率——之间的联系明显而直接。诚然，除非商品预期收益的实现时期非常之短，而债券利率对银行利率的变化又比较敏感，否则的话这种联系在数量上就不会很重要。但事实上，情况正是如此，而程度也比原来预想的要高。例如，如果银行利率提高1%，债券利率就会从5%提高到5.25%，这意味着新固定资本价格——当然，这其中某些类商品的价格下降会比平均水平多，有些又会少一些，悉由其使用期限和其他的条件而定——平均下降2.5%。这一定会对这类商品的生产造成阻碍，直到由此引起的未来供给下降，把未来收益的货币价值提升到足以抵销利率上涨的影响为止。不管怎样，银行利率提高的初始后果将会是资本品价格的

下降，因此也就会带来新投资品价格水平 P' 的下降。此外，如果我们集中关注此类商品的价值因利率变化而仅仅发生（比如说）2.5%—5%的变化，那么就会发现，它对新资本需求的抑制力或吸引力通常比我们预想的要大。这是因为，投资比消费更能延迟或提前（或者说，至少在做决策的人心目当中是这样的），而不会带来严重的损失。因此，如果市场认为银行利率的变化偏离于其正常值，而且这可能是一个暂时性的变化，那么，它所带来的影响乃是使借钱投资之人推迟或提前实施其投资计划，因此而使即时的投资率变化要比借款人所认为的利率变动已趋于稳定时的变化要大。市场的实际组织也会在同一方向发挥作用。这是因为，货币发行当局既考虑到自己的利益，同时也为了顾客的利益，会降低其新钞发行率，以"保护"之前不久发行的——同时又没有被长期投资者所消化的——钞票之价值。也就是说，对于借款人来说，要以近似于市场上为现行贷款所报之价抵押其货物，将会非常之难（如果银行利率最近上涨了的话）或非常之易（如果银行利率最近跌落了的话）；因此，市场行情对于新借款人取得投资所需款项的难易度来说，并不是在所有时期都是一个一样好的指标。是故，银行利率的变化在同时期资本市场的实际情况所起到的作用，对于资本品生产者将能为其产品在满意的价格上找到买者的比率，有着决定性的影响，即便银行利率被认为是短期波动，情况也是一样的；如果这种变化预计将持续存在，那么，基于其他更加明显的原因，这种作用就更具有决定意义了。

除非固定资本预期收益的估计值因其他原因而带来的同时上涨补偿了市场利率（即银行利率和债券利率）的上涨，否则的话，至少上述情况是会发生的。只有当利率提高只抵销了市场对新固定资本的预期收益所持的乐观估计时，利率变化才不会对资本品的产量带来直接的影响。

因此，一般来说（即除非银行利率的变化凑巧被其他同时发生的变化所抵销），我们是可以预期银行利率提高的直接及**基本**影响是使固定资本的价格下降，因此也就会使投资品的价格水平 P' 下降，并使储蓄增加——前一种

影响可能在数量上比后一种更加重要。

它的**次级**影响是什么呢？在现行价格上固定资本吸引力的下降，会使资本品生产者无法以先前那些相对于生产成本而令人感到满意的条件出售其产品，因此，继之而来的是这类商品产出的下降。同时，储蓄的任何增加必然意味着收入流当中用于流动消费品购买的部分减少，因此，继之而来的是 P 的下降。

只有当利率的上升与出于其他原因所造成的储蓄率的下降相一致，这种情况才不会出现；也即，当市场利率的变化与自然利率的变化相一致时，这种情况才不会出现。这是因为，自然利率是使资本品预期收益的变化和储蓄率的变化合成效果被抵销之后的利率，抵销的方式是使投资品预期收益的变化和利率的变化综合效果所造成的投资品价格水平变化，等于储蓄量变化所造成的流动消费品价格水平的变化，但方向是相反的，这里每一种价格水平都是按照它所联系的商品产出之比例进行加权的；因此，整体产出的价格水平保持不变。

是故，自然利率的变化会伴随着 P 和 P' 暂时不相平衡的现象出现，虽然二者的方向是相反的；不过，整体而言利润为保持在零这个水平上，一类生产者的收益由另外一类生产所蒙受的损失来抵补。因此，这就会产生一种直接和双重的刺激，使产出的性质从一个门类转移到另一个门类上去，而当这一影响出现之后，P 和 P' 又会回到其原先的均衡位置上去，并且没有出现任何扰动平均报酬率的原因（虽然转移过程可能需要暂时打破两个生产门类的相对报酬平衡）。的确，这一过程基本上与供求相对条件变化要求生产性质发生某种转移和转换时每日必然发生的情况类似——这当中不会出现任何会扰动整体利润或报酬的情况。

但是，如果市场利率变化**不会**恰好与自然利率的变化相符，那么，我们一直在考虑的银行利率提高所产生的**第三级**影响又是什么呢？投资率的上升会在储蓄增加所带来的 P 的下降之外，再使之下跌，因为投资品生产者可用

来购买流动消费品的收入将会减少，这是基本方程的必然结论。

如此，则 P 和 P' 在这一阶段上均会下跌，随之而来的是**所有各个阶层**的企业家都要蒙受损失，最终的结果是使他们在现行报酬率上为生产要素提供的就业量的减少。因此，失业状况预计会一直持续，直到银行利率的上升被逆转，或者凑巧有个什么情况改变了自然利率，使其复与新市场利率相等。

此外，失业状况持续的时间越长，失业人数就可能越大。这是因为，一开始企业家会按照旧有的条件来提供就业机会，即便这会让他们蒙受损失也在所不惜，这一方面是因为他们与生产要素签订了长期的合约，不能猝然摆脱束缚，另一方面也是因为只要他们希望并认为亏损时间会相当短暂，那么避免关门后又重新开张的费用支出就是值得的。但是，随着时间的延续，这些动机逐渐会丧失其作用，最终不再有效。

另外，还有一重加剧的作用。只要亏损的前景在，自然利率就会低于其常规水平，因此而拉大自然利率与市场利率之间的差距，并要求后者所要降低的程度可能要超出其实际上所能达到的程度。

最后，在日益增长的失业压力下，报酬率——虽然这可能最后才会发生——将下降。如果我们假设——正如我们一般所做的那样——银行利率的变化首先是由本地或国际的货币因素所造成，那么报酬率下降便是整个压力过程发展到最高时的结果。这是因为，这个时候会有两种现象来缓解货币局势，从而使银行利率政策最后发生逆转——其中一种很快出现，但它是暂时性的，另一种稍后出现，但是更为持久；此外还有第三个要素可能也是相关的。

首先，因失业而带来的产出下降，会减少工业流通的需求。而且，价格下跌也会倾向于改善该国的对外贸易余额，因而使之能保有或增加黄金。这些情况会迅速发生，只要它们持续下去，会对纯粹的货币状况起到真正缓解的作用。因此，只要它们发生，人们就会满心欢喜地迎接，就好像这是问题的最终解决方案。然而，如果认为它们不止是转变过程中的一个阶段，那么

它们的出现显然就是空欢喜一场的梦幻泡影。这是因为，它们都是些靠不住的补救办法。如果价格较低乃是因为企业家忍受了亏损而非生产成本的下降，那么价格持续低迷只会使失业继续增加；而如果仅凭借减少产出量和就业量这样的权宜之计来减轻货币供给的压力，那么货币均衡会继续要求周期性的失业无限地延续下去。

是故，只有当我所称的该过程之最高阶段到达时，也即降低了效率报酬率时，真正的均衡才能重新建立。

上文所述的第三个因素也能在当下起到缓和的作用，一旦利率的增加是相对于国外利率的增加，那么这个因素就会发挥作用。这是因为，在这种情况下，对外借出率会下降，从而强化我们国家的黄金储备地位。但是，诚如我们将在本章下一节以及第二十一章更加详细的讨论所见，除非最后伴之以报酬率的变化，否则真正的均衡亦不能恢复。

在货币实践领域当中，最具危害的混淆莫过于人们所持的这般信念：银行利率的变动无论是使商品亏本销售还是使生产成本下降，一旦它使物价水平下降，也就完成了自己的使命，也即是说，无论银行利率所导致的紧缩是利润的紧缩还是收入的紧缩，情况都是一样的。[1]

可能我们的讨论过于详尽而陷于细枝末节了。下面是对它的一个大致的总结：

1. 使市场利率偏离于自然利率的银行利率变化，对资本品生产者的利率和他们的生产率会产生直接的影响；这种影响可能很重要，产生影响的方式部分地是改变这类商品的需求价格，部分地是影响有意购买这类商品的人推迟或提前实施购买行为；此外，这些变化还会在储蓄率受到影响的范围之内

1　关于这一混淆认识的典型例子，可以参看《通货与英格兰银行纸币发行委员会报告》（ *Report of the Committee on the Currency and Bank of England Note Issues* ），1925年，英王致议会文件第 2393 号，根据这一报告，英国在那一年致力于恢复金本位的战前平价。

对流动消费品的物价水平产生直接的影响，不过这种影响可能不会像前面那种那样重要。

2. 如此产生的 P' 的变化会打破投资与储蓄之间的平衡，作为一种次级的影响，这会使 P 和 P' 沿着同一个方向变动——不管它是否已经作为储蓄率变化的结果——是故，生产消费品的企业家的利润将会与生产资本品的企业家的利润朝着同一个方向变动。

3. 平均利润率的变化，无论是由于 P' 还是 P 所产生，都会改变企业家在现行报酬率下预备提供的就业量。

4. 因此，这会产生一种趋势，使通行的报酬率沿着与 P 和 P' 相同、但与银行利率相反的方向变化。

第三节　银行利率的一些特殊方面

在上述的情况当中，还有某些特殊的情况，在我们继续讨论下去之前，必须加以注意：

1. 除非银行利率**事先**有了变化，否则，上述情况中其他因素的变化有时候会不可避免地带来不稳定。这是因为，为刺激投资以平衡储蓄增长所需要的银行利率的下降——只要所增加的投资采取的是固定资本产出增加的形式——必须在储蓄增加**之前**发生，其时间间隔取决于生产过程的长短。此外，银行利率的先发变化也必须得到企业界的正确理解才行；否则的话，它就会刺激资本品的生产者而无法使消费品的生产者在任何程度上相应地做好压缩投入的准备——后者没有预见到当被预料到的储蓄率增加按期实现时，其商品的需求量会下降。因此，实际而言，发生一些波动是无可避免的。

2. 当报酬率发生某种变化影响到价值标准从而需要对之加以改变时，除了刻意地改变银行利率使得其刺激储蓄与投资之间的（暂时）失衡，以便在这种方式下使企业家受到非常规利润的引诱而提高生产要素的货币报酬之外，并没有其他现成的办法可以做到这一点；如果我们的目标是取得物价

水平的下降，那么除了用非常规的损失来减少后者的货币报酬率这个办法之外，也是别无其他可用的现成办法。也就是说，当我们想使货币购买力产生一种半永久性的变化时——这就相当于改变生产要素的货币效率报酬率——那么在现行的经济体系当中我们就只能分配给企业家非常规的利润，以此刺激他们去竞相购买生产要素的服务，从而提高货币效率报酬率，或者是使他们蒙受非常规的损失，从而驱使他们撤销对就业机会的供应，以求在失业压力之下（最终）降低货币效率报酬。而我们产生这种暂时的刺激或抑制的手段，就是通过订立一种有意使市场利率与自然利率相离的银行利率，来破坏储蓄和投资之间的均衡状态。

 3. 有关较宽松的信贷条件对各不同阶层企业家的影响方式，概念上常有混淆之处。由于借款所费更少，会降低各类企业家的生产成本，所以，人们往往认为，它也一样会刺激所有的企业家去增加产量。但是，如若预见不缪，则情况必不会如此。这是因为——其他条件相同下降时——生产成本的全面下降并不会刺激任何人增加他的产出，因为消费者的总收入不过是生产总成本的别名而已，此一收入可以用来购买该产出的数量，在此情况下会恰好按同一程度减少。当此之时，利率只是一种生产要素的货币报酬率罢了；因此，利率下降并不会使企业家群体在获利的情况下比以前销售更多商品。由于企业家并不总了解这样的推理，所以，信贷条件宽松确实容易引起错误的预测。但是，除去这一点以外，宽松的信贷条件对生产成本的影响并不是刺激全部生产，而是促使它从某种形式的生产转向其他形式的生产；也即，从利率在成本中相对不占重要地位的生产转向相对占重要地位的生产——这部分地取决于生产过程的持续时间之长短，甚至也不与消费品和资本品之间的区别全然相符。也就是说，在一个封闭体系当中，宽松的信贷对于生产成本的影响并不打算对各种生产率的总体发挥刺激作用。利率的下降之所以能刺激资本品的生产，并不是因为它能降低资本品的生产成本，而是因为它能增加资本品的需求价格。

4. 通常对于新投资所受的刺激来说，银行利率下跌首先影响的是金融形势，而非工业形势，从而使**现存**投资的物价水平上涨（包括营运资本的物价水平，也即包括批发物价本位在内）。由于这些投资能够再生产，所以新资本品的价格（尤其）会产生共感式的上涨。此点我们后文还会回来谈及。

5. 正如我们上文所曾提示的那样，银行利率的变化本身会改变自然利率，其方向与导致银行利率变化的物价预期行情之改变相反。例如，假使银行利率**下降**，如果它使预期物价有了上升的趋势，因之提高了货币投资的吸引力，这会趋向于**提高**自然利率。首先，这是预期银行利率下降相对于储蓄而言刺激投资的另外一个理由。不过，可能要等到价格上涨之后再稍微过些时候，这个原因才会产生反应，但货币预期之外的其他原因引起的自然利率上涨则不会如此。

6. 如果我们假设按照完全市场（perfect market）的各种原则进行放款，那么，很显然只要借款人的需求表给定，有效银行利率和债权利率必会独一无二地决定了资本品的生产，因此一般来说也就可以决定投资量的大小。然而，就银行贷款而言，放款并**不是**按照完全市场的各种原则进行的——至少在英国不是这样。这就往往会产生一些边缘性的得不到满足的借款人，这部分人的人数可能会有伸缩，因此银行可以通过压缩或扩大其贷款量来影响投资量，而无需在银行利率水平、借款者需求表或非银行放款量等方面有所变化。当这种现象存在时，它能够产生非常巨大的实际意义。我们将会对可能导致这种现象的实际条件、其限度及其可能产生的用处进行讨论，这些讨论构成了本书第二卷第三十七章的内容。同时，我们假设银行体系完全凭借修改其放款条件来发挥作用，而非通过改变其对个体借款人的态度或任何限制贷款额度的形式来发挥作用。之所以进行这样的假定，乃是出于叙述简便而已；这是因为，使一般的说法适应于投资率部分地由银行体系贷款限额政策及其放款条件决定的情况（通常这种决定作用在程度上是次要的），并不是一件难事。

第四节　银行利率对外部均衡的作用

银行利率还有一个功能，就是保持外部均衡，这一功能甚至要担负打破内部均衡的成本而达成。

我们已经在本书第十一章第五节看到，对于一个坚持国际金本位（或货币本身购买力以外任何客观本位）的中央银行而言，通货管理的问题本身并不是一个使 $I=S$ 的问题，而是使 $B=L$ 的问题，其中 B 是对外贸易余额的价值，L 是对外收支余额的价值，定义见本书第九章第四节。这一中央银行认为，按照它希望增减黄金储备或维持其不变的意愿，采取步骤使 B 超过 L、L 超过 B，或使二者彼此相等，乃是它的业务范围内的事情。不过，虽然这个问题摆在中央银行面前的乃是使 $B=L$，但除非同时使 $I=S$，否则其国民经济体系事实上是不可能维持得了它的均衡的。因此，在一个国际体系当中，均衡的条件乃是我们应当同时使：

$$I=S,\ B=L$$

然而，银行所认定的达成 B 和 L 之间所需关系的工具，实际上乃是银行利率——就好像 $I=S$ 是其唯一目标时的情况一样。这是因为，人们凭借经验发现，银行利率可以影响黄金流入和流出一个国家储备的变动过程，银行利率上升，$B-L$ 增加；银行利率下降，$B-L$ 减小。意在保持 B 和 L 之间均衡的银行利率之变化，预计可能会首先对 I 和 S 之间的均衡施以干扰作用。但是，我们将看到——抛开转变当中的困难不计——始终有一个银行利率水平在长期当中与 B 和 L 之间的均衡以及 I 和 S 之间的均衡相匹配。对这一现象完整的理论解释是什么呢？　当我们理解了它时，我们就掌握了关于银行利率在国际金本位的现代世界中作为控制工具的作用方式之核心内容了。

我们将看到，银行利率在实现上述效果方面之所以有奇效，乃是因为它能够产生两种反应，一种是对 L 的反应，另一种是对 B 的反应，这两者的方

向都是对的——其中一种发挥作用快，但不持久，另一种发挥作用慢，但预计可以逐渐地达成一种新的长期均衡。因此，隐含高利率既是一种权宜之计，又是一种根本之法。它既可以用于发挥临时的提振作用，也可以起到永久治愈的效果——只要我们把临时提振和永久治愈之间的**不适抛开**。

有关于此的详细理论我们推迟到第二十一章再谈。但是，这一问题的实质内容则可以在这里略做简述。提高银行利率显然可以减少 L，即减少对外国人的贷出净额。但是，它不会直接影响到 B 的增加。另一方面来看，正如贷款利息提高会阻止外国借款人一样，它也会阻止那些打算进行国内投资的人，其结果是银行利率提高使得国内投资量 I_1 减少。因此，（假设之前存在均衡的话）则总投资会降到本期储蓄以下，从而使物价与利率下跌，最终也会使报酬下跌；这会增加 B，因为相对于相应的国外成本而言它会减少生产的货币成本。因此，从两方面来说，B 和 L 会更加接近，直到在新均衡位置上再次相等为止。

是故，要治疗的毛病乃是 L 超过 B 从而使黄金外流，当 B 和 L 持续不断地接近并最终重新相等时，提高银行利率会把它的作用发挥殆尽。实际上，较高的银行利率会快速地降低 L，甚至会降到使之低于 B 的程度，这样说或许更为恰当；不过，虽然是这样，在有时间上的余裕时，增加 B 以前就使之回落仍然是不妥当的。到了那个时候，不使用如此之高的银行利率而使 B 和 L 保持在大体相等的水平上才行得通；而如果 B 和 L 之间非均衡的最初原因乃是物价水平的变化而非国外利率的变化，那么，即便银行利率不比先前——我们一开始所提到的——来得高，实际上也是被抬高了的。

在新的均衡水平上，我们会再次得到 $P = \dfrac{M_1 V_1}{O}$ 和 $I = S$。但我们也会得到 $B = L$。这是因为，由于 B 沿着与 P 相反的方向变动，P 的方向与 $B - L$ 的方向相反，而 L 则在与银行利率相反的方向变动，所以对于每一个银行

利率都有一个 P 的值使 $B=L$；而且，由于 S 与银行利率变化的方向相同，L 沿着相反的方向变化，所以总是有一个银行利率的值使 $I=S$。是故，总有一对银行利率值和 P 的值使 $I=S$、$B=L$。

例如，我们且设想一种自动的国际金本位体系，在这个体系中，货币量唯一地由中央银行的黄金量决定，银行利率在借款人为了取得中央银行黄金量所能提供的可用银行货币而发生的自由竞争当中确定利率水平。那么，由此可以得到，在这种情况下（假设不存在经济摩擦和时滞，尤其是货币报酬率可以自由地相应于企业家为争取生产要素服务而进行的竞争而变动）就会有黄金流入，流入之量恰足以在国内确立一种物价水平和银行利率，相对于国外物价水平和银行利率，它们可以同时使 $S=I$、$L=B$。

第五节　银行利率与货币量之关系

在一个自由借贷市场上（即没有贷款配给制的情况下），给定的银行利率与所有其他相关因素结合起来，如果要起到作用，则必定会与给定的银行货币量具有着独有的关联。也就是说，除非被其他要素的同时改变所抵销，否则的话，银行利率每一次实际上的改变，都必定会与银行货币量的某种改变相联系。

但是，银行利率变化对流动消费品或整体产出的物价水平之影响，与银行货币量相关变化之间却无单纯或始终如一的关系存在。银行货币量必然与产出量、报酬率、利润率、不同类存款的流通速度以及金融流通的要求保持着适当的关系。银行利率的变化一开始会对所有者一切都会产生影响，并通过它们对物价水平产生作用，之后也是如此。但是，它对这些不同因素产生的影响既不会在某个既定时刻同比例地施及于所有，也不会在不同转变阶段以同一比例对其中任何一种因素发生作用；所以，若称银行利率的变化由于与银行货币量的变化相关联而能改变物价，这样的说法毫无作用——尤其是如果这一说法还夹带着某种暗示，表示物价水平将会多多少少按照同一比例

随银行货币量而变化，情况更是如此。

我们要特别提出以下几点：(a) 我们已经看到，由于报酬率的上升而带来的物价上涨，较之于利润上升而带来的同等物价上涨，需要更为大量的银行货币量来维持。因此，由于所增加的利润逐渐转变为报酬的增加（其转变的方式我们将在第四篇中详加讨论），所以，这就会需要越来越大的货币量——这部分地解释了某类货币量波动的周期特性；因为足够支撑基本方程第二项所造成的物价上涨的货币量，用来支撑第一项所造成的同等数量的上涨并不足够，因此而造成的结果是，当第一项增加时，由于没有充裕的货币来为之"提供资金支持"，所以不可避免地要对物价产生反应。

(b) 如果自然利率发生变化，则与原来**相同**的银行利率若要有效，必须配合着货币量的**变化**。所以严格来讲，需要配合货币量变化的并非银行利率本身，而是市场利率相对于自然利率的变化。

(c) 如果市场利率相对于自然利率的变化乃是因储蓄量的变化而起，那就不一定会伴随着造成产出量或性质的变化，而只会伴随着使产出的现有性质一直延续到它不再适于储蓄量的变化为止。在这种情况下，所需要的货币量的变化就可能会很小。但是，如果像更为常见的情况那样，市场利率与自然利率的偏离跟产出量和就业量的变化相联，那么所需要的货币量变化就要大得多——大体而言，货币量的变化必将与总生产成本的变化成比例。

(d) 银行利率自身的变化通过改变为保有余额而需付出的牺牲，从而能改变流通速度。这种牺牲达到多大程度，银行利率的降低就使流通速度降低到什么程度。从另一方面来看，正如我们将在第二卷第二十六章看到的那样，贸易的繁荣可能会提高流通速度。因此，与贸易的停滞相伴而生的银行利率的下降会降低流通速度，但是利率的降低是与繁荣的贸易相伴而生的，这就会在相互抵销后加快流通速度。

(e) 银行利率变化对金融形势的反应将会影响金融流通量，这种影响与

它对工业流通量的影响相比，方向可以相同，也可以相反。[1]

银行利率会以两种方式影响金融流通。首先，当——就像英国的情况那样——储蓄存款的利率大部分被银行利率所辖制（很多情况下是与银行利率具有明确关系的），前者的量有时会随着后者的水平而趋于上升或下降。不过，更为重要的是，银行利率对第十五章中我们所称的"空头"状况的影响。我们将在该章看到，投资繁荣在其早期阶段可能与金融流通的货币需求量降低相伴而生，但在后期阶段则又与需求量增长相伴而生。

(f) 如果国内出现了投资繁荣，与之相伴的是自然利率的急剧上升，那么市场利率将落后于自然利率，不过同时在绝对量上有所增长。如果相对于国外市场利率这种绝对量的增长果真造成了上涨，那么它首先会对对外收支余额 L 产生比投资繁荣对对外贸易余额 B 更为显著的影响；如此造成的结果是，黄金会流入该国，因之会为因市场利率不能与自然利率同步而造成的物价上涨提供了滋养。

因此，如此看来，在情况 (a) 下，对货币的需求起初是很小的，在情况 (a) 和情况 (c) 下货币总需求量有时可以由情况 (d) 中真实流通速度的变化、情况 (e) 中金融流通需求量的减少或情况 (f) 中黄金进口而部分或全部地得到满足，尤其是在一开始，更是如此。

如此来说，货币流通的总需求量与物价水平之间的关系并非是稳定的、一成不变的，与银行利率水平及其对投资率的影响之关系亦非如此；是故，当我们试图追踪这种因果关系或转变的各个阶段时，如果过于强调货币总量的变化，我们就会被误导。

但是，我们之所以强调银行利率的变化影响所及乃是市场利率相对于自然利率的水平，而不是货币量的变化，根本原因是这样的：给定货币总量和银行利率的有效水平之相关联的变化，从动态的角度来看这个问题，则货币

---

1 对于金融流通与工业流通之间的区别，请参看下文第十五章。

购买力的最终改变乃是通过后者实现的。事件的顺序并不是因为一定得改变货币量才能使新的银行利率有效，所以银行利率的变化影响了物价水平。事实上，顺序正好颠倒，是货币量的变化首先影响了物价水平。这是因为，在其他条件相等的情况下，这意味着会有一种银行利率可以使市场利率相对于自然利率发生变化；只有通过这种复杂的运动，最终才能达到物价水平符合于新货币量的新的均衡状态。

如果我们从一个均衡状态出发，那么——只要效率报酬是稳定的——物价水平的持续稳定之条件就是货币总量的变化方式应该使银行按照市场利率借出的相应贷出量而产生一种效果，使新投资的价值与本期储蓄持平。197

第十四章 基本方程的其他形式

第十章的基本方程本身不过是一些恒等式而已，因此从内在而言并不比过去提出的其他把货币要素联系起来的恒等式更好。的确，这些恒等式尚有一个缺点，因为它们的原理在我们现有的知识状况下并不是最易于从统计上加以确定的原理。不过，它们也有两个主要的优点。

我们已经强调过第一个优点了，这个优点认为它们可以导出我们通常所要求的问题之真正解答，这就是货币购买力和整体产出的物价水平，而我们将会看到，其他方法只会导出一堆杂乱无章的物价水平，本身并无多大意义可言；如果我们试图从这些物价水平出发推论货币购买力，则我们要面对的统计困难至少与我们自己的方程遇到的一样大。因此，当我们定量地研究货币问题时，所浮现出的第十章中的方程式遇到的统计困难，实际上在任何我们所能接受的方法当中都是切实潜藏着的。事实上，其他方法所具有的统计优势只有在我们满足于并非我们所想要的物价水平时才会出现。

然而，新的基本方程所具有的这种主要的优点，乃是出于定性研究之目的才有的。这是因为，当我们在考虑哪类货币和企业活动会带来何种后果时，我认为这些基本方程作为分析工具才比其他先前的方程式来得更有效。读者们会发现，正如我们在讨论银行利率的作用方式时所见到的那样，当我们到了讨论的更后面阶段，试图分析当今的实际货币问题——例如信贷周期问题——时，我们不得不在所有的情况下都弃用其他的方法。因为我们发

现，在处理那些最为有用的要素上，这些方法实在没有什么效力可言。不过，当读者在本书各章中习惯了它的运用时，对于新工具是否比老工具更加锐利，我须得留给读者诸君来做个判断了。此时，我们把新旧两套方法的关系略做阐述，对于读者而言当有所裨益。

第一节 "实际余额"数量方程

这些方程中的第一个我曾在《货币改革略论》中用过，之后在形式上发展得更加精确。这一方法源于这样的思想：货币持有者所需要的乃是一定数量的实际余额，该余额与持有者用它完成的实际交易数量保有着一种适当的关系。因此，如果这一适当的关系保持不变，那么，货币持有者所需要的现金余额数量就会等于上述"适当关系"所决定的实际余额数量乘以一个物价水平，这个物价水平即储备这种现金余额完成各种实际交易过程所能适用的物价水平。

在《货币改革略论》中，我曾用我所谓的"消费单位"来衡量实际余额，这个单位是"由他们（即公众）的标准消费品或其他支出对象的一批特定数量组成的"；我分别用 k 和 k' 来表示公众所要求的现金消费单位和银行存款消费单位。我在那里指出："k 和 k' 的大小部分取决于一个社会的财富多寡，部分受制于这个社会的习惯。"而且还指出："人们经常会在将更多现金握在手中可能带来的便利，与将其用于消费或投资得到的好处之间进行权衡，形成固定的习惯。"我最后得到了下面这个基本方程：

$$n = p \ (k + rk')$$

其中 n 是现金总量，r 是银行现金储备与存款的比例，p 是一个消费单位的价格。

而这一研究方法的一大毛病乃在于它表露出了这样的意思：严格来说，与其论点相关的单位是**消费**单位，既然 p 是 1 消费单位的价格，则它就代表

着我们所求之结果——货币购买力。但是，这意味着现金存款除了本期消费支出外别无他用，而事实上正如我们上文所见，持有这类存款乃出于企业和个人的各种不同之用途。因此，我们实际余额的单位必须符合现金余额所满足之用途的多样性，以 p 来衡量的物价水平也必须符合这种用途的多样性。总而言之，p 衡量的不是货币购买力，而是上文第六章所定义的现金余额本位。

它的第二个毛病在于，表明 k' 变化的可能原因仅限于公众的习惯之变化。从形式上看，使用这种表达并不正确；但就它所欲囊括（例如）的由于银行利率或整个企业状况的变化而带来的在储蓄存款、营业存款和收入存款分别所占全部存款的比例变化而言，这就会使人产生误解。总而言之，我原来是把仅适用于收入存款的概念应用在了现金存款上。

不过，我们可以用另外一种形式来表达这一观点，这就不会在形式方面招致这些反对意见。我们可以阐述清楚的是，它所引入的物价水平（P_1）对各种不同的支出目标进行加权时，依据的并不是它们对于消费者的相对重要性，而是根据它们所需预先持有的实际余额之比例。用它的最为简单的形式，则我们的基本方程可以表述如下：

如果 M＝现金余额总量，C＝相应的实际余额量，那么 $P_1 = \dfrac{M}{C}$。

很显然，这个方程对于定量的目的而言几乎没有什么用处。但从定性的角度言之，则明显说明了一个重要的问题——即银行家和存款人的决策对物价的确定分别发挥着作用——这体现在下面这个命题之中：

现金余额量取决于银行家的决策，且由他们所"创造"。实际余额量取决于存款人的决策，且由他们所"创造"。物价水平（P_1）是两套决策合力之结果，由所创造的现金余额量和实际余额量的比例来衡量。

无人能够直接"决定"物价水平将成为什么样；所有相关的决策均是要分别确定现金余额量和实际余额量，物价水平是这些决策的合力之结果。个

人所做的关于在现行物价水平上是否要购买、销售或既不买也不卖的每一个决策，实际上都是关于他是否要减少、增加或维持其实际余额不变的决策。

是故，这一研究方法为我们提供了一条线索，可以循着它来查明物价形成过程的因果关系是以什么方式而与人们的决策联系在一起的。这一连串的想法值得稍加深研。这是因为，它阐明了全体存款人一方和全体银行家一方所做的两套彼此分立的决策是以什么方式进行协调的。

常规的事态是购买力与商品之间的交换之流持续存在，如果有了这样持续存在的交换之流，也就意味着事态进入了常规状态。这一交换流会暂时地既增加现金余额，又增加实际余额，并使其他方面的余额减少，而总余额近乎不变。在所需的实际余额量与未结清的现金余额量以及物价水平之间保持均衡时，常规的购买与销售流不会趋于改变现金余额和实际余额的相对总量，也不会趋于改变物价水平。不过，那些希望减少其实际余额的个人（即在现行物价水平下希望减少其现金余额的个人）所遭受的压力只要超过希望增加实际余额的个人（即在现行物价水平下增加其现金余额的个人）所遭受的压力，则购买者在现行物价水平下比销售者心情更加急切的话，就会产生一种趋势，这种趋势使物价水平上涨。物价水平的这一上涨，会一直持续到两方的心态重新达于均衡为止。物价变化的因果关系在形式上表现为现行水平下的**需求增长**，而承受新增购买压力的商品其价格则会上涨。

不过，这仅仅是现金余额、实际余额和物价水平之间的最终均衡得以恢复之过程的第一步。受到影响的商品之价格上涨通过提高整体物价水平，会在一定程度上减少与既定的现金余额量相等的实际余额量；因此，刚出售了其货物的卖者所持有的现金余额之增加量，适与买者的现金余额之减少量相等，然而这个时候全体存款人所持有的实际余额将会少于他们之前所持有的量。虽然如此，但首先受到影响的商品之价格增量，除掉刚刚出清余额以交换商品的存款人之后，根本不足以抵销（包括刚刚出售商品而取得余额的人）剩下的其他存款人实际余额的任何增加。这是因为，如果决定减少其实

际余额的存款人用来购买某种商品的现金量占全部现金量的比例为 r，这种商品的权数按照现金余额本位计算为 q，因之而使其价格提升的比例为 p，那么，pq 就不太可能有 r 那么大。

因此，除非出现了什么情况，使得最近出售商品的卖者改变了他们对所需的实际余额数量的看法，否则的话，这些卖者发现不仅他们自己的现金余额增加了，而且他们的实际余额也增加了，自己由之摇身一变而为新增的买者。如此一来，对于一般的商品，就会在高于旧有物价水平之上出现一连串无休无止的新增购买力，使一种接着一种的商品受其影响，一直到均衡在某种方式出现的更高的新物价水平上建立为止；在这样的物价水平下，实际余额的总持有量所减少的数量恰好等于原来的存款人变成买者之后决定减少的实际余额量。除非有一个在这个过程中获得新增购买力的人决定借这个机会增加其适于存储在银行里的购买力，否则上述的情况一旦时机合适必然会出现，而一旦有人开始增加其适于存储在银行里的购买力，循环即被破坏，此时也就不存在使物价水平保持在比先前水平高一点的任何数值上的趋势，而物价上涨的波动便不过是暂时的存在罢了。

于是，我们有如下命题：

只要有一个人做出了一个决定，该决定表明其实际余额存量会减少，那么这就会造成物价上涨；除非在现行物价水平上有其他人在相反的意义上做出决定，或银行家决定相应地减少现金存量，来抵销前者的决定。然而，如果这个人的决定不影响其他人或银行家的决定，那么，物价水平最终的上涨比例会恰与其实际余额存量之减少部分对其余的实际余额存量部分之比例相等。[1]

1　该命题的第二部分可表述如下：如果 r 是实际余额存量，m 是现金余额存量（假设不变），p 是物价水平，dp 是存款人减少实际余额存量 dr 时所造成的物价水平的上涨量，那么：

$$rp = m = (r - dr)(p + dp)，所以，\frac{dp}{p} = \frac{dr}{r - dr}。$$

我再重复一次：该方程中的物价水平是现金余额本位的。

我们捎带着也会发现，只要某些个人采取措施减少其实际余额，这一行为必会损害其他实际余额的持有者；后者发现，（除非现金量同时减少，否则）**他们**的现金余额会因前者出清余额的行为而贬值。同样地，如果实际余额增加，则（除非现金量同时增加，否则）原来的存款人会增加与余额增量相等的财富。因此，实际余额量的任何变化若没有被现金量的相应变化所抵销，就会牵涉到多少有些武断性的财富再分配。与全体存款人的损益相应的损失或增益，固不会累积到采取措施增加或减少其实际余额，从而**造成**扰动的存款人名下，而是会累积到全然是另外一部分人的名下，也就是累积到那些从银行（或其他地方）**借入**货币的人名下。

一旦全体存款人都采取措施减少其实际余额量，那么，他们的行为就只能采取**在现有物价水平下增加其需求的形式**，如此必然会产生一种物价水平上扬的趋势。因此，物价水平（此处即现金余额本位）乃是一种平衡因素，它为存款人的集体决策所产生的现金余额量与银行家集体决策所产生的货币余额量之间带来了适当的关系。货币数量论则往往偏于一侧，以致人们认为物价水平悉由银行家产生的货币余额量决定。但是，物价水平也同样可以受存款人改变其所保有的实际余额量之决定的影响，其影响程度恰与它受银行家改变他们所产生的货币余额量之决定相仿佛。

只要我们记住，这些命题所阐明的物价水平与货币购买力并非一回事，　204
而关于产出等方面所发生的情况之说法乃是根据这许多假设给出的，而且有关的实际余额又是把出于诸多不同意图而持有的余额予以合并之结果，那么，上述分析便可以为我们对货币体系的理解有所增益。这是因为，它表明了物价形成过程——即一边是银行家供给的现金量发生作用，另一边是公众所愿意保有的实际余额量发生作用的一种交互倾斜的跷跷板式的过程——的大致面向。

从前我也受这派研究方法的吸引。但是现在对我而言，把可能会发生的各类不同的——收入、贸易和金融方面的——交易混合在一起，只会导致混

乱，而且如果不把利率加入进来，并把收入与利润、储蓄和投资区分开来，那么我们便无法就物价形成过程取得任何真正的洞识。

第二节 "剑桥"数量方程

上文所讨论的"实际余额"方程乃是从在剑桥听马歇尔和庇古教授讲过课的人早已熟稔的方法中变化过来的。由于这一方法近来尚未被剑桥以外的其他地方所经常使用，所以我把它叫做"剑桥"数量方程；但是，这一方法远已有之［参看本书（原书）第 206 页的脚注 1］，最早可以上溯到配第（Petty）[1]、洛克（Locke）[2]、坎蒂隆（Cantillon）[3] 和亚当·斯密（Adam Smith）[4] 那里。对其本质内容所做的最佳总结，无过于马歇尔博士下面这段话：

---

[1] 即威廉·配第（William Petty，1623—1687），英国古典政治经济学创始人，统计学家。一生著作颇丰，主要有《赋税论》（写于 1662 年，全名《关于税收与捐献的论文》），《献给英明人士》（1664），《政治算术》（1672），《爱尔兰政治剖析》（1674），《货币略论》等。——译者注

[2] 即约翰·洛克（John Locke，1632 年 8 月 29 日—1704 年 10 月 28 日），英国哲学家。在知识论上，洛克与乔治·贝克莱、大卫·休谟三人被列为英国经验主义（pragmatism）的代表人物，但他也在社会契约理论上做出重要贡献。他发展出了一套与托马斯·霍布斯的自然状态不同的理论，主张政府只有在取得被统治者的同意，并且保障人民拥有生命、自由和财产的自然权利时，其统治才有正当性。洛克相信只有在取得被统治者的同意时，社会契约才会成立，如果缺乏了这种同意，那么人民便有推翻政府的权利。洛克的思想对于后代政治哲学的发展产生巨大影响，并且被广泛视为是启蒙时代最具影响力的思想家和自由主义者。他的著作也大为影响了伏尔泰和卢梭，以及许多苏格兰启蒙运动的思想家和美国开国元勋。——译者注

[3] 理查德·坎蒂隆（Richard Cantillon，1680—1734），爱尔兰经济学家，金融家，曾撰写现代经济学的最早的著作《商业性质概论》，对后世许多经济学家都产生过重要影响，特别是法国重农学派和英国经济学家受影响最大。——译者注

[4] 亚当·斯密（Adam Smith，1723—1790），苏格兰启蒙思想家、道德哲学家，经济学的奠基人，著有《国富论》和《道德情操论》，其对经济自由主义的思想之影响极为深远。——译者注

在每一个社会中，人们的收入中总有一部分被认为值得以通货的形式加以保存；这或许占收入的五分之一，或许占十分之一，或许占二十分之一。以通货形式保有的大量资源，可以便利人们的买卖，使人们有可能讨价还价；但是另一方面来看，这又使一些资源冻结在不生产的形式之中；而这些资源如果用于生产（譬如）更多的家具，则可以满足人们的需要，如果用于生产更多的机器或饲养更多的家畜，则可以带来货币收入。（一个人在）权衡过增加现成支配权的好处与增加不能产生直接收入或其他收益的资源形式带来的坏处之后（就可以确定下来适当的比例）。我们且假设一国的居民（因此也就包括各种性质和职业的人）发现自己值得去保有现成的购买力，平均下来恰好是其年收入的十分之一，再加上他们财产的五十分之一，于是该国通货总价值即为这两个数量之和。[1]

庇古教授使用数量方程的形式表达出了这一理论：[2]

在日常生活中，人们按照法定货币偿还契约规定的债务时，是需要不断地进行支付的。大部分人也会有一连串同样到期的债权可以索取。

---

1 《货币、信用与商业》，第一篇第四章第三小节。马歇尔博士还在一个脚注中这样写道：上面的叙述实际上是传统研究方法的发展，"配第认为，'货币量只要能够支付英国全部土地的半年地租、四分之一的房租、全体人民的一星期的开支、全部出口商品的四分之一左右的价值'，对英国就'足够'了。据洛克估计，货币量只要能够支付工资的'五分之一、地主收入的四分之一、经纪人每年现金报酬的二十分之一，就足够推动任何国家的商业了。'坎蒂隆经过长期而仔细的研究于1755年得出结论说，所需的货币价值为一国总产品的九分之一，或他所谓相同的东西，地租的三分之一。亚当·斯密的看法比较接近现代怀疑主义，他说'决定这个比例是不可能的'，虽然'据不同的作者计算，这一比例为年产品总值的五分之一、十分之一、二十分之一以及三十分之一。'"在现代条件下收入存款与国民收入的正常比例似乎在十分之一到十五分之一之间，全部存款的比例则为大约一半。

2 *Quarterly Journal of Economics*，Vol. XXXII，Nov 1917.下面的引文做了删节，但没有标注删节处。

但是，在任何时点上到期的债务和债权很少有恰好相互抵销的，二者的差额必须由**法定支配权**（*titles to legal tender*）的转移来进行偿付。因此，每个人都急于以法定支配权的形式来持有足够的资财，从而能使其在日常生活的一般交往中不会遭遇到什么麻烦，也可以应对不时之需。为了这两个目标，人们一般会愿意以法定支配权的形式来持有一定量小麦的总价值。[1]这样一来，在任何给定的时点，总会存在一个明确的对于法定货币的需求表。令 R 为一个社会所享有的以小麦表示的总资财[2]，k 是这些资财以法定支配权形式保有的比例；M 是法定单位数目，P 是单位支配权以小麦表示时的价值或价格。那么，刚才所描述的需求表就可以用方程 $P = \dfrac{kR}{M}$ 来表示。

然后，庇古教授扩大了这个方程，使它涵盖了部分地用法定支配权形式、部分地用银行存款形式保有现金的情况，即：

$$P = \frac{kR}{M}\{c + h\ (I - c)\ \}$$

其中，c 表示公众以法定形式保存的现金比例，h 是法定与银行家所持有存款的比例。

很显然，从形式上来说，这个方程正确无误。而问题在于，它是否清楚地对那些重要的变量进行了说明。以我观之，这个方程会受到下面几个方面的批评，其中有几点也适用于我在《货币改革略论》一书中所提出的数量方程：

(i) 社会本期收入因素 R 的引入，表明这方面的变化乃是直接影响现金资源需求的两到三个最重要因素的一个。对于收入存款而言，在我看来这是

1　庇古教授解释称，在这个问题上，选择小麦还是其他商品并无什么特殊的意义。

2　联系上下文，"资财"（resources）意思是一段时期上的收入。

没有问题的。但是，如果我们不是单单研究收入存款，而是研究总的存款，则 R 的重要性就大大减弱了。不错，"剑桥"数量方程的主要不利之处实际上在于它把基本上只与收入存款相关的条件应用到了全部存款上去；在处理这一问题上，就好像某些能支配收入存款的条件也会支配全部存款一样。在第十章末尾，我提出了一个公式，意在把收入存款分离出来，把"剑桥"方法单单应用到这上面来，从而保持其基本的优点。

（ii）银行存款对社会**收入**的比例 k 所取得的突出地位若要扩展到收入存款以外，是会令人误解的。这一方法强调，所持有的实际余额量取决于以现金形式持有资财与以其他形式持有资财的相对优势，是故，k 的变化可以归因于这些相对优势的变化；这样的讲法有用且富有启发性。但是，在这里，"资财"可不像庇古教授那样，把它解释成与本期**收入**相同。

（iii）庇古教授通过以小麦来衡量实际余额量，回避而不是解决了我们基本方程所欲引导出来的那类物价水平问题。任何数量方程的目标都不是去寻出小麦的价格，而是要寻出某种意义下的货币购买力。但是，他的方程或者是没有在此一方面做出什么贡献，或者就是虽然做了贡献，但却隐含着说相对价格不可变，所有的各别价格都是以小麦来确定，因此所有的价格水平也都是以小麦来确定——但这一点与事实大相径庭。

（iv）这个方程完全把前述出于不同目的区别为储蓄存款、营业存款和收入存款的比例之变化所造成的扰动给遮蔽了起来——而实际上这是最重要的扰动类型之一。此外，用来分析因储蓄率和投资率之间分离而造成的物价水平扰动时，这个方程也不是得心应手。

第三节　"费雪"数量方程

自从欧文·费雪教授的《货币购买力》（*The Purchasing Power of Money*）于 1911 年出版以来，该书所提出的著名公式 $PT = MV$ 就流布天下，使其他类的公式相形见绌。这个公式在推动货币理论的发展方面厥功甚伟，如果发

现我们的分析所要求的过多而非彼所能承载，也一定不要认为我们这些受其熏陶的人对费雪教授的天才大不敬。[1]

这个公式既非从相对于消费品的收入流，也非从实际余额或以现金形式持有的资财之比例出发，它的出发点乃是现金交易总量，或者以费雪教授对它的称呼言之，就是"支出"。如果 B 是给定时期中的现金交易总量，M 是未偿付的现金量，V 是这一时期内一单位现金在交易当中被使用到的次数，也即流通速度，那么，按照定义就有下式：$B = M \cdot V$。

但我们还可以用不同的方式来分析 B。每一件交易都由一定量待交易的商品、劳务或有价证券乘以交易项目的价格构成。也就是说，$B = \sum p_r \cdot q_r$，其中 q 是待交易的交易项目的量，p 是进行交易的价格。让我们把基年中一单位价值的量作为我们的单位量。这样，我们有下式：

$$B = \sum p_r \cdot q_r = P_2 \cdot T$$

其中，$P_2 = \sum \left(p_r \cdot \dfrac{p_r q_r}{\sum p_r q_r} \right)$，$T = \sum \left(q_r \cdot \dfrac{p_r}{P_2} \right)$。

---

1 费雪教授的《货币购买力》一书是题献给西蒙·纽康姆（Simon Newcomb）的，$PT = MV$ 这个公式是通过科莫勒教授（Professor Kemmerer）最后从纽康姆那里得来。纽康姆并非职业经济学家，而是一位数学家（美国海军大学和约翰·霍普金斯大学的数学教授）。他的《政治经济学原理》（*Principles of Political Economy*）一书出版于 1886 年，该书颇富原创性，为那些没有因阅读过多正统材料而囿于成见的新进科学头脑在经济学这类形式上尚不完整的学科中不时涌现出来的杰作之一；直到今天，此书仍然值得我们对它进行精读。他把他的基本方程 $V \cdot R = K \cdot P$ 称为"社会流通方程"（equation of societary circulation）（见该书第 328 页），其中 V 是流通量，R 是流通速度（通货总量的流通速度，包括现金与银行货币在内；他认为这两者有不同的速度 R' 和 R''，与费雪的 V 和 V' 相对应），P 是物价水平，K 是"我们用来作为单位的价格尺度所衡量出的工业流通。"纽康姆所称的"工业流通"指的是易手交换货币的商品量与劳务量。他把"放款货币或银行存款等移转"都没有算入"工业流通"中去，可能也没有计入"流通速度"，"因为这些都没有相反的财富或劳务移转来平衡"。纽康姆的这一整套说法**推论精密**——可能比费雪教授所给出来的还要精密。

或者换一种方式来解释，P_2 是待贸易的项目之物价水平，各种交易项目的价格按照其货币交易量的比例进行加权；也就是说，P_2 衡量的就是第六章中所定义的现金交易本位，而 T 是待贸易的单位总数（这个单位是指基年中价值一单位货币的任何东西的量），它按照其相对价格的比例进行加权，也即按它与该年以 P_2 表示的价格之比例进行加权；这就是说，T 衡量的乃是费雪教授所称的交易量。因此，该公式的标准形式为：[1]

$$P_2 \cdot T = M \cdot V$$

这个公式最大的优点在于，该公式的右边（也即 $M \cdot V$）比大多数公式都更符合实际可用的银行统计资料。因此，对于数量研究而言，这个公式就比其他公式能带来更大的进展。$M \cdot V$ 差不多相当于银行票据清算总额（bank clearings）[2]，M 相当于存款量；由于这两个数值都可以取得，所以 V 的值也可以推导出来。

但是，另一方面来看，其弱点则在 $P_2 \cdot T$ 这一边。这是因为，无论是 P_2 还是 T 所对应的量，其本身并不大可能引起我们的兴趣。P_2 不是货币购买力，T 不是产出量。费雪教授确实没有遗忘这些缺点，但我认为他并没有给予应有的处理。他用来进行估算的那种近似方法也不能让人信服。例如，他试图把批发物价本位、工资本位和 40 种存货的指数相结合以求得 P_2，

1　如果我们选择把流通中的现金量 M 和银行存款量 M' 区分开，并分别用 V 和 V' 表示它们的流通速度，那么，我们会得到下面这个公式：

$$P_2 \cdot T = M \cdot V + M' \cdot V'$$

2　按照是否还包含银行内部的票据交换，或者仅仅包含通过票据交易机构进行的银行间交换来说，关于银行票据交换这个说法，其含义上尚有些许模糊之处。就此处的论证而言，我们有必要把银行票据交换解释得更加宽泛一些。但是在英国，我们所能拿到的相关数据都属于狭义上的银行票据交换，虽然英国从事票据结转的银行已经同意从 1930 年 1 月开始公布其债务总额以及票据交换的情况。在美国，这两种意义上的票据交换数据均可获得，银行票据交换这个说法只使用在狭义的情况下，广义的情况下则用的是银行客户提款额（bank debits）这个称呼。

第一项权数为30，第二项的权数是1，第三项的权数是3。这当然是一项开风气之先的工作。不过现在我们可以计算出更加精确的 P_2 来；斯内德先生（Mr Snyder）已经尽力这样做了。但是，随着我们对 P_2 的计算越来越精确，对于现金交易本位到底是一种什么样的混合本位，而它作为货币购买力的指标又是何等地不可靠，我们也就越发地清楚了。

还有一个反对费雪方程的地方，尤其是在运用到英国银行统计资料上，更是这样，这个地方就是，费雪方程没有明确把现金存款和储蓄存款的区别考虑进来。根据流通速度的变化，可以隐含地对这些因素的变动进行斟酌。但是，从定性分析的角度视之，这没有让我们走在正确的道路上，以发现到底哪种情况会改变流通速度。不过，我还应加以补充的是，这个对费雪方程的反对意见对于美国银行的统计资料就不那么适用了。这是因为，美国的统计资料区分了定期存款（time deposits）和活期存款（demand deposits）（费雪教授只在他的 M 中包含了后者），这大体相当于在储蓄存款和现金存款之间做了区分；然而透支账款在节约现金持有量方面在美国所起的作用要更小一些。

不管怎么说，要补救这个缺点并不难，它也值得使用下面的办法来进行补救：

（1）令 w = 现金存款占总存款的比例，故有 Mw = 现金存款量，$M (1 - w)$ = 储蓄存款量。

（2）令 w' = 未使用的透支周转账款对现金存款的比例，故有 Mww' = 未使用的透支周转账款，$Mw (1 + w')$ = 现金账款总量。

（3）令 V = 现金存款的流通速度，即货币支付总量对现金存款总量的比例，V' = 现金账款的流通速度，故有：$B = MVw = MV'w (1 + w')$，其中，B 是现金交易的总周转量。

于是我们有：

$$P_2 T = B = MVw = MV'w (1 + w') \tag{i}$$

或

$$P_2 = \frac{MV}{T} w = \frac{MV'}{T} w \, (1 + w') \qquad \text{(ii)} \ [1]$$

这个方程与费雪方程一样，只是全部现金账款乘以流通速度等于银行票据交换量这个表述的详述而已。

没有透支周转账款和储蓄存款的地方，即 $w = 1$ 和 $w' = 0$ 的地方，方程 (ii) 可以简化成 $P_2 = \frac{MV}{T}$，这与费雪方程是一样的。

在没有存款而只有透支的地方，也即 $M = 0$ 的地方，它就简化成了 $P_2 = \frac{M'V'}{T}$，其中 M' 是为使用的透支账款量。

第四节　"剑桥"方程与"费雪"方程之间的关系

我们已经在第六章看到（原书第68—69页），不同交易项目的相对重要性在支票交易量和它们带来的余额持有量这些方面并不一定是相同的。也就是说，现金余额物价水平和现金交易物价水平——前者我们用 P_1 表示、后者我们用 P_2 表示——是不相同的。当我们想到，某些类支票交易的量和日期较之于其他类能够做出更加精准的预测或预备，所以，这两类支票交易量虽然相等，但其中一种所带来的现金余额预备的持有量（用时间乘以数量得到）则比另外一种要大。另外，适合于前一种指数的物价行情与适合于后一种的物价水平是不一样的，这是因为，影响随时清偿的支票之票面价值的物价行情，平均而言其日期会比影响所需要持有的现金余额量的物价行情要早。这一点在物价发生改变时会显得尤其重要。因此，在物价下跌的时候，P_1 对 P_2 的比值会变小。不过，在稳定的条件下，这个比例则差不多是一个恒定

212

1　原书未给出这两个方程的编号，此处是根据上下文而确定的方程编号。——译者注

的值。

正如我们已经看到的，"剑桥"类型的数量方程会导引出现金余额物价水平，而"费雪"类型的数量方程则会导引出现金交易物价水平。因此，这两类方程之间的关系与两种物价水平之间的关系是一样的。

且让我们把这个关系写成等式 $P_1 = P_2 \cdot f$，这样，我们有：

$$P_1 = \frac{M}{C} = P_2 \cdot f = \frac{MV}{T} \cdot w \cdot f$$

是故，如果我们参照所需的货币量而非货币周转量或现金交易量（费雪教授是这么做的）来定义物价水平，那么我们一定可以把代表 P_1 对 P_2 之比例的 f 这个新增添的要素引入到"费雪"方程的最后结果中来。这个要素尤其不应忽略，不然我们会无法计算出这样的事实：P_1 与彼时通行的一套物价无关，而与今天已经完成的交易刚开始时的那一套通行的物价有关。因此，彼时所持有的余额量比今天的支票交易预计得更远，是故，当物价上涨，也即当 f 大于其正常值时，流通速度会小于其正常值。

不过，P_1 本身——即决定现金余额需求量的物价水平——平均而言其所牵连的日期也早于今天；这是因为彼时和不远的将来之现金交易量，将会对它产生更大的影响，一旦时间更加久远，当新的交易所根据的今日之行情以现金支付时，现金交易量对它的影响就会更小一些。有鉴于此，在物价迅速提高的时期，一定量的货币所维持的物价水平要高于 P_1 和 P_2 完全克服时滞（后者要比前者的大）并恢复它与现行价格的正常关系后所能维持的物价水平。

第五节 "费雪"方程与第十章基本方程之间的关系

由于（使用第十章的符号）：

$$P = \frac{M}{O} \cdot \frac{wV_1\,(V_2 - V)}{V_2 - V_1} \cdot \frac{I' - S}{R}$$

以及：

$$P_2T = MVw$$

所以有：

$$P = P_2 \cdot \frac{T}{O} \cdot \frac{V_1\,(V_2 - V)}{V\,(V_2 - V_1)} + \frac{I' - S}{R}$$

我不知道这个方程是不是很有价值。不过，它表明了为使 P 和 P_2 彼此取得确定的关系需要引入哪些变量，就此而言，它还是很有意义的。 214

第四篇　物价水平的动态学

第十五章　工业流通与金融流通

第一节　工业与金融业之区别与定义

现在我们必须全力以赴就使货币价值及其运作方式产生变化的因素进行分析。

为了达成这一目的，对货币现象在某种程度上进行更进一步地分类有其必要，我们把货币总量（见第三章）划分为收入存款、营业存款和储蓄存款这种处理办法要再做分类，也即我们要在用于工业的存款和用于金融的存款之间进行划分，前者我们称为**工业流通**（industrial circulation），后者我们称为**金融流通**（financial circulation）。

我们所指的**工业**，是维持本期生产、分配和交换的正常过程，并对从生产过程开始到消费者最后获得满足的过程中为生产要素所完成的各类工作支付其所得的那些企业。另一方面，我们所指的**金融业**，是握有并交换财富现有所有权（而非工业的专业化所引起的交换）的那些企业，这当中包括证券交易和货币市场交易、投机活动以及把本期储蓄和利润递送到企业家手中的过程等。

这两个部门的企业各自使用了货币总存量的某一部分。大体而言，工业需要使用到收入存款和一部分营业存款，我们把这部分营业存款称为营业存款 A；金融业则需要使用储蓄存款和剩下的那部分营业存款，这部分营业存款我们称为营业存款 B。如此，前两者之和就是工业流通，后者之和就是金

融流通。我们将表明，由于营业存款的流通速度非常之高，所以营业存款 B 的**绝对**可变性一般来说仅占货币总量一个较小的比例，如此则活期存款（即收入存款**加**营业存款）的变化通常可以作为工业流通之变化的一个良好指标；类似地，储蓄存款的变化也就是金融流通之变化的一个良好指标——这会幸运地把我们拉回到我们实际当中所拥有的、可称是相当良好的统计指标那些类量值上来。

第二节　决定工业流通量的因素

由于 $M_1 V_1 = E$，所以收入存款所需要的货币量 M_1 就会部分取决于收入量 E，部分取决于收入存款的流通速度 V_1；而且又因为 $E = W_1 O$，因此 E 便取决于货币效率报酬率 W_1 和产出量 O。在本书第二卷第二十四章，我们将详细讨论决定 V_1 的可变性的那些原因。

首先，很显然，营业存款 A 中一部分的量大体上会与收入存款以同样的方式变动。这是因为，收入存款在不断地通过对商品的购买而流入营业存款，再通过对工资的支付而流出来。因此，那部分代表着向消费者销售商品所得的收入和生产要素报酬的营业存款对收入存款的比例，与后者（V_1）的流通速度对前者（V_1）的流通速度之比是一样的，因此，只要它们的速度之比不变，这两种存款就会共同变化。

其次，处于均衡状态的未成品（也即营运资本）价格会反映出制成品的价格。另外，在均衡状态下，固定资本品生产成本会以同样的方式和货币效率报酬率一起与其他商品的价格共同变动，所以固定资本品的价格也是这样而变化。此外，这些交易量和产出量之间的关系大体与收入存款的情况是一致的。因此，在这样的情况下，企业家之间交换未成品以及新制成的固定资本品所需的那部分营业存款，也将趋于以相同的比例与收入存款共同变化。

但是，营业存款 A 的数量在变动方式上与收入存款颇为不同，其原因如下：

(a) 对于收入存款和营业存款来说，不同交易项目的相对重要性分别有着相当大的变化——即它们的"权重"不同；因此**相对价格**的变化就可能会扰乱这两类存款之间的比率。出于同样的原因，该比率也可能会受到生产**性**质变化的扰乱。

(b) 假定收入存款的流通速度与营业存款 A 的流通速度之间的比率是稳定的，这一假设并不可靠。后者可不像前者那样由于支付日期的规律性而束缚在某一稳定性指标上，这种规律性通常是对工资和薪水发放情况的写照。

我们将在第二十四章讨论的证据表明，全部营业存款的流通速度 V_2 可变性很大。虽然这一可变性往往主要不是因为营业存款 A 和营业存款 B 的流通速度的变化所致，而是由于总营业存款在 A 和 B 之间的分配比例之变化所引起，但是，营业存款的流通速度仍然有相当大的短期波动，乃是因持有余额所牵涉到的代价之变化以及其他原因所致，这一点确定无疑。这是因为，当经营活动活跃、借款成本高企之时，厂商会倾向于节省所保有的营业存款 A 的数量。此外，当实际收入因就业下降而降低时，在一段时间内公众会努力地通过减少收入存款来维持其生活水准，因此会在 V_2 可能减少时提高流通速度 V_1；但除了因公众对通货丧失信心所引起的变化，我还认为 V_1 的短期变动无足轻重。[1] 而正如我们所知，对通货丧失信心可能会是一场灾难。不管怎么样，由于营业习惯或生产性质上不断扩大的变化，V_1 和 V_2 在长期会表现出不同的趋势来。

(c) 第三，营业存款 A 及与之相应的物价水平可能因出现利润或损失而受到影响，在某些情况下，出现利润或损失可能影响物价水平和货币流通量的要求，使之（如果有这样的影响的话）与收入存款量不成比例。

然而，在这样的方式下所带来的一定的物价变化使货币流通量的要求所受的影响，要远小于效率报酬率提高的等量变化使之所受的影响。尚未传导

1　流通速度的可变性我们将在第二十四章进行详细讨论。

给消费制成品的营运资本价格之提高而使利润出现时，情况更是如此。我们可以方便地把这种情况称为**商品投机**（commodity speculation），意思是指尚未反映在货币购买力上的生产过程中商品价格的变动。这是因为，营运资本价格的波动——原材料批发物价指数堪称其典型代表——可能会得到该商品在后续时期中以相同或更加完整的形式重新出售时的预期价格的支持。因此，在一段时间内，其期限的长短将由生产过程持续的长度和保有存款所费的成本之大小决定，批发物价本位的上升无需消费本位的相应上升即可得到维持。

由此可知，批发物价本位的投机性上涨若不伴随着消费本位的上涨，则尤其不可能因货币数量的短缺而被压制下去。此外，在物价上涨和货币需求之间尚有另外一段滞后时间，因为现行物价行情反映的是现在订约而将来完成的商品之价格，因此一直要到商品制成之时上涨后的价格才会需要更多营业存款。的确，如果投机活动不能在适当的时候受消费本位上涨之支持，则这样的投机活动必不能久长。这是因为，在这一情况下，它所凭借的预期将会化为泡影。不过在这一反应发生作用之前尚且要经过很长一段时间；在这一间隔时期，批发本位以及与营运资本交易有关的那部分营业存款的变动将不仅与收入存款的变动偏离，而且还会与消费本位的变动多多少少有所偏离。

出于各种的原因，整个工业流通量的变化就不会严格地与收入存款量的变化相符合。但工业流通量——虽然某种程度上也会受到生产的性质、公众与企业界的习惯以及为了用货币形式来保有资财所牵涉到的代价等影响——主要乃是随货币总收入 E 而变化，也即随着本期产出的生产成本和生产量而变化。

第三节　决定金融流通量的因素

不过，金融所需的货币量［即我们所称的**金融流通**（financial

circulation)〕，则是由全然不同的另外一套条件所决定。在这种情况下，为应付金融业务而需的营业存款 B 的量——除了这些存款流通速度的可能变化之外——取决于交易量乘以交易项目的平均价值所得的结果。但金融项目交易量（即金融业务活动）不但高度可变，而且还与产出量（无论是资本品还是消费品）没有什么密切的联系；这是因为，本期固定资本产出与现有的财富存货相比是很少的，于此，我们将现有财富存货称为证券数量（这其中不包括对现金的流动的债权）；而且这些证券转手的活动并不取决于它们的增加率。因此，在开设有现代证券交易机构的社会中，本期生产的固定资本的周转量仅占证券全部周转量很小的比例。

现存证券的价格在短期内也压根儿不会严格地取决于生产成本或新固定资本的价格。这是因为，现存证券基本上是由不可能被迅速地再生产出来的财产、根本不可能被再生产的自然资源，以及从对各类特殊利益的准垄断当中预期产生的未来收入的资本化价值所构成。1929 年美国的投资繁荣即为一绝佳示例，彼时整个证券的价格之剧烈上涨并没有伴随着当期新固定资本的产出价格之任何上涨。另外，借贷资本（loan capital）（例如债券）和实际资本（例如股份）这两类进行贸易的财富之价值，将经常地朝**相反**的方向变动，因之彼此部分地相互抵消。

不过，金融周转之变化独立于工业周转这一事实并没有原本所预期的那样大。这是因为，营业存款 B 的流通速度如此之高——因证券交易清算之类节省现金的手段之巨大发展所致——以致用于这方面的货币量之**绝对**变化量通常不可能非常之大。

因此，用于金融方面的货币总需求量之主要变化乃以一种截然不同的方式而发生，即以储蓄存款量的方式产生。

储蓄存款的存在提示我们，有人宁愿用提前很短时间通知即可兑现的货币流动债权的形式来持有其资财。另一方面来看，还有一类人，为了融资而使证券持有量大于他们本身资财所能担负起来的量，即从银行借款。

这些储蓄存款分为两类。一般而言，这其中包括很大一部分稳定的储蓄存款，人们之所以持有这部分存款，原因不是因为其持有者不看好证券货币价值的前景，而是出于本书第三章所列举的那些个人原因；也就是说，有一种财富所有者，他们宁肯永远持有储蓄存款而不愿意持有证券。但是，由于这类储蓄存款量变化可能非常缓慢，所以总储蓄存款的任何迅速变化都往往表明第二类中发生了变化。

我们且把这两类储蓄存款分别称为 A 和 B。

我们借用证券交易所的术语，第二类储蓄存款包含了我们所称的"空头"状况——但空头不仅包含那些卖空之人，即卖出那些他们并不拥有的证券之人，而且还包含正常而言拥有证券、但暂时愿意以储蓄存款的形式持有现金流动债权的人。也就是说，"空头"就是那些当时愿意抛出证券并借出现金之人，相应地，"多头"就是那些愿意持有证券并借入现金之人——前者预期证券的现金价值会下跌，后者预期它们会上升。

一旦多头情绪上涨，储蓄存款即有下降的趋势。其下降之量将取决于证券价格相对于短期利率的提高整体上抵消多头情绪的状况如何。这就会有一个证券价格的水平，在平均意义上刚好抵消多头情绪，从而使储蓄存款量保持不变。而如果证券价格提高的幅度高于此，则储蓄存款量实际上将会增加。但（除工业流通的需求产生的补偿变化之外）如果银行体系自身购买证券，直接导致证券价格上涨，或银行体系利用公众的不同群体**意见纷纭不定**这种情况，设若一部分人受到了信贷宽松的引诱而借钱购买证券进行投机，则这就会使证券价格提高到某个水平，从而令另外一部分公众偏爱储蓄存款，这样一来，储蓄存款量在多头情绪增长之际就会得到维持或增加。因此，正如我们在本书第十章所见，证券价格的实际水平乃是持多头态度之程度与银行体系行为共同作用之结果。

由此可知，储蓄存款任何非常规的下跌，同时伴随出现证券价格的上涨，这种情况可能表明了多头情绪尚未被证券价格的上涨所充分抵消，从而

使得公众意见一致地偏爱证券而抛弃了现金；然而，相同情况下所出现的非常规的上涨则可能说明对于证券的前景人们的看法出现了**分歧**，"多头"的一方实际上是在购买证券并通过银行体系向"空头"的一方借钱；譬如，我们举个例子，1928年和1929年间的美国就曾大规模地出现过这样的情况。因此，在1929年华尔街大繁荣当中，人们正确地注意到了"经纪人贷款"(broker loans) 量的增减；这是因为，这种贷款的增加意味着证券价格的上涨已然超出了适度抵消一般情绪当中多头态度所需的限度，也就是说，它导致了"空头"状况的增加。

在现代条件下，无论是英国还是美国，总的"空头"状况当然都远远超过了储蓄存款 B 的量，这是由于职业投资者拥有其他手段根据现金流通债权而非通过银行体系来贷出"空头"资金，诸如购买国库券、直接贷款给金融市场和证券交易所都是这样的手段，而往往这些手段也更加有利可图；除了这些之外，还有一些交易，空头们出售了自己并不拥有的证券，这直接抵消了多头们"延期结转"(carry-over) 他们已经购买之证券的交易。虽然如此，储蓄存款 B 的数量之变化——包括工业企业对前景有无信心而使所持的营运资本多或少于一般数量的存款之变化，还包括某些机构因认为利用"多头"活动出售新旧证券乃明智之举而在实际需要出现之前筹集资金的存款之变化——可能变得很重要。因此，储蓄存款 B 的变化可能是金融界所造成的货币需求可变性中最为重要的因素。

因此，金融流通总量部分地取决于交易**活动**，但主要取决于"空头"状况的大小——这两者均可能是物价迅速变化所产生的现象，而非物价高或低的绝对水平所带来的结果。

虽然储蓄存款 (M_3) 增减之趋势乃是"空头"状况增减之指标，但是投机市场则共有四种可能的形式：

(i) 在意见一致的"多头"市场，证券价格虽有上涨但尚不足以使 M_3 下降，而在上涨的市场上，"空头"状况结束。

(ii) 在意见分歧的"多头"市场，证券价格上涨过多，以致 M_3 上升，而在上涨的市场上，"空头"状况加大。

(iii) 在意见分歧的"空头"市场，证券价格下降过多，以致 M_3 下降，而在下跌的市场上，"多头"状况结束。

(iv) 在意见一致的"空头"市场，证券价格虽有下降但尚不足以使 M_3 上升，而在下跌的市场上，"多头"状况加大。

当储蓄存款的增长不能被银行总资产的等量增加所抵销时，则这种储蓄存款的增长将会减少工业流通可用的货币量，有鉴于此，我们可知，如果银行体系没有采取补偿的行动，则第（i）类和第（iii）类投机活动对工业所产生的影响，恰与货币供应量之增加所带来的效果相同，而第（ii）类和第（iv）类投机活动则与货币供应量之减少所带来的效果相同。

另一方面来看，当证券价格上涨时，刺激新投资的价格水平 P' 是可能的，当证券价格下跌时，情况可能相反；不过这也只是通常的情况而已，并不是必然如此的。是故，第（i）类投机活动从两方面而言均会使货币购买力降低，这是因为增加工业流通的货币供应量之后，这类投机活动会使投资扩大；而提高 P' 之后，这类投机活动会提高投资的吸引力。类似地，第（iv）类投机活动在这两个方面都会使货币购买力提高。但是，第（ii）类和第（iii）类投机活动发生作用的方向相反；例如，第（ii）类投机活动提高了新投资的吸引力，但同时在其他情况相同的条件下又减低了工业流通的货币供应量。

因此，我们可以得出这样的结论：金融形势的变化可能以两种形势而引起货币价值的变化。一来会改变工业流通可用的货币量，二来会改变投资的吸引力。因此，除非前一种效应被货币总量的变化所抵消，而后一种效应又被借款条件所抵消，否则就会出现本期产出的物价水平之不稳定。

问题在于，金融形势中某一变化所带来的这两种可能的效应，其发展并不必然朝向同一方向。因此，在这一点上，我们或可就中央银行力图管理货

币局势以求稳定本期产出物价水平的职责附带着讲一讲（这部分主题更适合于在本书第二卷进行讨论）。

中央银行进退两难——这里就拿第（ii）类投机活动为例吧。如果中央银行增加银行货币量以图避免金融流通从工业流通攫走资源的任何风险，则它就会鼓励"多头"市场继续存在下去，极有可能造成 P' 值的提高，这将会导致往后的投资过度；然而，如果中央银行拒绝增加银行货币量，这可能会减少工业的可用货币量，或者提高货币的利息率，从而即刻产生通货紧缩的趋势。

解决之法在于——就稳定购买力而言——令金融和工业各得其所需的货币，但利息率则要维持在其对新投资（相对于储蓄）率的影响恰好抵消多头情绪的影响这一水平上。不过，要在每一个阶段上精确地判定局势，并严格地达成平衡，实非人类智力所及。此外，在实际当中，当利率高到了可以防止未来投资过度时，此时的利率会使当前的产出低于最优水平——尽管我认为这种情况只有在预测不准或从一类产出变为另一类产出存在困难时才会出现，但也不能排除其存在的可能。在这种情况下，某种对稳定造成的干扰可能无可避免。这是因为，此时除了英美两国间或所试之法外已别无他路，即便采用了它们所试之法，成败亦尚在两可之间。这种办法是要对金融界和工业界的借款人进行区别，订立不同的借款条件（要么采取不同的利率，要么配给不同的贷款数量）。如果对两类借款人订立的借款条件不得不差相仿佛，那么，若然某些证券购买者做出了错误的预测，则会出现这样的情况：当利率高到足以阻止未来出现过度投资时，这一利率势必在当下引起失业。

因此，我们就可以得到这样一个大体的结论：购买力和产出的稳定性要求总存款量应与储蓄存款量的任何变化都同升同降；但贷款条件应予调整——根据实际可行的范围进行——以便抵消金融市场上多头或空头情绪对新投资率的影响。

长期来看，证券的价值完全来自消费品的价值。它取决于人们有关证券

直接或间接产生的流通消费量之价值的预期，而且参照这一预期的风险和不确定性进行了修正，然后再与历年的购买数相乘，这一购买数与相关使用期资本的本期利率相应；如果由证券代表的生产能够进行再生产，则资本品所取得的消费品之预期价值将会受到相关资本品的生产成本之影响，因为这一成本会影响到这类商品的未来供应。

但是，在很短的短期，它则取决于基本上不受任何当前货币因素控制的看法。证券价值的上涨不会像本期消费品价格的类似提高那样因没有充分的收入来购买它们而受到抑制，证券价值的上涨不会以这样的方式直接受到货币因素的抑制。这是因为，我们已经看到金融业交易所需的营业存款量 B 取决于市场活动的程度，至少与其取决于交易工具平均价值的程度相仿，而且由于这些存款量的流通速度极高，所以它们任何必要的增长都很容易得到供给，而不会对其他用途的货币供应造成很大的影响；其结果是，我们不能凭借这一点而进行抑制。

于是，人们的**看法**对金融形势便具有一种支配性影响，其影响的程度并不适用于支付既定工资额度所需的货币量。如果每个人都认同证券的价值应该更高，而且如果每个人都成了"多头"，也即在价格上涨时偏爱证券而不愿增加储蓄存款，那么，证券价格的上涨就没有了限度，货币的短缺也就没有带来有效的抑制作用。

然而，一旦证券价格相对于短期利率上涨得足够高，从而使人们对于未来前景的看法发生分歧，则"空头"局面就会出现，有些人将开始增加储蓄存款，其资金或者是出自本期的节约所得，或者是出于他们本期的利润，又或者通过售卖先前所持有的证券而取得。因此，随着较为谨慎之人对流行看法感到不够合理，"另外的观点"就会应运而生，其结果是扩大了"空头"的局面——这种局面确实会产生一种货币因素，虽然这种因素只有在"多头"市场上才是一种**校正性**的因素——这一情况如前文所述。

最后，如果能够进行再生产的现存证券的价值异于本期生产成本，那

么，通过激励或阻碍新投资，这会使其他货币因素发挥作用，其方式我们在
随后几章再来阐发。

因此，我认为，通货发行当局并不**直接**影响人们的看法所决定的现行证
券的价值水平，而是当现行证券价值水平将欲刺激新投资超过储蓄或者带来
相反的变化时，通货发行当局对之产生重要的间接作用。例如，土地价值的
繁荣或对垄断企业权益的价值重估，与任何对新投资的过度刺激全然无关，
不应改变货币发行当局把放款条件和货币总供给维持在可以于满足金融流通
需求之后，仍可使工业流通获得最优货币量这样的水平上（只要这样行事在
我们的体系不是封闭的时候能与外部均衡的要求相容即可）。这就是说，对
"多头"或"空头"金融市场的干预之主要标准应视这种金融局势对储蓄与
新投资之间的未来均衡产生的可能反应而定。

第十六章　对购买力非均衡原因之分类

假设有这样一种均衡状态，其中物价水平与生产成本相一致，利润为零，投资成本等于储蓄成本，（如果我们讨论的是国际体系中的一员）则其对外投资余额率与对外贸易余额率相等。我们还假设——如果我们的社会是一个进步的社会——货币供给与一般产出的增长率一样都在同一个稳态增长率上（比如每年3%）。这种均衡状态会以什么方式被打破呢？

由第十章的基本方程可以得出：

$$\Pi = \frac{E}{O} + \frac{I - S}{O}$$

由此可见，产出的价格水平全然受以下三种因素所支配：(i) 生产要素的货币报酬量 E，(ii) 本期产出量 O，(iii) 储蓄量与投资价值之间的关系 $I - S$。因此，只有通过这些基本因素中的一种、多种或全部才能引起变化。

将这一点铭记于心，我们即可极好地将引入扰动的可能原因分为三类，我们可以分别称这些变化为：货币因素引发的变化，其影响的是用于收入的货币之有效供给；投资因素引发的变化；工业因素引发的变化，其影响的是产出量和用于收入的货币需求。

第一节　货币因素引发的变化

如果出现下列情况，则我们可以称非均衡状态乃是由货币因素所引发：

（i）与一般经济活动的长期趋势不相符合的货币总量之变化；

（ii）由于金融情绪或活动之变化，或由于相对于产出价格水平的金融价值之变化，而使满足金融界所需之货币总量（即金融流通所需的货币总量）的比例发生了变化；

（iii）由于公众和企业界的习惯与方法发生改变，或者由于产出的性质（与产出量不同）发生变化，而使收入存款或营业存款 A 的流通速度发生变化，又或者使工业流通的周转相应于一定的报酬而言发生改变，从而使工业流通的要求发生变化。

这些类型当中任何一类变化，均意味着企业家可用的货币供给量不再与他们把生产要素的本期收入和产出维持在现有水平上所需的货币量处于均衡状态。因此，就会有发生一系列改变和调整的趋势出现，其中投资率的扰动即是第一个阶段的变化，这一点我们下文将会看到。

第二节　投资因素引发的变化

市场利率可能会因以下原因而与自然利率相分离：

A. 因货币因素的变化未被自然利率的变化所补偿而使贷款市场上条件发生改变，由此而导致市场利率发生变化。

B. 因投资或储蓄的吸引力之变化未被市场利率的变化所补偿而引起的自然利率的变化。

C. 因维持对外投资余额率和对外贸易余额率之间均衡之需要未被自然利率之变化所抵销，而引起的市场利率的变化。

第三节　工业因素引发的变化

由于本期产出量的变化或其生产成本的变化，或因"引致的"报酬率变化，或因"自发的"报酬率变化［见上文（原书）第 149 页］，而使企业家为工业流通而需要的货币量可能发生变化，本期产出量的变化已然是脱离了我

们所假设的均衡条件中考虑的长期变化趋势的。

这些不同类型的扰动可以同时并存，而且互为因果；但是就其效果可以相互叠加、彼此助长或互相抵消而言，它们又是彼此独立的。

本书认为，因第一类变化而产生的对原有均衡状态的扰动一般是通过第二类变化发挥作用的；因第二类变化——无论是其中 A、B、C 哪一类——产生的扰动，都倾向于通过第三类变化而发挥作用，——虽然第二类 B 中的变化可能也会引起第一类变化；第三类变化对第二类一系列进一步的变化进行反应以及交互反应之后，会产生一系列的摆动，最终达成一个新的均衡状态。

在后文各章中，我们再对这些不同类型的扰动详加探讨。我认为，第二类 B 中的变化、因第二类 B 中的国内或国外的变化而非第二类 A 中的变化所引发外部非均衡的第二类 C 中的变化，符合通常在**信贷周期**（credit cycle）这个名目下面讨论的现象。我们将看到，这一描述是非常恰切的，因为在这种情况下我们所有的是围绕一个不变的均衡状态所做的摆动，而非从一个均衡状态向另一个均衡状态过渡。从另一方面来看，这一摆动并不必然是严格的周期性摆动，其特性渐变为近似于伴随某种货币变化的摆动，这其中包含了从一种均衡状态过渡到另外一种均衡状态。

类型 III 的自发变化并不需要再做讨论，这是因为，一旦它们发生，它们后续的历程将与先前发生的其他变化类型中的一种所引起的类似变化的历程相同。

正如我们在前一章所见，由于金融因素所引起的变化或是通过第一类变化改变工业流通可用的货币供应量，或是通过新投资或储蓄的吸引力的改变而发挥作用，所以，我们也没有必要把这种变化视为不同的一类来加以专门论说。

第十七章　货币因素引起的变化

无论工业流通的货币供求平衡是货币总供给的变化，金融流通的要求，工业流通相对于产出价值的要求的变化，还是收入量的变化所导致的变化，对于下述的讨论而言，均无甚大的区别。例如，如果工业流通的需要相对于产出价值在下降，则这就意味着企业家由本期销售中取得的货币较之于他们在现行成本下维持产出所需要的货币为多，因此银行体系发现在原来的均衡下放款尚有余裕，恰似货币总供给量扩大了一般。因此，我们仅对货币总供给的变化这一种情况进行讨论即已足够。

第一节　货币供给改变所带来的工业后果

新增货币量通过何种渠道注入货币体系，或者说通过何种渠道从货币体系中抽出货币，而在已经改变的价格水平上取得新的均衡呢？

由于增加的现金量（使用这个表述即囊括了中央银行的储备）注入到货币体系会增加其会员银行的准备金，是故，基于前文已经予以解释的那些原因，这会使会员银行更愿意以较为宽松的条件放款；也就是说，新的货币刺激银行把资金交到那些准备好使用这些资金的人手中，由他们处理，只要他们能够在令人感到满意的条件下得到款额。与此相反，从货币体系中抽出现金会减少会员银行的准备金，这会影响后者从借款人那里收回资金。

可能新贷款中会有一部分将间接地流入储蓄存款或营业存款 B，因之而

扩大金融流通。但是余下的部分必将直接或最终流入企业家手中。情况既然是这样，则一般而言借款更加容易——无论还可能会有什么其他效果——会以下面三种方式中的某一种影响企业家：

(i) 利率下降会通过提高资本品价格而刺激资本品的生产。此外，如果同时金融流通取得更充足和更便宜的货币使证券价格得到提高，则这一趋势还会进一步受到鼓励。

(ii) 鉴于之前存在一群没有得到满足而可能成为借款者的边缘企业家（我们随后将看到，有时候情况会是这样的），如果有可能，他们甚至会打算在原来的条件下借款；而且从另一方面来看，还有一批未被利用的、处于边缘的生产要素，此时某些企业家将能够在现行报酬率上为更多生产要素提供用武之地。[1]

(iii) 由于（随着新货币的流入，最终）某些企业家预见到利润的前景，所以此时他们会乐于增加产出，即使这样意味着要比以前支付生产要素更高的报酬也在所不惜。

因此，在所有这三种情况下，无论是以固定资本形式还是以营运资本形式出现，新投资的价值迟早会有所增加，而且可能也会出现产出量的增加。

不过，我们没有理由假定货币量变化对储蓄率的影响将会弥补投资率的变化。的确，人们一般会推测，如果对储蓄有影响，则这种影响的方向会与对投资影响的方向相反，对于借款人来说条件的放宽意味着对于贷款人来说条件不太令他们满意，因此刺激一方的条件会遏制另外一方。是故，若然报酬率上升而使物价发生上升，则投资相对于储蓄的增长必然会导致物价在这种上升之后的进一步上涨。换言之，无论 O 的总量是否增加，构成用于收入的产出的那部分的 O 增长之大小，不会像 $M_1 V_1$ 中用来购买用于收入的部分之

1　由于资本要素的报酬率因利率下降而比以前低，所以上述说法也就可以与增加给其他生产要素的报酬这一事实（但可能只是微小的增加）不相抵触。

增长一样大，因此 P 会上升超过 $\dfrac{M_1 V_1}{O}$ 的量为 $\dfrac{I'-S}{R}$，这一点我们已经看到；

而 Π 将会上升 $\dfrac{I-S}{O}$。[1]

在最简单的情况下，一开始效率报酬率并没有什么变化，也即企业家并没有提高其对生产要素的报酬，这个时候物价的全部**初始**提高都因第二项而起，即因宽松的贷款条件对投资的刺激而起。甚或还有这样一种情况：一开始效率报酬率和就业量均无变化，所以 $M_1 V_1$ 也不变，新货币对物价产生的初始效应全部是通过对投资的刺激而发挥作用的。在这种情况下，扩大工业流通所需的新货币会相对较少，而且超过这个数量的任何剩余量都必定会暂时被流通速度的下降或金融流通的增加所吸收。

但正如我们在第十一章所见，因 I 和 S 不等而引起的物价变动之后果给企业家带来了意外的利润。在这种利润的刺激之下，这一转移的次级阶段就会被引发。这是因为，利润的刺激使企业家更急于竞相出价购买生产要素的服务，因此而使效率报酬率 $\dfrac{M_1 V_1}{O}$ 增加，而无论这种增加在原初阶段是否已经发生到了一定程度情况都是如此。

迄今为止，我们一直假定货币供应量已然增加且借贷条件比较宽松。但同样的论证只要在细节上做一番必要的修改即可适用于货币供应量减少和借贷条件收紧的情况。

第二节　不同类存款之间总存款量的变化之分布

我们现在可以来更为详细地探讨一下总存款增加按照什么样的路线把自己在储蓄存款、营业存款和收入存款之间进行分布的——这里有些地方可能

1　在本章以及接下来几章里，我有时候会忽略货币购买力和整体产出的物价水平之间的区别，而且对因 I 和 I' 不必然相等而增添的复杂情况也忽略不计。不过，当论证的实质受到影响时，我当然会提醒大家注意这一问题。

会有一些重复。

很显然，银行一笔新贷款的最初效果是增加了借款人的存款，其大小适与贷款量相等。借款人不为任何营业或投资之目的而只为满足个人消费支出进行借款并不普遍；不管怎样，此类银行贷款占总量之比例非常之小，故一般可忽略不计。此外，仅为增加储蓄存款而借款也很不寻常，因为借款人所要支付的利息总是超过存款者所能得到的利息；是故，这种情况我们也略去不提。因此，一般来说，新贷款的实收款项是首先加到营业存款上去的。

这样增加到营业存款中的款项，其中一部分可以多少会直接地进入到受宽松的贷款条件所鼓励的企业家手中，他们用这笔款项来支付增加了的报酬额 M_1V_1。正如我们上文所看到的那样，这一增加了的报酬总额可能与、也可能不与效率报酬率 $\dfrac{M_1V_1}{O}$ 的增加相关联。因此，新货币中的一部分会迅速从 M_2 转到收入存款 M_1 中去，相应的部分会保留在营业存款 A 中，以应付企业家相应于报酬总额的增加而增加的周转额。利润的出现也可能会促成营业存款 A 中的小幅增加。

营业存款增量中余下的部分——刚开始时可以设想它等于全部的货币增加量——或落在投机者和金融家的手中，也即落在那些打算用借来的钱购买商品或证券的人手中。这将会提高证券的价格，因之而引起的证券繁荣可能会导致证券交易周转量的增加。是故，必将有一部分新货币要留在营业存款 B 中，以应付增加了的证券货币周转量，不过一般来说这只占其中很小一部分。对于每一个证券（或商品）买家来说，总是必有一个卖家。这个卖家可能会使用出售证券或商品所得到的收入来购买其他证券，当此之时，证券价格的上涨会从一类扩展到另外一类。但是，由于证券价格持续上涨，迟早会发生以下两种情况之一。一种情况可能是这种价格上涨会让新投资品的生产者取得意外利润，其结果是通过新发行证券的市场或其他途径而增加的资金将归入企业家手中，企业家用它来扩大或努力扩大投资品产出。接下来事态

的发展过程则与上述情况不一样。

另一种情况可能是，证券价格的上涨会使金融界的人们彼此意见不合——一部分人（多头一方）相信价格会持续上涨，并愿意用借来的钱购买证券，而另一部分人（空头一方）则怀疑上涨是否会持续，并愿意售出证券以取得现金、支票或其他流动性资产。就银行本身购买证券而言，只要"空头"状况发展即已足够。而就空头的资金不通过银行体系借给多头而言，证券交易的繁荣则不仅可以借助新货币而得以延续，而且还可以借助空头出售证券所得之收入来得到延续。但是，就空头将其出售证券所得之收入（或者通过克制住用本期储蓄购买证券而多出的收入）增加到储蓄存款中去而言，这会用掉新货币的一部分而适度地扩大 M_3。

因此，所有的新货币最终要么会进入到 M_1，则：(1) 与之相应的是已增加的报酬总额 $M_1 V_1$；要么会进入到 M_2，则：(2) 或者应付企业家增加的周转量，(3) 或者应付增加的证券交易周转量，要么会进入到 M_3，则：(4) 为"空头"状况的扩大而提供资金。

不过，既然新货币被 (3)、(4) 两项吸收不会刺激新投资品的产出量，则对于货币购买力也不会产生什么影响，这是因为，尽管 I（新投资品产出量之价值）将增加，但 I'（这一产出量的成本）不会增加。不过，由于报酬总额 $M_1 V_1$ 增加了，而且也由于投资品价格上涨使生产投资品变得有利可图从而使企业家从消费品的生产转向投资品的生产，所以提高的不仅是 P（即货币购买力下降），$I' - S$ 也会提高，结果 P（暂时）的增加超过 $\dfrac{M_1 V_1}{O}$ 增加的量。

因此，新货币一开始的效果是——除非用它来平衡 V_1 或 V_2 的变化：

(i) 提高 M_3、M_2 和 P'（新投资品的价格水平），而令 $I' - S$、$M_1 V_1$ 和 P 保持不变；

或者：

(ii) 提高 $I' - S$ 和 P，而令 M_1V_1 保持不变；

或者：

(iii) 提高 $I' - S$、M_1V_1 和 P，而令 $\dfrac{M_1V_1}{O}$ 保持不变；

或者：

(iv) 提高 $I' - S$、M_1V_1、$\dfrac{M_1V_1}{O}$ 和 P。

当然，在（ii）、（iii）和（iv）这几种情况下，M_3、M_2 和 P' 也会发生变化。

在后面三种情况中，P 会提高，而且起初还会提高的程度，要比 $\dfrac{M_1V_1}{O}$ 的增加所能解释的还要高。虽然是这样，只要 $P' > P$ 或 $P > \dfrac{M_1V_1}{O}$，均衡状态就不会出现。这是因为，P' 相对于 P 的提高以及 P 本身的提高，若然是由 $I' - S$ 的增加而引起，则会带来利润，由之而刺激企业家提高其对购买生产要素服务的出价。这种情况一直会延续到 $\dfrac{M_1V_1}{O}$ 在更高的数值上稳定下来为止，此时这一较高的数值乃与新的货币总量相均衡，同时也与 P 和 P' 的值相均衡，P 和 P' 的值相对于其原来的取值，增加之额相当于 $\dfrac{M_1V_1}{O}$ 的增长量。

第三节　均衡转移问题

我们业已看到，只要基本方程第二项受到影响，物价水平就会对货币量的增加或减少做出反应。因此，新货币对物价的影响会是非常迅速的。不过，也如我们所看到的那样，我们一定不能因此假设在这个阶段新的均衡已经建立起来。只要企业家还在获得意外利润（或损失），均衡就是不稳定的。如果企业家获得的是意外利润，那么他们就会竞相出价购买生产要素的服务，直到后者抬升到使生产成本和销售收入重新相等的物价水平上来为止。

如果企业家蒙受了意外损失，那么他们就会放弃对生产要素的使用，直到后者愿意接受使生产成本不再超过销售收入的报酬率为止。只有当投资的刺激（或抑制）M_1V_1 的增加（或减少）中把自身的力量发挥了出来，银行的放款能力才会再次恢复到与储蓄相均衡（这是因为，过多的贷款将会被每个生产时期末所累积的利润平衡，因之它们可以再次被以直接或间接的方式用于下个生产时期），且会恢复到适合于为已然增加了（减少了）的报酬总额提供一个与之相配的工业流通量为止。但是，最终，第二项 $\dfrac{I'-S}{R}$ 必将重新降为零；银行不再能够支配剩余的放款力量来刺激投资超过储蓄（或产生相反的变化）。新的均衡将会建立起来，其中，P 和 $\dfrac{M_1V_1}{O}$ 均处于相应于货币增加量（或减少量）的更高（或更低）水平上。

不过，我们一定不要认为基本方程第二项的增加所导致的物价上涨转换为第一项的增加所导致的物价上涨这个过程会一帆风顺。如果是报酬率减低这种情况，生产要素会抵制这种减低，其结果是生产要素得不到利用的时间将延长。此外，投资在 M_1V_1 已经发生充分的改变之后，会持续超过（或不足于）储蓄，其结果是推动物价高于（或低于）可长久维持的数值。因此，在到达最终状态之前，会有上上下下的一系列小的摆动。

此外，如果我们处理的不是一个封闭体系，则货币供给相对于原有均衡上的需求，其初始增量（或减量）的一部分可能会被黄金的输出或输入所抹除。这是因为——以供给增加为例——更为宽松的放款条件会趋于提高对外投资余额，而对外贸易余额非但不会增加以抵消这一余额，反而会在国内物价水平上涨时减少这一余额。

由于黄金的流动将在国外（尽管可能在规模要小一些）产生与国内相同的情况，所以，上述效果会把货币供给变化的效应分散到更为宽广的领域，从而减弱了它们的程度。

不过，货币供给的增加若然事实上乃是因之前对外贸易余额超过对外投

资余额而引起黄金进口而造成，则这种黄金进口在国内造成的一系列变化将全部在恢复而非扰乱我们国家外部均衡的方向发挥作用。

我们可以这样说，甚至当**平均**效率报酬已经降低到了与减少了的货币量相均衡的水平上时，仍然有一种非均衡的因素会继续存在。如果**不同**生产要素的货币报酬率可以同时且以相等的比例降低，则一旦这一点到达之后即无人再会蒙受损失。但是，一般来说，这种情况很难有什么办法确保实现。紧缩的效应不是要在各个方面确保等量的减少，而是把减少的量集中在那些在讨价还价中处于最弱势或具有规定报酬率的最短契约的特殊要素上。在**相对**效率报酬率恢复到其原来的比例上之前，可能还要经历一段很长的时间。这并非仅是通缩所特有之弊端；通胀亦一样具有一种相类似的报酬分配失调的现象。

真正主要的麻烦在于，银行货币总量的变化在代数性质上一段时间内可以与不止一套后果相一致。货币量的变化会改变投资率；投资率的变化会带来盈利或亏损；所带来的利润或蒙受的损失产生的刺激如若走得够远、延续得够长，迟早会改变平均报酬率；最后各别报酬率的变化又将与平均报酬率的变化适当地相配合，而非像一开始、乃至可能若干年的时期中那样在平均水平上作不均匀的分布。但是，这些调整并不一定会马上发生。

由于经济学家和银行家都没有彻底弄清货币量减少最终在较低的货币报酬率与物价水平上取得新均衡的因果过程，所以，对于通货紧缩，他们未免想得过于乐观。银行家因很容易就使物价降下来而受到了过度的鼓舞，并在仅仅是第一步、而且是最容易的一步完成之后就认为万事大吉；接着在单位产出的货币报酬与新均衡相适应之前即出现长期拖延的失业和营业亏损时，他们又大惊失色。这是因为，经济学倾向于既忽略物价与效率工资之间短期分离的**可能性**，也会忽略二者之间长期分离的**不可能性**。经常有人说（例如）银行利率提高导致**物价**下跌，这"使一个国家喜欢买入而不喜欢卖出商品"云云，却没听人说银行利率提高导致**工资**下降的。但是，如果工资不下

降，企业家和就业形势又会出现什么情况呢？ 如果工资下降，这种从高银行利率到低物价、从低物价到低工资的转变之性质又是什么呢？

在大多数现代经济体系当中，中央银行当局均没有什么办法直接作用于基本方程的第一项——即无法直接影响效率报酬水平，这可以称得上是一个缺陷。在布尔什维克的俄国或在法西斯的意大利，都可以**通过法令**而一夜之间改变货币效率报酬率。但是，在世界其他大部分地方所盛行的资本主义个人主义体系中，这种方法并不可行。在英国恢复金本位之时，价值本位由财政部一纸命令而提高了 10%，但它却不可能同时也用一道命令而使所有的效率报酬均降低 10%。与之相反，基本方程的第一项只能间接地受到影响——只能以充足的信贷和超常的利润来刺激企业家而提高它；只能以限制信贷以及造成超常的损失来抑制企业家而降低它。当银行利率的提高，非为不使基本方程第二项增加而取得均衡，而意在使其第一项下降，则这就意味着提高银行利率的目标乃是为了让企业家蒙受损失，并把生产要素处于闲置状态，因为唯有如此才能降低货币效率报酬率。因此，一旦这些结果出现，再去抱怨就不合情理了。

如此说来，银行利率的变化若意在防止利润膨胀（或紧缩），与银行利率的变化意在引起收入紧缩（或膨胀），则有霄壤之别；这是因为，前者乃是通过使市场利率适应于自然利率，发挥作用来保持均衡，而后者则是强行使市场利率与自然利率分离，通过非均衡来发挥作用。

出于这些原因，我们现在的货币机制虽也可有效地用于——正如我们所讲看到的那样——避免或减轻信贷的波动，但若要使之适应于造成收入紧缩的情况则非常不利。因此，我怀疑那些认为通缩时期比通胀时期造成的危害要小的看法是否真的正确。当然，在通缩阶段，实际工资（对那些就业者而言）倾向于比通胀阶段更高；这是因为，在前面这个时期，企业家要支付比它们生产出来的产值更多的报酬给生产要素，而在后者这个时期上则比这个产值少。从分配正义的立场观之，损企业家而利消费者可能要好过损消费者

而利企业家。但这里有一个我们一定不能忽视的事实，那就是：与前一种情况相联的乃是就业不足和储蓄浪费这样的现象，而后者则意味着充分就业，可能还是就业过度，以及资本财富的大量增长。即便是对闲暇的价值最热情的鼓吹者也不会宁肯要严重失业带来的闲暇，而不愿意要繁荣时期过度刺激所带来的经济活动；而且如果一旦认识到实际工资的增加额乃是由全社会以牺牲财富积累为代价而得到的，那么，人们对这种高实际工资的热情也会冷却。

我有时听人说，虽然表面上看似相反，但事实上一个社会的实际财富在萧条时期比繁荣时期增长得要快。不管怎么样说，这种看法必定是大错特错。这是因为，根据定义，高投资率必定与高财富积累率相联。是故，我更倾向于同情 D. H. 罗伯特逊先生的意见，而不认同金融界清教徒的看法。罗伯特逊先生认为，若然没有在相继繁荣时期对财富积累所作的人为刺激，则很多十九世纪的物质文明进步就不可能出现。后者有时乃是一群极端的个人主义者，他们对于投机和营业的损失、低物价和高实际工资以及随之出现的失业等现象（这些概括了典型萧条的特征），有一种阴郁的满足感。[1]他们通过这种方式，或可抚慰自己对资本主义令人不快之处在心中压抑的那股子反感。如果说需要（necessity）是发明之母，那么企业界某些经济制度和技术方面的改良只有在萧条的刺激下才能实现，但这也不构成为萧条辩护的充分理由；这是因为，还有其他的改良，只能在乐观的气氛和丰裕的状态下才能成熟。

最后，当我们的中央银行乃是国际货币体系之一员时，银行利率政策有时一定会得到实施，目的既不是为了防止信贷的波动，也不是为了建立新的均衡物价水平，而是为了故意引发利润膨胀或紧缩，以配合外部世界产生的类似扰动。

---

1 不过，请参看后文第十九章第一节。

第十八章　投资因素引起的变化

本章讨论的非均衡原因与前一章讨论的那些原因并不总是泾渭分明，初始阶段过去之后，这两者彼此就逐渐混淆起来。[1]这是因为，一开始货币因素所造成的扰动很快会在投资方面造成某种干扰，同样，投资因素引起的扰动也可能会使货币因素发生变化。但是，这两者之间仍然存在着巨大差别，也就是说，前者乃是因供给方面的变化而起，后者一般来说则是出于需求方面的变化所致。

此外，还有一个重要的特征，它可以区分货币扰动（也即每当货币变化具有准永久性质时）与投资扰动；这就是说，前者表示从一种均衡物价水平向另外一种均衡物价水平的过渡，而后者（即使当投资变化具有准永久性质时也）是在不变的物价水平上下摆动。是故，前者最终会形成一种新的价格结构；而后者未来必定会带来一种相等且方向相反的反应。正是这一特性，才使得把投资扰动命名为**信贷周期**（credit cycles）恰如其分。

第一节　信贷周期的定义

我们的基本方程已经证明，如果生产成本保持不变，则货币购买力会随

1　当金融流通所需要的货币供给量变化引起了工业流通的货币供应量变化时，情况尤其如此；金融流通所需要的变化也许应当归入到投资因素所引起的那一类变化中去。

着储蓄量超过投资成本或投资成本超过储蓄量而出现跷跷板式的上下运动。另一方面来看，如果储蓄量等于投资成本，则货币购买力会与生产成本成反比例变化。此外，生产成本的变化以及储蓄量和投资成本之间的非均衡对货币购买力的影响不但可加而且可叠加。

我们曾把生产成本的增加与减少分别称为**收入膨胀**与**收入紧缩**，把投资成本超过或少于储蓄量的情况分别称为**商品膨胀**（commodity inflation）与**商品紧缩**（commodity deflation）。现在，我们把信贷周期定义为投资价值超过会少于储蓄量的交替变化，同时伴随着货币购买力出现跷跷板式运动的现象。不过，在任何给定的情况下，生产成本不可能在整个信贷周期内均维持不变。的确，诚如我们将要看到的那样，商品膨胀和商品紧缩可能自身就会带来影响，带来收入膨胀或收入紧缩。此外，前文我们已经看到，当变化的初始刺激源于货币变化时，它们转而必定会造成信贷的非均衡现象。因此，任何时候所能观察到的实际事态发展过程均是生产成本变化和信贷周期本身各阶段共同产生的一种复杂现象。一般用语中的**信贷周期**这个术语已被拿来表示这种复杂现象；而且遵循这样一种不那么严格的用法通常也很方便——只要初始推动力来自投资的非均衡，生产成本的变化是对这些非均衡状况的反应，而非对某种独立的或持久的货币形式变化所做出的反应的话，这样称呼它也无不可。

我们将看到，在这方面，使用**周期**（cycle）这个词语堪称允当，因为朝某一方向过度运动不仅可以产生其自身的补救，而且也会朝另一方向过度运动造成刺激，所以，除非出现什么情况打断了它，否则这种摆动明显可以预期。此外，从均衡状态的一边开始发生向上的摆幅起，到反应开始发生时止，这一段时间间隔有时将取决于关于生产过程的平均时长的实际情况，而从均衡状况的另一边开始发生向下的摆幅起，到反应开始发生时止，这一段时间间隔则可能与重要资本品的寿命长度有关，而且一般来说，可能与企业家和生产要素的现存契约之有效期限有关；因此，对所谓周期的时间阶段之

平均规律性的某种测度，并不与我们根据**先验的**理由所预计的情况彼此相符。

虽然是这样，我们还是不能对这些现象的真实周期性过甚其辞。信贷周期可能具有很多不同的类型，而且也会有很多的扰动来打断它们的过程。最为重要的是，银行体系的行为总会干涉进来，减轻或加重它们的严重性。

第二节　信贷周期的起源和历史过程

储蓄和投资往往不能步调一致，这一点并不令人感到奇怪。首先——正如我们已经提到的那样——分别决定储蓄和投资的决策乃是由两类不同的人们出于不同的动机而做出的，他们彼此很少关注对方。在短期，情况尤其如此。我们将在第二卷看到，有很多原因可以解释投资量何以会产生相当之大的变化。投资繁荣的发展肯定不意味着发动繁荣的企业家已然深思熟虑而判定公众必将从其收入中提取较之以往更大的规模来用于储蓄。同样，投资的萧条亦非企业家事先判定公众的储蓄将会下降所致。事实上储蓄与投资的平衡是不可能由明智的预见力所能猜度的，除非这种银行体系在使用这种预见力；这是因为，银行体系所提供的款项乃是严格决定企业家能够把其企业做到什么程度的关键因素。然而，迄今为止，银行体系一直主要在致力于另外一种不同的目的。

这些决策不仅是由不同的人做出，而且很多情况下决策的时间也必然不同。当投资增加代表着营运资本的增加时，那就马上需要储蓄行为跟上，这是千真万确的。但是，当生产的性质发生改变，之后将使固定资本的产量增加时，那就只有在生产过程结束时才需要增加储蓄。这样的结果乃是由生产过程的持续时间所造成，而无论它是资本品还是消费品的生产过程。建造一所房屋所需要的时间，可能不比从在麦田耕种到吃上面包所需要的时间更长。也就是说，这两个生产过程使用了同样数量的营运资本，只有当它们均

以完成的形式自生产过程中出现时，建造房屋才会增加净投资量，因之而需要储蓄行为来平衡它。因此，当企业家集体加在一起的决策具有这样的性质，即它们在往后的某一日期可以使投资超过储蓄，那么，只有在这一往后的日期真正到来时，这些结果才会明显地显现出来，而此时，许多其他的反应都会有时间来得及发生，无法马上被逆转。

储蓄的业务基本上是一个稳定的过程。如果经济世界发生扰动，由于影响繁荣，这些扰动会对储蓄率有所反应。但是，扰动很少或绝不会由本期收入中用于储蓄的比例突然变化而引发。另一方面来看，固定资本投资一向并不是有规则地在进行，而是时断时续、阵阵发作。我们将在本书第六篇对投资波动的性质和限度进行讨论。就我们眼下的论证而言，有常识和经验来支持下面的这个结论已经足够：在现存经济体系下储蓄率与投资率之间的非均衡之发展丝毫不令人感到奇怪。

.很多著述者在论及信贷周期时强调固定资本投资率的不规则乃是造成扰动的主要原因。[1]如果我们在脑海中浮现的是**初始**原因（*initiating* causes），那这种说法可能是正确的。但是，信贷周期次级阶段最典型的特征则是因营运资本投资的增长而起。此外，当我们必须处理总就业量和本期产出量的繁荣或萧条时，真正的问题乃是营运资本投资率的变化，而非固定资本投资率的变化；因此，每一回从前一次萧条中复苏，营运资本的增加才是其特征所在。

信贷周期可以分为三类，虽然实际情况在类型上一般更为复杂，三种类型常兼而有之。且让我们拿投资相对于储蓄而增长的情况来探讨之：

（i）在总产量没有任何变化、资本品的生产取代消费品的生产时，投资的增加可能会产生；在这一情况之下，投资的增加只有到生产时期结束之后才会实现。

1　参看第二卷，第二十七章。

（ii）投资的增加可能会采取营运资本增加的形式，这一营运资本的增加乃是在现存产出量之上增加的资本品生产使总产出量增加而相应出现的；在这种情况下，投资的增加从最初的时候就会开始，而最初的时候所采取的乃是营运资本增加的形式，生产阶段结束之后，再采取固定资本的形式。

252

（iii）投资的增加可能会采取营运资本增加的形式，这一营运资本的增加乃是在现存产出量之上增加的消费品生产使总产出量增加而相应出现的；在这种情况下，投资的增加将只能持续到与生产时期一样长。

在不同程度上兼有上述三项之性质的现象，也可能会因一定程度的收入膨胀（即生产成本上扬）和资本膨胀（即新资本品相对于其生产成本的物价水平的上涨）而复杂化。

无论商品膨胀还是资本膨胀，一旦出现都会趋向于带来利润膨胀；而利润膨胀则会因企业家欲确保生产要素服务的急切心情而导致收入膨胀。但是——至少从理论上来说——我们是有可能把构成信贷周期的商品膨胀这一因素从这些复杂的现象当中分离出去的。此外，上述类型（iii）可以被视为信贷周期中最典型的现象，因为——我们下文将看到——所有的信贷周期无论开始时如何，最终都趋于以这类混合现象而结束。

信贷周期可能遵循各种各样的道路，其可能出现的复杂情况亦多种多样，以至于要想将其全部情况进行概述实际上很难做到。我们可以描述出象棋的规则以及这种游戏的性质，通过若干典型的残局算出主要的开局和落子之法；但是，若要罗列出所有可能的棋局，则实非所能。信贷周期与此种情形差相仿佛。因此，我们将从对三种开局的验看开始，然后再对典型的次级阶段进行分析。

253

一、原始阶段

（i）且让我们假设出现了这样的情况，可以使企业家相信某些新投资是有利可图的；例如，发明了新的技术，如蒸汽、电力或内燃机；或者由于人口增长或之前国内正常发展承受的风险过大，如今得到了解决，而造成的

229

房屋短缺；或者因心理原因导致的资本膨胀；或者之前投资不足时期——即之前的萧条时期——的货币贬值所带来的反应，皆属此类。[1]如若他们想把他们的计划付诸实施，他们必须得把生产要素从其他行业里吸引过来，或者使用之前闲置的生产要素。

且让我们从上述类型（i）开始，在这种类型里，之前用于生产消费品的生产要素现在转而用来生产资本品。在这种情况下，直到经过一段时期，其对价格的影响才会显现，这段时期的长度等于目前已经不再生产的那些消费品的生产过程所耗费的时间。这是因为，在这段时间，报酬与之前相同，可用商品的产量也与之前相同。但是，这段相应的时期结束之后，虽然报酬不会改变，但是可用商品的数量将会减少，所减少的程度适与现在已经不再生产的那些消费品数量相同——其结果是，除非用于储蓄的那部分报酬在比例上取得相应的增加，否则消费品价格将会上涨。这样，信贷周期就会出现其价格上涨阶段。

应予看到的是，如果生产成本有所上涨，则物价上涨的比例会超过生产成本上涨的比例。我们一定不能这样假设，即认为从一种生产转向另一种生产，其生产成本（即报酬）不会增加——也就是说，不会出现任何收入膨胀。实际上，在当代世界，这种转变往往、可能通常都是由新企业家竞相抬高报酬率以求吸引生产要素到自己这里来而体现的。在这种情况下，由于报酬从一开始就在比例上增加得超过产出，所以物价水平将会与收入膨胀量成比例地上涨。但是，无论这一收入膨胀量有多大或多小，商品膨胀的效果都将会叠加到它上面去，而且将主要是**相对于**成本和报酬而言的物价上涨。经过必要的时间间隔之后，进入到市场上的可用产出量就会减少，其真实报酬必然下降，也即消费品物价水平必然会比报酬上涨的**要多**。收入膨胀无论多大，

---

1 不用税收来支付的战争支出在这里的讨论里出于方便的考虑，最好看成是投资突然增加，请参看第二卷，第三十章。

都会使报酬、成本和物价的均衡恰好维持原状；只有商品膨胀才能扰动这一均衡。类型（i）中最常见的形式实际上是新生产者的坚持所造成的收入膨胀，其程度可能很轻，继之而来的是适当的间隔之后出现的商品膨胀。无论在哪种情况下，信贷周期原始阶段具有代表性的结局就是消费物价水平超出成本比例的上涨。

（ii）不过，将要讨论的类型（ii）更为常见，也即，在这种类型当中，投资的增加伴随着的是总产量的增加；即，此时从一开始就存在没有被新增储蓄抵消的营运资本的增加。这是因为，资本品生产的增长更可能是附加在之前的消费品生产商，而非代替之前的消费品生产；即便其原因只是那些用于生产消费品的生产要素不大容易在短期内转而去生产资本品，情况不会有所改易。当然，这还需要假设，在周期开始其上升的阶段时，生产要素并未被充分利用；但是，一般而言此时生产要素总是未被充分利用的，这倒无论是因之前的周期所随之出现的萧条，还是其他原因所造成。在这种情况下，不需要可用产出的任何增加，生产要素的报酬从一开始就会增加。因此，物价的上涨是相对于报酬和成本的上涨；此一情况与类型（i）之间的差别在于，此时信贷周期的物价上涨阶段将马上开始。

（iii）接下来我们来看类型（iii）。在这种类型里，之前闲置的生产要素不像类型（ii）中那样被用来生产固定资产，而是生产某些种类的消费品。在与生产过程的长度相等的一段时间内，事态的发展过程确如类型（ii）一样，之后，进入市场的可消费产出会与在早期总报酬量增加的数量相同——假设效率工资率不变——因此物价会再次跌回到其原来的水平。

值得注意的是，若无货币形势的切实变化，类型（ii）和类型（iii）要想发展是不可能的，因为它们都牵涉到总报酬以及总利润的增加。因此，这就要求银行当局的默许；如若银行已然养成集中关注总存款量而对其他要素不去注意，那么，货币量的调节可能也会发生而没有激起他们的注意。这是因为，由于在繁荣的最早期极容易出现一致的"多头"情绪，而使"空头"状况

转弱，所以，金融流通的减少——即储蓄存款的减少——会使工业流通所得到的货币量增加。若无此等情况，则银行利率只要略有上升，虽不足以抵消商品膨胀之趋势，亦可增加足够的货币资金来应付报酬的增加；或者提高维护平衡所需的费用而使流通速度增加（而且一般流通速度通常只要极小的变化就足够了），或者——如果我们关心的乃是属于国际体系一员的国家——通过吸引外国黄金流入，都可以做到这一点。[1]不过，类型（i）的发展——在这种情况下，因为生产力更多集中于资本品的生产而使进入市场的流通商品量减少——只要货币因素稍有变化就可以实现，因此若要加以避免，只需要银行方面采取更多积极行动即可。

应予顺便提及的是，若然消费品物价上涨非其供给下降所引起，而是就业量增加未尝（直接）由消费品供给增加所补偿而引起，那么，一般来说，就业量就会逐渐增加，打算增产的企业家就会倾向于提前订购他们所需要的某一部分半成品。因此，营运资本的价格，也即批发物价本位，就会趋于比消费品本位上涨得更早、更快。不过，这种提前发生的物价变动仍然属于原始阶段。

我们已经把投资增加未由储蓄增加所补偿的情况当作了标准的情况。不过，只需要对同样的观点进行必要的修改，即可将其应用于储蓄减少未由投资减少抵消而引发的信贷周期。从实际情况来看，这种情况不太可能在很大的规模上出现，这是因为，决定储蓄量的影响因素不太可能像决定投资量的影响因素那样出现突然的变化。不过，如果储蓄因任何原因而减少，这就意味着对于与之前相同的可用消费品而进行的支付要更大，因此，与其他情况一样，物价会上涨。从理论上来说，信贷周期也没有理由不从投资减少、储蓄上升所造成的向下阶段开始。这种情况可能是某些类型企业中企业家信心

1　有些国家（欧洲大陆的大部分国家都属此类）的货币量部分取决于可以用来在中央银行贴现的适宜的票据量。在这些国家，产出量增加具有一种直接的趋势，它可以在流通货币量上带来某种相应的增加量。

受到某种打击所造成，也可能是资本紧缩而公众的储蓄意愿并未受到影响所造成。最为常见的情况可能是向上阶段因之前向下阶段的反作用所造成，向下阶段则是因之前向上阶段的反作用所造成，繁荣乃继之于萧条，萧条亦继之于繁荣；虽然这种反作用开始启动的精确时日通常要由非货币因素造成的独立环境变化所决定。

二、次级阶段

迄今所讨论的价格运动，均属于信贷周期的原始阶段。它们之发生，并不是人们试图利用利润出现之机的结果，而是因为企业家看到在某些方面扩大活动所带来的有利机会所造成的。不过，次级阶段则是另外一番性质。我们曾强调指出过，物价上涨和生产成本上涨——若有的话——不成比例，乃是商品膨胀的本质所在。因此，那些拥有流动性消费品且这些消费品又从生产过程中脱离出来的企业家，就能以高于其以往或现在的生产成本去销售它们，从而可以取得一笔意外的利润。价格高企还会诱使零售商和批发商将其存货——此时他们可以在一个极为令其感到满意的价格上售出存货——减少到常规水平以下。的确，就这一现象所产生的范围而论，其发挥作用的方式是减少某类特殊种类的营运资本的投资，从而部分地抵补其他方面的过度投资。但本期产出取得利润且眼看着存货将罄之后，鼓励消费品制造商尽力增产，几乎是不可避免的结果。如此说来，在信贷周期原始阶段的物价上涨所带来的意外利润影响下，就出现了一种可使产量增加的次级刺激——这一次的刺激是全面性的，作为一般消费目的的所有各类商品都会受到影响。

这一次级阶段甚至比原始阶段更可能卷入某种程度的收入膨胀以及商品膨胀。这是因为，继续增加就业量的企图可能会强化生产要素的态度，使其更趋强硬，所获得的单位产出的报酬率更高。此外，在某些情况下，专业化生产要素都会被充分利用，其结果是，利润的出现将使企业家彼此为这些生产要素的可用供给量而竞相购入，这会提高这些特殊情况下的报酬率。随着收入膨胀的推进，那些刺激企业家扩大其活动的银行剩余资源渐次消减

（这是因为工业流通的需要在增加），但只要商品膨胀的任何成分仍然存在，这种刺激就会继续存在。此外，当人们预期物价会进一步上涨时，可能就会产生一种贮存流动商品的趋势，这会加大投资超过储蓄的程度，从而恰好造成我们所关注的这种物价上涨。

三、崩溃

无论原始阶段是否包含反作用的种子，次级阶段一定会包含。如果原始阶段乃是由资本品生产的增加所致，那么，只要这一资本产出在持续，物价水平的上涨将会一直持续——在适当的条件下，资本品产出持续下去的时间可能会很长，即便消费品生产的刺激一增加，则对增加资本品产出的激励就会减少，也会如此。但是，如果消费品生产增加导致了这一结果，那么，在经过一段由生产过程的长度所制约的时间间隔之后，这样的商品进入市场的供给量将会增加到与报酬完全成比例的程度。因此，这就不会再有更高物价水平的一席之地了，物价将会下降到其原来的数字上去。只有当收入膨胀发生之后，更高的物价水平才能得到维持。由于次级阶段一定会刺激消费品的生产，由此可知，即便原始阶段乃由资本品生产的增加造成，次级阶段也会带来反作用的种子，一旦消费品供给增加随时可以供应市场，这粒种子就会发芽生长。因此，消费品迟早会使消费品进入市场之后不能再以先前通行的价格出售；因此，信贷周期中物价下降的阶段现在就开始了。

这一物价下降的运动虽然整体或部分地可以消灭之前流行的意外利润，但是，其本身并不会让企业家蒙受实际上的损失；而只要还有任何过度投资的因素存续，实际上就仍会保留一定程度的利润。这是因为，只要储蓄没有超过投资，企业家就总能把出售消费品所得的总额，至少等于它们的生产成本。因此，理论上反作用并不一定会带来意外损失；当过度投资终结之时，繁荣可能只是刚好停止。在本书第二十章，我们将对这种情况的具体方面进行详细讨论。

虽然如此，对于实际上物价下跌阶段为什么很有可能不但引入意外利润

的终结，而且还引入意外损失的开端，是有很多原因的。

首先，新影响将会在投资方面发挥作用。由于预测不够准确，一些企业家已经在低于正常效率的水平上进行生产，此时，他们是无法弥补其生产成本的，除非物价水平可以令企业家整体获得意外的利润。因此，物价下跌将会使这些企业家停止这类生产——这会减少营运资本的投资，从而降低总投资率。人们看到价格下跌，而且可能还看到产量下降，这或许会在下述两种方式下造成金融情绪的变化——其一，"空头"的看法可能会进一步发展，所带来的结果是扩大了金融流通对货币的需求，因之导致工业流通的货币供给量减少，从而促使银行强迫减少投资；其二，资本膨胀（如我们已经看到的那样，较之于货币量，这种膨胀会更多受到人们看法的影响）可能会消失，或将让位于资本紧缩（即 P' 下降），从而消除对过度投资的刺激。

与此同时，货币方面的情况也在发生变化。这个时候，暂时以金融流通作为牺牲而扩大工业流通的一致多头情绪，已经停止发挥作用，允许一定程度上增加报酬总额的其他短期因素也将在其各自的范围内势穷力竭。实际上它们的趋势或许将被逆转过去——例如，流通速度可能会恢复到常态上去；而如果商品膨胀延展到其他国家，或者出现其他的什么原因，现行的银行利率无法继续吸纳黄金流入，甚或可能无法继续维持现有存量。不过，扩展因素的潜力将近——至少开始的时候——而不是逆转，更有可能。这是因为，随着信贷周期的发展，企业家的意外利润会不断刺激他们竞相购买生产要素服务，因之利润膨胀将逐渐转为收入膨胀，随着这种情况的发展，就需要越来越多的货币来维持工业流通。

因此，这样一个阶段就会到来，此时，扩大或维持工业流通量的努力将驱使有效银行利率（effective bank rate）达到某种水平，这个水平的有效银行利率使所有情况下新投资相对于储蓄而言受到遏制。这个时候，萧条就到来了。由繁荣中来的反作用将不仅使物价和利润归于常态，而且还会开启一个营业亏损和物价偏低的时期。

所有这些都有一个假设前提，即银行体系所凭靠的乃是迄今在实际上一直支配其自身的那些原则，确定并维持有效银行利率以使储蓄与投资始终保持近乎相等，或者非其目标所在，或者非其权力所能。这是因为，如果按照后一种标准它可以成功地管理通货，那么，信贷周期就根本不会发生。

本章我以尽可能平易的语言描写了信贷周期的起源及其发展史。很显然，事态的实际过程千奇百怪，在细节上也大相参差。但是，我认为，上述一般化的框架可以涵盖众多不同的情况。

第十九章　信贷周期的一些特殊方面

第一节　为商品膨胀"辩护"

战后时期[1]的经验让我们当中的很多人都主张稳定物价水平是实际政策可能目标中的上上之选。除了其他情况，这意味着银行当局试图不惜一切代价来消除信贷周期。这一倡导引发了批评，D. H. 罗伯特逊先生就是其中主要的一员（参见他的《银行政策与物价水平》一书），意思是说，尽管信贷周期会造成灾难性的经济过热，产生严重的祸害，但在进步社会当中它自有其有用之处，若企图彻底令它销声匿迹，这样固然可以带来稳定，但也会导致经济上的停滞。因此，我们不妨在这里对罗伯特逊的论点加以审视，来看看这其中到底有多大的说服力。

罗伯特逊先生推论的主要依据是，只要信贷周期的商品膨胀阶段持续存在，就会使社会的财富增长得比其他情况下更快。对此我们不会怀疑它的正确性。商品膨胀所带来的结果，是使本期社会产出超过其本期消费的程度，要大于在其他情况下的超出程度；然而，从另一方面来看，萧条时期所享受的高实际工资乃是以牺牲正常资本积累而取得的。因商品膨胀而导致财富增长超出自愿储蓄所代表的财富累积增量的大小，被罗伯特逊称为"强加的缺乏"（imposed lacking），他认为，有时候财富累积增加率大于不曾由"强加的 263

1　指第一次世界大战之后。——译者注

缺乏"补充的自愿储蓄之增加率还是很合乎我们的意愿的。

应予注意的是,信贷周期中的商品膨胀阶段对于提高财富积累率而言不可能有什么用。它只对产生一种短期、突然的上涨有用。完全可以设想,这类突然上涨有时也是非常需要的。在任何情况下,要是我们有着充分的理由急于使财富积累率提高,那么商品膨胀就不失为一种迅速转变的最有效手段。但是,我发现对此还很难找出绝佳的例子——战争当然不算。战争发生时,金融界的墨守成规之徒会发现,在自己那慢悠悠的措施没有产生效果之前自己就已经无还手之力了。

因此,我们一定要把信贷周期紧缩阶段对财富积累造成的损失列在另外一边。如此这般之后,我们能不能确定两边相抵的结果到底会偏向哪一边呢? 在十九世纪,世界财富大大增长,其原因极可能主要是由商品膨胀的过程所积累而来;但是,这也可能是由于货币更加充裕、同时生产要素的使用效率不断提高所造成,提高生产要素使用效率的结果是使物价长期略高于效率报酬,从而产生利润并带来了财富;而不是说,它可能是由叠加于这一一般趋势之上的信贷周期的急剧摆动所造成。这是因为,我们还要把信贷周期紧缩阶段造成的巨大损失列在另外一边。紧缩阶段产生的损失不仅因耗用了储蓄而产生,也因非自愿失业使产量遭受损失而造成(这种情况所造成的恶果比延长繁荣时期所带来的利益还要大)。对于紧缩阶段部分因储蓄的耗减、部分因生产要素非自愿的闲置所造成的巨大财富损失,人们普遍没有给予足够的重视。如果货币管理政策在自愿储蓄看起来不够充分时就时不时地造成商品膨胀,而又从来不让紧缩的反作用接着发生,这倒真可能是个好事。但是,这就不会是一个周期性的膨胀。如果我们能够找到关于信贷周期的通用规则,那么,利弊相权之后,有助于这种周期性变化的通用规则似乎不大能够被找到。

其次,对于社会正义,我们也一定要适当加以考虑。在商品膨胀中,生产要素报酬比它们当时所生产的产品价值要小,这个差额被任意地在企业家

阶层的成员中分配，不断成为他们的财富增量；这是因为，他们在膨胀时期的得益要大于在紧缩时期的损失。劳动成果所有权的这种强制而随意的转移，其本身就是一个不小的弊端。

不过，还是有一些不那么重要的理由可以用来支持罗伯特逊先生的一般论点，具体如下：

(i) 在一个进步社会，对于确保以令人满意的速度从一类生产转变为另外一类生产，有时临时膨胀是一个必要的工具，事实上发生任何形式变化的社会，情况均是如此。在以完美的知识和才智指导的社会主义体制下，生产性资源的转移可以通过**政令**来实现。但是，在个人主义体制下，这是不可能做到的。资源往往待在原地不动。移动它们不仅要求在其他地方有更高的预期利润，而且若不移动就要拿更低的利润乃至破产的威胁来迫使它们移动起来。由此可知，如果新人必须等到现在那些控制资源、基础牢固的企业家自愿放弃资源而利于新人，那么，对于使他们能实现理想而必需的资源，就不会像社会利益所要求的那样迅速获得。因此，就有说法认为，如果能以应有的步幅取得进步，则新借款人最好是偶尔通过商品膨胀作用取得掌控资源的机会，或者让他们通过收入膨胀的作用能与基础牢固的厂商进行竞争。我们必须承认这种说法确有一定道理。新人、新方法在艰难时世比太平盛世更容易脱颖而出，是艰难时世的副产品，也的确是普遍的不幸带来的副产品。但很显然这是一个利弊得失相权衡的问题。此外，个别企业常见的起伏经常会提供非常充分的刺激，而且不会带来我们现在所讨论的**普遍**扰动。通货稳定并不意味着普遍的静止和毫无涟漪的一潭死水。它旨在达到的**平均稳定性**是，企业家在一个方向上蒙受的损失基本上被同一阶层的人在另外一个方向上获取的利益所抵消，从而不会出现一般性的繁荣或萧条趋势加诸某些产业和某些企业家的兴盛与衰落之上。这可不是利润与亏损作用下最适者生存停止发挥作用的情况。

(ii) 罗伯特逊先生认为，在某些情况下，一般物价水平的变化不同于某

些价格水平的变化，前者能使生产要素在努力程度和报酬程度上调节得比稳定状态下更接近最大利益。但即便这一点在特殊情况下能够成立——就是成立也得满足许多条件——也还是存在究竟哪一种**一般法则**才是最好的这个问题。

所以，我的结论是这样的，罗伯特逊的看法虽然值得认真注意，但尚不足以推翻那个乍看之下甚觉有理的推论，即普遍主张谋求购买力稳定而非避免信贷周期摆动的推论。但是，一定要提请读者诸君着重注意的是，在这一整章，我处理的只是作为**信贷周期之一部分**的商品膨胀，也即因投资因素引起、同时又没有伴随出现货币因素持久变化的膨胀。而那种因货币供给不断增长所引起且与长期商品紧缩对立的长期商品膨胀，则全然是另外一回事——我们将在本书第二卷第三十章看到——长期商品膨胀可能是增加财富积累最强有力的工具。

不管是什么情况，下面这个结论都成立：物价上涨所导致的投资量扩大，当其作为对先前存在的商品紧缩的一种纠正手段时，一般而言可能是极为可取的。在这种情况下，物价上涨将会使价格水平重新与现存收入水平相均衡。例如，当信贷周期的向下阶段造成广泛的失业，而商品紧缩又没有转变到收入紧缩时，要想恢复正常的生产和就业水平而又不允许出现一定程度的膨胀和物价上升，从而矫正现行的紧缩形势，就没有可行的途径。只要收入紧缩发生时相当均等地对所有生产要素发挥作用，情况便不会这样。但商品紧缩的情况却正好如此。总之，想在商品紧缩的最低潮阶段去稳定物价，实在是愚不可及。但是，对于这一点，所有的"稳定者"却无不额首称是。

我们还可以从这一讨论中合理地得到另外一个一般性的结论，即信贷周期的主要弊端乃是因其紧缩阶段而起，而非由其膨胀阶段而起。因此，当商品膨胀转变为收入膨胀时，如果不试图恢复到原有的状态，而是在新收入水平上保持稳定，我们是可以取得真正的好处的。在这种状态下，货币供给容许均衡物价水平在长期当中提高得比效率报酬更快一些，以致若然不断稍加

偏向于商品膨胀，则这种状态与物价水平相对于报酬缓慢下降相比，就要可取得多。经济进步和财富积累的好处在重要性上要超过社会正义的因素，尤其是如果后者可以由一般的税收体制加以考虑并部分补救，情况就更是如此了——即使没有这类补救措施，如果一个社会从较低的财富水平起来，而且又急需资本的快速积累的话，情况亦是如此。

第二节　商品膨胀的发生率

商品膨胀确实可以增加新投资的可用资源，使社会的财富存量提高。收入膨胀和资本膨胀则做不到这一点，在这方面与商品膨胀全然不同，而对各类膨胀彼此不加区分的人常常忽略这一点。

但是，它——在这方面它与收入膨胀很相似——通过把财富从货币所有者手中转移到借款人和货币债务人手中，也会使现有财富重新分配。这是因为，不仅拥有货币收入的人发现他们的实际收入减少了，而且拥有贮存货币的人也发现他们贮存的货币量其实际价值不如以前。罗伯特逊先生据此认为，是故后一类人可能会被诱使着把储蓄规模增加得比其他情况下更大，以此来弥补他们所贮存的货币在价值方面不自觉而蒙受的损失。此外，收入增加的那一类人，这收入的增加无论是因就业量的增加得到，还是因货币效率报酬的增长得来，想来都会把其收入中的一部分存起来，从而构成他们的收入存款。

对于以上述方式产生的储蓄——即补充收入存款而产生的储蓄——罗伯特逊先生称其为"引致的缺乏"（induced lacking），而区别于（他之所谓）"强加的缺乏"，后者乃因商品膨胀降低了本期货币收入的购买力而致。

不过，对于这两者之间的区别，尚有进一步说道的地方。罗伯特逊先生的"强加的缺乏"，仅仅是商品膨胀独有的情况，并不存在于收入膨胀当中；然而，他的"引致的缺乏"则基本上是收入膨胀所特有的情况，商品膨胀若要也出现此种情况，必伴随着出现产出的增加。这是因为，我们没有理由预

期，收入存款除了与货币报酬增加成比例而增加之外，还有什么增长可言。此外，虽然"强加的缺乏"一定代表了可用于新投资的资财之增加，但"引致的缺乏"却只有当真实的储蓄造成它时才会出现。不过，还有其他一些增加收入存款的路径——例如从储蓄存款调过来或阻止以本期正常储蓄购买证券等；又或者，通过提高收入存款的流通速度而非数量而使其增加。因此，据我来看，"引致的缺乏"作为新增的储蓄来源太不稳定，不值得特别关注。

在本期收入的价值损失和现存货币存量价值以及货币债权价值损失之间存在的混淆，有时候会在商品膨胀的**发生率**上带来相应的混淆。当银行随物价上涨而增加信贷量时，很显然，新增货币信贷的借款人能支配的购买力是增加了的，这种新增的购买力他可以用来扩充其营运资本；即便物价上涨，而且不论它上涨多少，这一点都是不可移易的。这种扩充到底是牺牲了谁的利益才得以发生？或者换句话说，为了供应落到借款人手中的这种实际收入，谁的实际收入要减少呢？显而易见的回答——但却是错误的——是，这种转移乃是以存款人的利益作为代价而得来的。借款人作为新增加的购买者进入市场，而且现有购买者的购买力在现行物价水平上没有任何减损时，物价才会上涨，这也是千真万确的。物价上涨会减少存款人的存款价值，也即减少他对购买力的**支配权**，同样也是千真万确的。但是，除非我们假设存款人作为一个群体打算减少其实际余额，否则物价水平上的这种上涨固然会减少货币存款的价值，却不会因为这个原因而必然减少存款人的消费。只要存款人作为一个群体不支取先前的存款用作消费的目的，那么，他们在为消费买单时就不会动用现有的存款，而是花费**本期的收入**。这就带我们找到了正确的答案。物价上涨所减少的，乃是所有可用现金支付的本期收入之价值。也即是说，社会上其他人手中的购买力**流量**（the *flow* of purchasing power）被减少之量，等于上述借款人所取得的新增购买力。此外，正如我们已经看到的，有一种利益恰好等于本期收入价值的这一损失，它是以利润的形式累积到那些能够在提高之后的价格上售出本期产出的企业家手里去的。是故，

新借款人通过贷款的手段获得的资本增量乃是牺牲本期收入的收受者而取得的；但这一财富增量，或更精确地说是它所担保的贷款，并不属于那些为增加财富而利益被牺牲的人，而是直接或间接地归于那些因能在提高了的价格上出售商品从而取得意外利润的企业家。

从另一方面来看，哪些人会得到与借款人财富损失相应的财富增量呢？显然是那些**原来的**借款人——即在先前较低的物价水平下借款但又能在新的较高的物价水平上偿还的人。不过，虽然这种按照货币计算财富转移不仅发生在银行存款人和银行借款人之间，而且也发生在所有各类贷款人和借款人之间，但却不能以任何方式来提高资本存量。这是因为，尽管借款人在债务到期日可以通过放弃比他们预期放弃的要少的购买力而偿还借款，因此保留了新增的购买力，他们可以用这一新增的购买力来补充营运资本，也可以不这么做；银行在这些旧债偿还之后而用它来对企业界发放新债的可用信贷量，在价值上却相应下降了。

第三节　信贷周期的常规道路

我们已经充分强调，信贷周期可能遵循的道路不可胜计，为了简单一点，我们且特别选出一条来，这条路在我们看来似乎出现频率颇高，或许可以称其为常见或常规的道路。

最初是具有某种非货币性质的事情偶然发生，这提高了投资的吸引力。这样的事情可能是新发明的出现，或者一个新兴大国的发展，抑或是一场战争，也可能是诸多小的影响因素朝同一个方向发展而使"商业信心"再度兴起。还有另外一种可能的情况——如果产生作用的主因是货币因素则这种情况更可能发生——即以证券交易繁荣开始，先是对自然资源进行投机或实际垄断，最终却对新资本品的价格产生感应性作用。

此时自然利率相应于投资吸引力的提高而产生的增长并未被储蓄增长所遏制；投资量的扩大也没有受到市场利率充分上扬所限制。

银行体系对投资量的这一增加所持的默许态度，可能会在一定程度上使总货币量增加；不过，一开始这类必要的增加不可能很大，而且可能几乎不知不觉为应对银行体系的普遍不景气而增加货币来应对，或者由金融流通的需求量下降而得到供给，但货币总量并无需做出任何改变。

在这个阶段，资本品的产出和价格都开始上升。就业状况得到改善，批发物价指数开始上涨。接下来当新就业的人数增加而导致的支出增加，会使消费品物价上扬，并使这类商品的生产者收获意外的利润。此时，几乎所有各种商品都会涨价，各类企业家都会盈利。

一开始，生产要素的使用量会增加，而其报酬率则不会出现大的变化。但是，一旦大部分闲置的要素已然被利用起来之后，企业家在高额利润的刺激下就会彼此争夺这些生产要素，从而开始提供更高的报酬率。

因此，在所有时期上，工业流通的需求一直会增加——先是要应付使用量的增加，继而还要应付报酬率的提高。所以，就会到这样一个阶段，此时银行体系将不再能够继续按照符合其原则和传统的情况提供必要的货币量。

然而，令人惊讶之处在于——随着金融流通、流通速度和中央银行储备比例发生变化——银行体系在不明显违反其原则和传统的情况下所能应付的报酬总额上的变化是多么巨大。

因此，这一转折点可能不是来自银行体系在为报酬总额的增加量提供资金方面的不愿或不能，而是由以下的其他三种原因中的一种或多种所造成。这种转向可能来自某些具有预见力或对先前的危机有着经验的金融家看得比企业界或银行界更远，从而使金融情绪发生了动摇。若然如此，则如我们所见，"空头"情绪的增长会扩大金融流通的需求量。因此，可能由于工业流通增长上面又添加了一重金融流通的增长趋势，这才打破了银行体系的支撑，促使其最后不得不加上一个利率，它的大小不仅可能会与自然利率完全相等，而且很可能在已经改变的情况上大大高于自然利率。

或者是这样一种情况，即新投资的吸引力随时间的流逝或随某些类资本

品的供给增加而损耗殆尽。

最好可能是这样一种情况——上述原因导致的转变并未发生的情况下——在繁荣的第二个阶段（消费品生产活动增加）真正开始之后再稍过一段超过一个生产时期的时间，由于消费品价格最终无可避免地会下降到它们提高后的水平以下，就极有可能产生一种共感反应。

是故，鉴于若干重大原因——包括新投资吸引力的消失、金融情绪的摇摆、消费品物价水平的反应以及银行体系愈发无法跟上日益增长的需求（一开始是工业流通需求的增长，后来是金融流通需求的增长）累积的结果，衰退终将发生。

因此，事态发展的次序如下：第一，资本膨胀导致投资增加，接着造成商品膨胀；第二，继续出现更多的资本膨胀和商品膨胀，持续时间接近消费品的一个生产时期；第三，在该时期结尾，商品和资本膨胀的程度发生反应；第四，资本膨胀衰竭；第五，投资下降到正常水平以下，导致商品紧缩。

第二十章　信贷周期纯理论的一个练习

本章我打算找一个特定类型的信贷周期，对它进行抽丝剥茧一样的讨论。为了把那些实际中往往而在的各种复杂情况排除在外，我们不得不引入许多简化的假设，是故，我们举的例子多少会有一些人为的成分。此外，对于之前的论点，我们并不能增添什么内容，而只是对之加以说明，所以有些读者也许更愿意跳过这一章。不过，先前几章的方法和概念若以这种方式加以阐释，要比泛泛地涵盖更多材料进行叙述要更好一些。

在我们所举的这种情况里，周期开始的时候，有些生产要素是闲置着的。然后，我们假设银行采纳了一种允许消费品生产增加，与之相伴的是一种没有充分被新增储蓄所补偿的新增营运资本存量，从而足以使所有闲置的生产要素渐次恢复利用。因此，本章可算得上是这样一篇论文：它讨论的是周期过程中价格—工资—就业结构的内在机理。这个周期过程代表着在物价和生产成本之间业已取得均衡，但仍然有着资源闲置状况的，从之前的萧条向资源充分利用方向恢复的过程。

第一节　标准情况

我们首先且把问题进行一番简化，以便给出基本的机制（正如我们将看到的那样，这一机制在比较一般化的情况里大体是相似的），从而将那些不太主要的复杂情况予以排除。我们的初始假设（后文将会除去）如下：

假设 α：我们假设，除去收入存款增加量之外的本期储蓄，等于除去为提供新增就业量而需的营运资本增加量之外的新投资净额；因此，新增营运资本正好等于企业家利润量**加**上收入存款的任何增加量。[1]

假设 β：我们假设，在允许金融流通量的任何变动之外，银行为工业流通提供的货币增量恰足以在稳定的速率下吸纳闲置的生产要素，使其进入就业状态，是故，当一个生产时期结束时，最后的闲置生产要素也刚好进入了就业状态。这等于说，一旦企业家为支付日益增长的工资——这也是被假设的情况——并增加其营业存款 A，所需超过他们的利润时，银行就要供应给企业家资金，需要多少供应多少。

假设 γ：我们假设，所增加的全部就业量都被用于生产消费品，流动资本存量若有也是恒定不变的。

假设 δ：我们假设，不存在收入膨胀，因此生产要素的效率报酬始终不变：即生产的货币成本是恒定不变的。

假设 ε：我们假设，生产过程的持续时间对于所有商品均相同，而且该过程是一个稳定的过程。

假设 ζ：我们假设，工资在固定间隔期——我们称其为"周"(weeks)——结束时根据各周完成的工作量支付；如此支付的工资只可由工资收入者用于下周的支出；而且在任何一周当中，支出率是稳定的；也就是说，任意一周的支出都由前一周的收入来支配，根据本周完成的工作量而取得的收入，领取的时间使其来不及影响本周的支出。此外，我们还假设消费者会把他们收入存款中的一部分延续到周末，这部分延续存储的数量刚好等于本周收入所得**加**上之前一周收入中的一个恒定部分。

当货币收入不变或以恒定的速率变化时，则上述假定意味着每一周的周

1　这里隐含着这样一个假设：即企业家在该时期开始时既没有取得利润，也没有遭受亏损。但是这个假设并不主要，对于不存在上述假设的情况，该论点很容易调整以适应之。

末所延续存储的收入存款所占该周收入的比例是固定的，收入存款的流通速度也是固定的。但当货币收入在变化时，情况就没有那么简单了。这是因为，如果 k_1 与以前一样代表收入存款流通速度的倒数，w_1 和 w_2 代表相邻两周的收入，$m \cdot w_1 + w_2$ 代表第二个周的周末延续存储的存款（按照上述假设得来），那么，第三周的支出就是 $w_2 + m(w_1 + w_2)$，收入存款的平均水平为 $m \cdot w_1 + w_2 - \dfrac{1}{2}\{w_2 + m(w_1 - w_2)\}$，这是一周过半时的余额，即 $\dfrac{1}{2}\{w_2 + m(w_1 + w_2)\}$，因此有：

$$k_1 = \frac{1}{2}\frac{w_2 + m(w_1 + w_2)}{w_2 + m(w_1 - w_2)}$$

这个值只有当工资稳定或以一个稳定的（几何式）速率增长时才是恒定不变的。

假设 η：我们假设，无论过去曾有过什么错误，所有相关人士对于信贷周期的后续过程均有着准确的预测。

令生产时期的长度（根据假设 ε，该生产时期在长度上是一致的，在强度上是稳定的）等于这些时间单位或"周"的 $2r - 1$ 倍。

那么，如果 a = 每单位时间根据货币计算的报酬流量，t = 用于消费的报酬之比例，同时，按照假设 α 的说法，这也是以可用消费品的形式出现的那部分产出之比例，则一开始我们有：

$a \cdot r$ = 营运资本的生产成本[1]

以及：

$t \cdot a$ = 消费流量

令 p 为可用消费品的物价水平。

1　因为 $\dfrac{a}{2r-1} + \dfrac{2a}{2r-1} + \dfrac{3a}{2r-1} + \cdots + \dfrac{(2r-1)a}{2r-1} = a \cdot r$。

现在让我们假定处于失业状态的生产要素和处于就业状态的生产要素之比为 x，同时一种增加就业到其容纳限度的运动趋势开始启动，因此，这也就使营运资本按照 x 的比例在增加。根据假设 β，我们认为这不会一蹴而就，而是以稳定的等量增加起来的，所以，每周进入到生产机器过程的投入比率 $\dfrac{a}{2r-1}$ 便按照 x 的比例增加，然后维持在 $\dfrac{a}{2r-1}(1+x)$ 水平上。如此一来，在经过 $2r-1$ 周之后，报酬收入将会增加到 $a\,(1+x)$，之后将会维持在这一稳定的水平上。

这意味着在第一周报酬收入将增加到 $a\left(1+\dfrac{x}{2r-1}\right)$，在第二周增加到 $a\left(1+\dfrac{2x}{2r-1}\right)$，在第三周将增加到 $a\left(1+\dfrac{3x}{2r-1}\right)$；一直到 $(2r-1)$ 周达到 $a\,(1+x)$，实现充分就业。

所增加的报酬收入不会在第一个时间间隔内影响物价水平，因为我们假定的是工资是在周末发放的，所以新增的报酬直到第二周才会进入市场形成购买力。不过，在第二周，进入市场而与之前相同的可用实际产出量相遇的购买力将增加到 $a\left(1+\dfrac{x\,(1-m)}{2r-1}\right)$，因为 $\dfrac{ax}{2r-1}$ 是收入的增加量，$\dfrac{axm}{2r-1}$ 是延续存储而未予花费的那部分，这就满足了假设 ζ。[1]结果是，物价水平将攀升至 $p\left(1+\dfrac{x\,(1-m)}{t\,(2r-1)}\right)$。

如此则消费者损失的其货币收入的购买力为 $\dfrac{x\,(1-m)}{t\,(2r-1)}$，在这个时间间隔当中，如果企业家的产品乃是以可用消费品形式出现，因此得价为

1　如果 m 大于 1，也即如果延续存储的量大于一周的收入，则除非经过一段时间间隔，否则这个假设是不可能实现的；这是因为，在这种情况下，当收入在增加时，可能延续存储的量只会渐渐地按照同样的比例增加，是故，收入存款的流通速度将会暂时下降到正常值以下。

$p\left(1+\dfrac{x}{t}\dfrac{(1-m)}{(2r-1)}\right)$，而非 p，他们将会获得同样数量的利润。

第二周的报酬收入量为 $a\left(1+\dfrac{2x}{(2r-1)}\right)$，根据与前述相同的推理，则第三周的新价格水平为 $p\left(1+\dfrac{x}{t}\dfrac{(2-m)}{(2r-1)}\right)$。然后，这一过程一直会持续到 $2r-1$ 周过去为止，在这段时间结束时，报酬收入量将是 $a\;(1+x)$，在第 $(2r-1)$ 个时间间隔中，物价水平将是 $p\left(1+\dfrac{x}{t}\dfrac{(2r-2-m)}{(2r-1)}\right)$，如果 $2r-1$ 表示很多周，那么这实际上就等于 $p\left(1+\dfrac{x}{t}\right)$。也就是说，如果 r 很大，[1] 则无论是绝对量还是相对于 m 而言，物价上涨都很少因消费者维持其收入存款对货币收入的比率而受到阻滞。这类物价上涨受到的阻滞，一部分是由于报酬获得者乃是在一周后方才取得报酬，另一部分是由于他们逐周延续存储而未予花费的收入增加，从而使其收入存款与货币收入保持了适当关系所致。

此时收入存款的增加量［即 $(2r-1)$ 周结束时的延续存储量］将达到 $a\cdot x\left(1+\dfrac{2r-2}{2r-1}m\right)$。同时，消费者整体——这个消费者整体中包含对新的产品量做出贡献的那些人——所消费的量将恰好与之前相同，也即按照每周 $a\cdot t$ 的比率消费。这是因为，虽然实际工资率自始至终会一直下降，从而使未对新的产品量做出贡献的那些原来的生产者削减了他们的消费量，新的生产者则会等量地增加其消费。[2] 因此，这些新生产者将会按 $a\cdot x\cdot r$ 的比例来增加其总收益，按 $a\cdot x\left(1+\dfrac{2r-2}{2r-1}m\right)$ 的比例增加其收入存款；累积到企业家手里的总利润将为 $a\cdot x\left\{r-\left(1+\dfrac{2r-2}{2r-1}m\right)\right\}$，因为这代表着投资价值超

1　关于 r 的可能量值，请参看本书第二卷，第二十八章。

2　上述观点已经把失业津贴这类临时的费用排除在外，我们将在第一卷，（原书）第 283 页对其影响进行讨论。

过储蓄量的部分。正如我们将在后文（原书第 280 页脚注）看到的那样，企业家将会牺牲他们在第 $2r$ 周的一小部分剩余；是故，最终累积到他们手里的总剩余将是 $a \cdot x\{r-(1+m)\}$。

营运资本、产出和就业此时均随着与我们的假设兼容的物价上涨，尤其是随着与货币工资率维持在先前水平上的假设兼容的物价上涨而达致极大之量。

这是繁荣的最高潮，物价也攀升到了顶点。如果生产要素中需要吸收的闲置资源的百分比起初是 10%，而 t 是 90%，则物价上涨约 11%。此时，信贷周期这部戏剧的第二幕——也即萧条，开始上演。

从就业复苏开始算起的第 $2r$ 个时间间隔里，可用产出就开始按照 $a(t+x)$ 而非 $a \cdot t$ 的增长率出现，而后一直平稳地继续保持这一增加后的增长率。因此，物价水平就会按照此时市场上可用消费品增加的比例 $\dfrac{x}{t}$ 下降。这就是说，由于在第 $2r$ 个时间间隔里支出是 $a(t+x)$，进入市场的可用商品为 $\dfrac{a}{p}(t+x)$，所以，物价水平会突然降至其初始值 p 上去。[1]

值得注意的是，可用产出流量的增加正好弥补了物价的下跌，所以，其增加数字为 $k_1 \cdot a(1+x)$ 的收入存款仍与新的状况相均衡。

在我们当前的假设下，萧条纯粹是价格上的萧条，对于就业量并没有产生反应。新的状况是与生产扩张前处于相同物价水平和相同工资水平上的一个均衡，但是营运资本、生产和就业量全部都按照 x 的比例增加了。

———————————

　1　这不是严格准确的。这是因为，第 $2r$ 个时间间隔结束时的逐期延续存储量 $a(1+x)(1+m)$ 比第 $2r-1$ 个时间间隔结束时的 $a(1+m)+a \cdot x\left(1+\dfrac{2r-2}{2r-1}m\right)$ 要大，是故，此一延续存储量的增加会在第 $2r$ 个时间间隔中使物价暂时低于 p，从而使在第 $2r+1$ 个时间间隔之前不会在 p 这个数值上稳定下来。

第二节 八条收场白

在降低我们假设的严格性之前，对于当前所讨论的情况，有几点值得特别重申，这几点里大部分已经在前述各章给出过。

(1) 通过保持物价稳定，并按照与上述情况中假设的物价上涨比例逐渐降低货币工资，则我们可以得到同样的结果；除非在这种情况下新增财富会更多地累积到新进入生产的企业家手中，而较少地累积到那些在生产开始增加时商品已经在生产过程中的企业家手中——其结果是，在竞争性条件下，这一可作替代的情况不会出现。

(2) 如果生产要素愿意以一种延期支付的方式接受一部分货币工资，只为了在可以从其他来源得到新储蓄的时候再来交换可用产品，那么，即便没有任何财富从消费者那里转移到企业家的手中，我们也可以得到同样的结果。例如，如果发放工资的时间间隔与生产的时间间隔等同，因此而有 $r=1$，或者如果逐期延续存储量在每一个发放工资的时间间隔上按照适当的数量在增长，或者如果储蓄在其他某种形式下得到了充分增加，那么，物价水平就不会上涨。

(3) 信贷周期前的银行存款人如果在整个信贷周期当中都坚持了下来，那他既不会获利，也不会蒙受损失；周期结束阶段他们的银行存款在价值上与周期开始阶段是一样的。根据到目前为止所做的假设，营运资本的增加量绝大部分是归于企业家的，其累积全然是靠牺牲本期收入——即本期收入的购买力下降——而决非依靠牺牲存款人的利益实现的。

(4) 汇聚营运资本的资金以使全体居民充分就业时，虽然必须由生产者接受单位生产劳作的更低的实际收入，但是由此所带来的财富增加量则几乎全以纯粹意外利润的形式累积到了企业家手中。

不过，如果我们假设所观察的是一个完全的社会主义化的国家，在这个国家里，工资和储蓄量均由国家决定，国家是唯一的企业主，那么，增加营运资本资金的过程就不会伴随出现不公平问题。这是因为，在这类情况下，

实际工资水平的暂时性减少就意味着社会整体积累的财富的增加，这种暂时性减少是生产要素充分就业必然的伴随现象（就像为其他目的而进行储蓄所必然带来这类现象一样）。

（5）此外，累积到企业家阶级手中的财富增加量主要是到了那些在就业开始增加时已经有货物在处理的企业家手中，而根本不会落到推动新增产量的那些企业家手中，这是因为这些人的产品在销售的时候所能取得的只能是正常价格而已；换言之，与生产过程长度相当的未来某一日期的期货价格将一直维持在正常价格上，与现货价格相比，它表示的是一种现货的溢价，也即现货价格因上涨而拥有的超出期货价格的溢价。

（6）营运资本的价格 p' 与原材料批发物价指数大体一致，由于我们假设预测具有完美性，所以 p' 上涨的程度马上就会大过 p 上涨的程度，后者是可用产品——即流动消费品——的物价水平。这是因为，在信贷周期开始之后，率先进入生产过程的商品所构成的营运资本之价值并不会上涨（因为在它们制成时它们只能以原有的价格出售）；然而，信贷周期开始时虽然不可用但已经部分完成的那种商品所构成的营运资本之价值，却可以反映出可用产品制造完成时预期上涨的价格——也即是说，设若预测正确，则原材料或半成品的物价水平 p' 平均而言会比 p 上涨得更加剧烈，即将会上涨到 p 与 $p\left(1+\dfrac{x}{t}\right)$ 之间的水平。

（7）这种观点假设生产要素就业时所带来的货币收入要比未就业时为大，人们相应也会消费更多；由于就业量增加而使先前失业的生产要素的单位收入增加，所以这也就意味着已经就业的生产要素的单位真实收入在等于生产时长的一段时期之内将会减少。如若不是这种情况（例如失业救济金所带来的结果），则所需的营运资本增量可能部分会由之前支付给失业人员的资金中补上。[1]这不会影响该论点的性质，但却意味着必要的物价上涨相应会

1　如果给失业者的收入是由工业来承担的，那么，假设就业的每一生产要素其工资不变，则就业增加的作用就是降低效率工资。或者说，我们可以把失业救济支出看成是负储蓄。

减少。举个例子，如果支付给失业人员的收入达到就业人员报酬的一半，那么，用 $\frac{x}{2}$ 全部取代 x 仍可使上述方程成立。而如果我们所考虑的这个社会其生产要素报酬率无论是否就业（"工作或维持"）完全一样，那么，很显然物价根本不会上涨。从另一方面来看，除非先前用于支付失业救济金、嗣后用来补充营运资本的资金到时候拿来扩大消费或某些其他方面的投资，否则的话，在这些情况下，在生产时期结束时，物价将会下降到初始水平以下。

(8) 还有一个非常重要而又颇显乖谬的事实——已经提到过，但值得再次重申。在任何特定时期内，社会财富积累的增加取决于主要由企业家和金融家做出的关于产品是采取固定资本还是营运资本的比例之决定，而非取决于由个体公民所组成的整体关于他们的货币收入多大部分用于储蓄之决定。当新投资的生产成本异于个人货币收入的储蓄量时，**势必**会造成某种价格变化。若然情况与适才所考虑之例一样，乃是通货膨胀的情形，那么，即便无人刻意地增加储蓄，社会财富也会增加——所增加的财富来自物价上涨而使个人消费的减少。从另一方面来看，当处在通货紧缩过程时，个人似乎看起来在"储蓄"，而且确实能够储蓄到他们感到最大满意的程度，因为他们实际上作为个体来说储蓄多少财富就增加了多少，然而，虽然是这样，国家财富却不会有丝毫的净增加可言——"储蓄者"财富的增加被部分企业家财富上的等量损失给抵消了，"储蓄者"放弃的消费则被普通消费者等量增加的消费给抵消了。

因此，作为个体而言，挣取报酬和进行消费的公众无论是否精打细算地过活，实际上对其消费总量均不会造成任何方面哪怕一丁点儿的差别；这是因为，就本期消费而言，个人降低或维持消费的意图对于本期消费总量的任何影响，总是会被物价的上涨或下跌的相应变化所抵消。因此，公众当中的个人是否精打细算地节俭生活，其净效果是无法在公众的总消费当中看出来的，只能在物价水平以及哪些人拥有非可用社会财富（nonavailable wealth of

the community，指的是社会资本品。——译者注）的增量看出来。总之，在这类情况下，公众的"节俭"对他们而言既便宜又有用；这是因为，如此则可以在不减少他们的消费量的情况下，同时使他们能够把原本会归于企业家的财富据而有之。

第三节　一般的情况

我们前面通过假设大大简化了的论证，接下来就必须把其中的某些限制给去除掉。

一、假设 α

如果本期储蓄大于这里所假设的情况，那么物价上涨相应就会较小些——因为用于消费的购买增量要小于上文假定的每周 $\dfrac{ax}{2r-1}$ 的量；相应地，如果本期储蓄较小，那么情况则正好相反。但是，这并没有改变论证的性质；它只是说，我们必须在计算当中用一个更大或更小的项来取代 $\dfrac{ax}{2r-1}$。

同样道理，如果除去营运资本增量之外的新增净投资额减少或增加，而又没有伴随储蓄方面相应的变化，则上述所谓对价格等的影响或被减轻或被加重，均不会改变其性质。例如，设若营运资本的增长可以被对外贸易余额所抵消，则它所带来的减轻的作用即属此列。

总之，随着储蓄与投资之间实际上的非均衡超过或不及假设 α 所给出的情况，则信贷周期现象要比标准情况更加剧烈或更加和缓。

不过，在周期的发展当中，由于假设 α 未被满足而导致的主要差别是，信贷周期并不是刚好持续一个生产时期，而且只持续一个时期。情况要远为复杂得多，我们只能在先假设了其严格的性质之后才能描述其严格的过程。

我们且来举个不满足假设 α 的特殊情况，假设企业家在前一"周"的意外所得之利润全部用于增加其个人消费支出，在这种情况下，按照上文定义

的他们的"储蓄"就是负数。与之前一样,新购买力要在一周之后方才切实地到达消费者之手,是故,第一周与第二周的情况与先前无二,在后续的每一周里,进入到市场当中购买制成品的购买力就不仅仅是新受雇佣者所增加的支出,而且还包括与前一周企业家的意外所得之利润等价的量。[1]

因此在第三周物价会升至:

$$p\left(1+\frac{x\,(2-m)}{t\,(2r-1)}+\frac{x\,(1-m)}{t\,(2r-1)}\right)$$

即上涨到:

$$p\left(1+\frac{x\,(3-2m)}{t\,(2r-1)}\right)$$

到第四周则升至:

$$p\left(1+\frac{x\,(3-m)}{t\,(2r-1)}+\frac{x\,(3-2m)}{t\,(2r-1)}\right)$$

即上涨到:

$$p\left(1+\frac{x\,(6-3m)}{t\,(2r-1)}\right)$$

依此类推,直到第 q 周(由简单的代数计算可知)[2],物价将达:

$$p\left(1+\frac{(q-1)(q-2m)}{2}\frac{x}{t\,(2r-1)}\right)$$

而非标准情况中的 $p\left(1+\frac{(q-1-m)x}{t\,(2r-1)}\right)$。最后,在第 $(2r-1)$ 周就会变成:

---

1 我们假设利润的获取者不会把他们逐期的意外利润当作他们常规收入的一部分,因此就不会成比例地增加他们的收入存款的逐期延续存储量。

2 这是因为,如果第 q 个时间间隔中的物价是 $p\left(1+s_q\frac{x}{t\,(2r-1)}\right)$,则我们有:

$s_q-s_{q-1}=q-1-m$。因此,$s_q=\sum_{2}^{q}(q-1-m)=\frac{q-1}{2}\{(1-m)+(q-1-m)\}=\frac{(q-1)(q-2m)}{2}$。

货 币 论

$$p\left\{1+\ (r-1)(2r-1-2m)\ \frac{x}{t\,(2r-1)}\right\}$$

若取中间情况，我们假设原来的企业家取得意外利润之后保有了部分而非全部，那么，物价的上涨就会处在上述进行比较的两个公式的结果之间。因此，银行信贷的增加以及嗣后的时间间隔当中零售价格的上涨必然比标准情况下为大——到底大多少取决于获得意外利润的人们消费了其中多少；但除了这一点之外，该论点并不会受到其他的影响。于是，现有消费者被强制减少的消费量必然足够抵消意外利润获得者的新消费以及新生产者的消费，而货币收入实际价值的下降也必然成比例地扩大。出于这一原因，把 10% 的失业者吸纳到生产中来，即能使物价水平大大上涨，其程度远高于标准情况所要求的 11% 的最大限度。例如，如果 x 是 10%，t 是 90%，m 是 1，$2r$ 是 50，则标准情况下物价即从 100 上涨到 110.6，当企业家消费其意外所得时，物价即从 100 上涨到 350。如果消费者试图去完成他们作为一个整体所无法完成之事，也即把他们的储蓄拿来维持其先前的单位产出消费率，其结果并无不同。

另一方面来看，在信贷周期现象中还有一种方式——除了增加收入存款之外——可以刺激不会自发产生的储蓄增加。由于在信贷周期的上升阶段货币价值不断下跌，而之后重又会上涨到其之前的水平，所以，通过延长消费日期，把与之等价的价值转入储蓄存款，则任何个人就不仅可以取得正常的货币利率，而且还可以获得按照每年百分比计算的货币价值预期增长的等价的量。因此就可能会有一种切实的动机影响到个人去修改消费的时间分配。在物价上涨的早期阶段，这一刺激可能会很小，这既是因为物价尚未大涨，还因为预期的物价下跌尚远远未到。但是在晚期阶段，当预期的物价下跌不但量大，而且近在眼前的时候，这一刺激就是切实发生的了。因此，如果预测准确，则这一因素就会发挥作用，抚平价格曲线的峰势。

二、假设 β

如果银行体系促进了就业与总收入的增加，使其速度快于或慢于所假定

的情况，那么，按照同样的方式，就会引发各种不规则的状况出现；在任一特定的情况下，描述这些不规则的状况并不困难，但若要对之加以一般性的描述，则多有不便。

三、假设 γ

我们假设，所有可获得的收入都被用来购买和消费所生产出来的产品，而流通消费资本量（volume of liquid consumption capital）——如果有的话——保持恒定；也就是说，现成的零售商品不会被存贮起来，也不存在初始的存贮量。如果可用产品易腐坏，因此不能被存贮起来，那么在这个范围之内，这一假设无疑全然可取。但是，如果可用产品不易腐坏，那么，很显然，物价水平上涨的预期会引发对这些产品的存贮——除非存贮的成本上涨率大于物价水平的上涨率；同时，物价水平将会恢复到其先前较低数值上来的预期也会使存货出清。因此，拿掉不做存贮这个假设是非常重要的。

如果我们假设物价水平的变化被正确地预见到，那么，新的银行信贷的某一比例就不会被用来补充营运资本，而是被用来扩大流动性的存贮，其结果是物价水平的最初上涨要比没有被正确预见的时候为大，这是因为流动性商品是可以用于消费的。如果存贮起来不会有丝毫的成本付出，那么，物价水平在第一个时间间隔当中就会达到其最高值［而不是像标准情况的第 $(2r-1)$ 个时间间隔中那样］，这一最高值将会是所有 $2r-1$ 个时间间隔中始终维持不变的物价水平。这一价格将处于初始物价水平和我们原来的没有存贮现象这一假设下最高物价水平之间的中间位置，也就是近似为 $p\left(1+\dfrac{x}{2t}\right)$。[1] 在这种情况下，存贮量会持续增加，一直到第 r 个时间间隔为止，之后即持续减少，一直到第 $(2r-1)$ 个时间间隔所有的存贮量被完全吸纳为止，再之后，物价水平就和先前一样，重新下降到 p 上来。

1　这是因为，如果上涨的幅度比这还要大，则在第一个时间间隔当中从市场上取走的部分存货在后续的时间间隔中就只能亏本售卖出去。

我们将会看到，存贮的可能性（如果这样做不费成本）可以使物价波幅拦腰斩断一半，由于它使得消费在全部时间上取得了更佳的分配，所以这是符合一半的利益的。这是因为，存贮若然要随我们假规定的就业增长率而切实可行，则货币供给就必须在早先的几周里增加的程度略大些，因为需要提供资金的利润量在早期阶段会增加，而在后期阶段则会减少。

如果信贷周期的过程可以被正确地预见到，则上述情况即为发生时的状况。然而，实际来看，初始的物价上涨不但刺激不了存贮行为，反而在可能之时使业已存在的存贮或正常的储备投向市场，从而增加了市场供给。物价上涨只有当其持续了一段时间从而产生了物价持续上涨的错误预期时才会刺激存贮。在这种情况下，物价的上涨起初要比标准情况下为小，后续则会更大；同时，由于错误地预期物价会持续上涨，存贮者在第 $2r$ 个时间间隔（此时新增的供给量已经进入市场）尚有存货，故而一开始崩溃之势就会把物价**降到**正常物价水平 p 以下。

接下来，我们必须考虑存贮需花费成本这种一般情况了。如果这一成本比没有存贮时物价的上升率大，那么就不会有存贮发生。也就是说，每一时间间隔的存贮成本如果大于 $\dfrac{px}{t\,(2r-1)}$，就不会有存贮发生。从另一方面来看，每一时间间隔的存贮成本如果小于 $\dfrac{px}{t\,(2r-1)}$，那么存贮就会发生。在这种情况下，在较早的时间间隔里当存贮开始之后，物价会比标准情况下更高，在后面的时间间隔里则会比标准情况下更低。不过，与之前一样，最高物价水平紧挨第 $2r$ 个时间间隔之前到来，到了第 $2r$ 个时间间隔则又重新降低到了 p 上来。

四、假设 δ

在标准情况下，我们假设生产要素的报酬率在整个周期当中按照货币计算是始终不变的，也即商品膨胀并不会伴随着出现收入膨胀。如果这个假设不成立，则消费物价水平会进一步上涨，这一趋势与商品膨胀造成的上涨相

叠加，在程度与时期上恰与出现收入膨胀的程度与时期相同。

五、假设 ε

接下来，我们拿掉一切商品生产过程之长度均相同这个假设。此时，物价水平将由一些商品组成，这些商品中有一些尚未达到最高的价格水准，另外有一些则已经超过了最高的价格水准。如此，则复合物价水平曲线（curve of composite price level）将会呈现出以下这种大家所熟知的形状，如图 4：

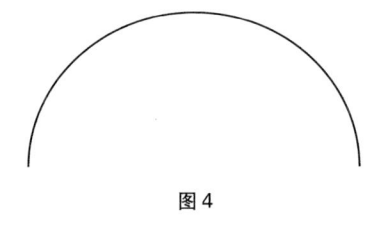

图 4

它不像无存贮的标准情况下那样呈直线然后突然下降，如图 5：

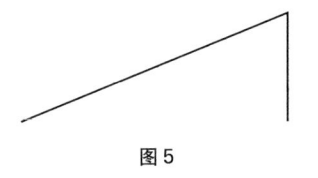

图 5

或者是像有存贮的标准情况下那样，上升时是曲线然后突然下降，如图 6：

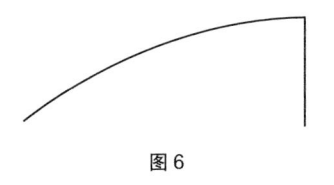

图 6

这是因为，随着越来越多的商品到达峰值然后下降，复合物价水平的增长率将如图 4 中的情况那样越来越慢，最后到了某一个点；在这个点，物价下跌的商品数量超过了物价上涨的商品数量。

如果我们放松生产过程长度均相同的假设，但不放松完美预测这个假设，

则先前的结论还有一个限制条件。这是因为，生产时期的商品之投入率若与其他商品按同一比例增加，则该种商品的价格在其生产时期末将会下跌到正常水平以下，原因在于可用于这种商品的购买力所增加的购买力尚未达到其产量那么大。由此可知，生产时期相对较短的商品之投入率当比其他商品增加得稍慢。另一方面来看，人们的消费会从有些生产时期长的商品转移到生产时期短的商品上来，从而利用了后者价格更为低廉这一点，而对上述情况起到了部分的平衡。

六、假设 ζ

任何对这一假设情况的偏离所产生的影响，均与假设 α 下讨论中提到的储蓄率变化的效果相同。

七、假设 η

实际上，与标准情况相比较，信贷周期有一种很强的朝向"过火"发展的内在倾向。

迄今为止，我们一直假设预测总是准确的，对于不完美预测的结果，我们只是略有提及。但事实上预测一定不会是完美的，而且在当前这种无知的状态下它还可能朝某一方向发生偏误。这是因为，根据企业家现有的精神状况，较之于全然不能确定的生产时期末的预期价格，针对把新原料投入到制造机器上去的比率之决策，今日之制成品的现货价格要更高；然而，应该对他们产生影响的，却全然是那个预期价格，而根本不会是这个现货价格。由此带来的结果是，当现货价格上涨时，尤其是如果它们已然持续上涨了六个月之久，则投入比率会过度加速，如果它们一直在下跌，则投入比率会过度地受到阻抑——嗣后的结果是非常明显的。

此外，如果很多企业家进行独立决策，这些决策所涉及的是投入比率的增加，而且煞费苦心不让其他人知道他们在做这样的决策，那么，他们当中的任何人都是不可能精确地预见到产出率的增加的，是故，他们也就不可能预见到一个生产时期过后，这会对物价产生的影响。

显然，先前的观点我们可以对之做出许许多多可能的衍生或扩展，我们可以再拉长篇幅来丰富、修正和对之进行一般化。但是，我们在这里所给出的这些对于读者来说已经足够让其领会我们意欲说明的一般思想体系，并将之运用到任何读者自己会遇到的其他更为有趣的情况上去。

第二十一章 因国际非均衡所带来的变化

对国际价值理论进行巨细无遗的讨论，不在本书的范围之内。但是，在一部论述货币的专著中，对这一理论做一些简要介绍还是颇有必要的。

第一节 作为货币非均衡起因的相对物价水平与相对利率

我们已经看到，国际通货体系中的均衡要求每一个国家对外投资收支比率应与其对外贸易余额相等。这牵涉到**两个条件群**。因为对外投资收支率取决于国内与国外的相对利率；而对外贸易余额则取决于国内与国外的相对物价水平。

然而，相对物价水平脱节造成的非均衡与相对利率脱节造成的非均衡，二者之间存在着根本的不同。在第一类情况下，非均衡可以由物价水平的变化（或毋宁说收入水平的变化）所矫正，虽然这必须要有利率的暂时变化带来收入水平的变化，但无须利率的永久变化。另一方面来看，在第二类情况下，均衡的恢复可能不但要求利率的变化，而且还要求收入水平（可能还包括物价水平）的持久变化。也即是说，**一国的物价水平和收入水平不仅受到国外物价水平的影响，而且还会受到相对于国内需求的国外投资需求的变化而引起的利率变化之影响。**

（i）让我们先从第一类且更为简单的情况入手，当此情况，均衡扰动完全是通过国外物价水平的变化——我们且假设它是下跌的情况——所造成。

这会导致对外贸易余额 B 下降，但对外投资收支量 L 并不会出现相应的变化，其结果是：L 将超过 B，黄金流出该国。银行利率必须暂时提高；但是，当如此而启动的策略先是造成物价下跌，然后使货币收入下跌的过程结束之后，银行利率又重新安然地恢复到了它原来的水平。这是因为，均衡条件将由整体产出的物价水平 Π 以及 S_1、L、I_1 和 B 下降到在国外物价下跌之前按照货币计量的它们彼时所达的水平以下（虽然按照购买力衡量时并没有变化）所满足，而它们下降的程度，相当于国外物价水平的下降。除了货币价值以外，新均衡一旦建立，它是不会与原来的均衡出现显著的差别的——生产性质不会发生改变。[1]

(ii) 接下来我们且假设均衡扰动乃是由国外利率的上升所造成，而国内的 S 和 I_1 仍然和之前一样，是利率的函数。这就会导致 L 增加，其结果是使 L 超过 B，黄金流出该国。与前面的情况一样，银行利率必然被抬升，这会阻抑国内投资 I_1 和对外投资收支额 L，因此 S 会超过 I_1，物价水平 Π 下降。Π 的下降使处在原来的生产成本上的企业家蒙受损失，因此他们会倾向于降低提供给生产要素的货币报酬率，最终基本方程的第一项下降。同时，最初是由基本方程第二项的下降、嗣后则由基本方程第一项的下降所造成的 Π 的下降，将导致 B 的增加，而银行利率的上升则会减少 L。这个过程一直持续到 $L = B$ 重新出现，此时黄金停止流出该国。在新的均衡位置上，较之以前，L 要占 S 更大的一个比例，而 S_1 所占的比例更小。那么，Π 又将如何呢？

B 一定会增加，这意味着出口必须增加或进口必须减少，或二者兼之；因此，B 之必要的增加只能作为国内生产的对外贸易商品的价格下跌而使生产转移、I_1 减少的结果来实现。在上面概略地描述的这一过程的一个阶段

1　这牵涉到了某些隐含的假设，比如不同生产要素的货币报酬按同一比例变化之类。

上，所有这些情况均将会发生。这是因为，黄金的外流在一定程度上会提高国外生产的商品之价格而降低国内生产的商品之价格，而利率的提高则将降低 I_1。因此，在新的均衡位置上，所有国内生产的商品之价格相对于所有国外生产的商品之价格就会下跌。这种相对下跌的量将取决于——我们将在后文（原书第 299—300 页）看到——国内外生产力的实际特征所产生的贸易条件的变化。

至于 Π 自身，它的组成部分中一些会下降，另外一些会上升。如果所有在国内消费的商品均可无障碍地进入到国际贸易中去，则 Π 是不可能相对于国外类似物价水平而发生变化的。不过，由于这个条件从未在实际当中得到过满足，而且大部分国家又都主要是消费本国自己的产品，所以，一般而言，两相抵消之后 Π 会出现一个绝对的下降。这就是这一论点的要旨所在。但是，我们现在必须对之进一步加以详论，其原因我们将在后文看到。

295

第二节　对外投资收支余额与黄金流动之间的关系

前述观点隐然假设，B 是国内外相对物价水平的函数，而非 L 的直接函数。也就是说，只是 L 增加这一个事实——我们是这样假设的——并不会影响国外的情况，无论是国外物价水平还是外国在给定的物价水平下对我们国家商品的需求量，两方面都不会受到影响，是以能够在**不是**非常大地干扰国内物价水平或收入水平的情况下而使 B 增加与 L 一样的程度。相反，我们假定，多数情况下 L 和 B 之间保持着近似相等的关系，不是 L 的增加直接刺激 B 的增加，而是因为 L 超过 B 导致黄金流动的威胁或事实出现，如此而引起相关国家的银行当局改变其放款条件，通过对两个国家的现有投资均衡的扰动而使本国与外国的相对物价发生适当的变化，从而暂时性地减少 L 的净数量，并最终增加 B（此时 L 的暂时性减少将不再有其必要）。

鉴于上述推理取决于黄金的实际变化，因此可以说这与传统的李嘉图主

义学说若合符节。而如陶西格教授（Professor Taussig）[1]等人就今日之事实对这一学说进行了阐发，使之得到了扩展，把国际资本交易也涵纳了进来，李嘉图本人对此则极少谈及。但是，它与十九世纪主要基于经验基础而广泛流传于英国的另一种传统学说则大不相合。按照这个学说的观点，对外投资收支余额直接刺激对外贸易余额，而且这种作用几乎是自动发生的，其中黄金的实际流动作用甚微。我认为，这一结论基于十九世纪英国的经验部分要多于基于先验推理的部分为多。但最近——尤其是在与德国赔偿问题有关系的地方——又有人发表看法，支持这一结论，其中以俄林教授（Professor Ohlin）[2]最值得关注。

在《国际贸易》一书中，陶西格教授通过对十九世纪和二十世纪初于不同日期在 L 的取值上发生重大起伏变化的国家中的诸多案例进行研究，力图使这一问题受到归纳性的检验。很自然地——而且也的确是无可避免地，他发现 B 和 L 趋向于共同变化。但是，当他对货币变化必需到什么程度才能使 B 遵循 L 的方向这个问题进行讨论时，结论在更大程度上显得不那么确定。有时事实似乎在支持李嘉图主义的观点，有时又很难发现货币变化的规模是否到了足以证实该理论基本内容的程度。此外，黄金的流入有时可能会在物价上涨之后跟着出现，而不是出现在物价上涨之前。

在《经济学刊》（*Economic Journal*）（1929）的很多篇幅里，我和俄林教授曾特别就德国赔款问题进行过一场争论。那个时候，由于本书前面几章的分析还没有发表，所以我没有能够把我之观点背后的理论根据解释清楚。但有了这个分析的帮助以后，我希望我能够解决这个困难，并证明在什么条件

---

[1]　参看陶西格教授于 1927 年出版的《国际贸易》（*International Trade*）一书的相关内容。

[2]　伯替·俄林（Bertil Ohlin）（1899—1979），瑞典著名经济学家，现代国际贸易理论的创始人。1977 年，俄林因对国际贸易理论和国际资本运动理论做出了开拓性的研究，与英国剑桥大学的詹姆斯·爱德华·米德一同获得了当年的诺贝尔经济学奖。曾任瑞典自由党主席和贸易大臣。——译者注

下这些事实看起来与俄林教授的命题相符合，又在什么条件下与李嘉图—陶西格的命题相符合。

有两种可能的情况，因其与本论证的实质无关，所以我们首先把它们放在一边。一种是对外投资收支余额与那些要求收入须在国内用于购买的合同与协议联系紧密的情形，如若没有这类契约，这些收入在一般情况下回流向国外；——之所以把这类契约撇开不谈，除了事实上它们在总量上微不足道之外，还有就是它们在性质上与补贴所供商品的成本相同，这就相当于以牺牲本应取得的利率为代价而降低了它们的价格。

第二种是存在某种形式的金汇兑管理的情况，因此在这种情况下外国流通资产的流动就取代了实际当中的黄金流动。对于本讨论的目的而言，我们把这类变化视同于黄金的流动。

我们且把一国可以避免黄金流动的市场利率值（即使 $G=0$ 的利率值）称为**国际利率**（international rate）。（当然，同一通货体系中不同成员的国际利率彼此并不独立。）

让我们先从只有两个相关国家 A、B 的情况开始，如此则可避免迂回贸易的复杂情况。

且让我们假设，我们是从两国处于 $G=0$、$I=S$ 这样的均衡状况开始的。这意味着，在每一个国家均有：市场利率＝国际利率＝自然利率。

（读者应该还记得，除非国际投资收支具有彻底的流动性，否则这并不意味着两个国家的利率相同。但是，如果在其中一国出现市场利率等于国际利率，则——当只有两个相关国家时——另一个国家的市场利率与国际利率也势必相等。）

接下来，我们再假设投资吸引力在 A 国增加，在 B 国不增加。如此就出现了两个问题需要加以讨论——其一，当新均衡达到时该均衡状况的特征，其二，从旧有均衡状况到新的均衡状况的过渡过程的性质。（如果我们假设在两个国家市场利率上涨不会对储蓄率产生实质影响，这样就可以大大简化表

述，同时又不会改变论证的本质。）

第一，新均衡状态的特征。在每一个国家，市场利率、国际利率以及自然利率都将恢复相等，但所处水平较前为高，与两个国家加在一起所增加的投资边际吸引力相一致——此外，如果没有国际投资收支的流动性，则该水平在 B 国要更高，在 A 国更低；B 和 L 会再次相等，但是其值比以前高。换言之，如此就会有一种有利于 A 国投资增加的投资位移出现，而它以前发生在 B 国。这一位移对两个国家货币报酬水平会产生什么影响呢？

先前在 B 国生产新投资品的那些生产要素，势必转而生产预计会更便利 A 国新投资品生产的其他东西。这种情况会以以下方式出现：B 国的生产要素之前生产从 A 国进口的商品，从而解放了 A 国的生产要素去为 A 国的投资进行生产，此其一；B 国生产要素生产商品向 A 国出口，而这些商品之前是在 A 国生产的，这样就把 A 国的生产要素解放而为 A 国的投资进行生产，此其二；B 国生产要素生产商品出口给 A 国，这些商品可以直接被正在 A 国进行的新投资所直接利用，此其三。

如果这一生产特征上的改变可以在不损害效率的情况下发挥作用，也即如果 B 国可以生产之前在 A 国生产的商品，根据具体情况在 B 国或 A 国售卖，价格亦与之前一样，而生产要素的货币报酬与之前用在其他地方的所得没有减少，企业家也没有任何的损失。若然如此，则没有理由认为，两国在新的均衡下货币报酬率与原有均衡有什么不同。设若 B 国直接生产 A 国所需新投资品的物资尤其富有效率，则与 A 国生产这些商品比起来，这种方式不仅不会带来效率的损失，而且还可以切实地增加效率；在这种情况下 B 国的货币报酬相对于 A 国非但不会下降，在可以想见的条件下，实际上还反而会因 A 国中只能由 B 国生产要素进行有效供给的各类投资的吸引力增加而得到提高。从另一方面来看，如果 A 国的新投资品一定要由 A 国的生产要素生产，而这些生产要素乃是从迄今一直出口到 B 国的商品或嗣后要从 B 国进口的商品之生产中解放出来的，那么，这个假设就恰好相反了；这是因为，

货 币 论 |

除非这样做有其好处，否则 A 国之前把相关的商品出口到 B 国，或者对进口这些商品进行限制就不太可能。因此，一般而言，与原有的均衡相比，相对于 A 国在新均衡状况下的货币报酬率，B 国的货币报酬率势必下降。[1]

一般来说，我们可以这样来表述，两国之间的"贸易条件"将会出现不利于 B 国的变化。贸易条件的变化是由 B 国出口商品价格的比例变化相对于 A 国进口商品这类价格的比例变化来衡量的。这个比率不会与 B 国平均实际报酬率的比例变化相对于 A 国平均实际报酬率的比例变化之比相等，除非由于在一国之内生产要素具有国内流动性，所以使这些生产要素在国内贸易产业中取得的报酬率与国际贸易产业相等。可能我们还应在加上一句，实际报酬的变化当然不会像货币报酬的变化那么大，而且对外贸易在一国经济中的重要性越小，实际报酬上的变化也就会越小。

由于 A 国投资吸引力增加，A、B 两国之间贸易条件发生的变化大小，与转移过程的性质以及造成转移的方式无关。它取决于非货币的因素——实际的情况和容量，以及两国中一国对另一国能以实际效率生产之商品的需求弹性。

贸易条件上的这种改变有时候可能会非常之微小，例如，当英国在十九世纪给国外铁路发展提供贷款时，这些新投资所需要的很多物资，她自己才是唯一富有效率的生产者。由此也不能得出结论认为两相抵消之后，这种新情况对于 B 国就必然不利。这是因为，作为对贸易条件恶化的抵消，B 国拥有三种可能的获利来源，即：其储蓄利率比较高；当之后对新贷款还本付息

---

1 在《国际贸易》一书中，陶西格教授搜集了大量证据，表明事实是证实了该理论的。也就是说，当对外投资增加时，贸易条件对贷出国不利而对借入国有利，贷出国的工资下降而借入国的工资上升——按照他的术语就是，总的实物交换条件和净的实物交换条件会趋向于朝同一个方向变化。我认为，陶西格教授假设出口和进口会与所涉及的其他生产要素进行自我调整，而不是——部分地——彼此相对，未免过于轻率。但是，他关于国际投资对不同国家物价水平的影响之处理，则远远超过了对这一主题的任何其他讨论。

269

或最后还本时，贸易条件的变化将会逆转过来；新投资未来可能使其向来从A国购入的商品之成本下降。

但从另一方面来看，在某些条件下，对B国不利的贸易条件变化可能会相当之大；如果A国对B国的商品征收高关税，而B国无法直接供应A国新投资所需的物资，这种情况尤其可能出现。

当国内外投资支付的相对吸引力出现**突然**变化时，由于生产要素要想改变其活动之性质而又不严重地损失效率是需要一段时间的，所以贸易条件的此类变化在短期当中也可能会很大。正是由于这个原因，所谓的通货"逃离"才会具有巨大的灾难性——也就是说，当出于某些原因一国国民有着极端强烈的愿望将其资金投放到国外时，这种情况就会出现。大战之后出现了一些著名的案例，由于短期内贸易条件受到暂时的重大影响，人们又对货币突然丧失了信任，使得国内外投资收支余额的相对吸引力突然发生变化。

没有估计到贸易条件发生变化造成的影响，可能是卡塞尔教授《外汇购买力平价理论》(*Purchasing Power Parity Theory of the Foreign Exchanges*) 一书最不能令人感到满意的特征。这是因为，这样不仅令其结论在长期当中无效，而且即便用在短期当中，也会为之带来更加让人感到困惑之处，如果这个短期当中还出现了对外投资吸引力方面的急剧变化，情况即是如此。

第二，**转移过程之特征**。我们业已看到，除非两个国家的**相对**货币报酬出现适当的变化，否则**两国**的国际利率是不可能回到与自然利率相等的水平的。但货币报酬率的这一相对变化要么可以由一国承担起全部的冲力，改变自己的绝对利率，同时令另一个国家的绝对利率保持不变，要么可以由两国共同分担这一变化所带来的负担。

如果两国之中每一国均决定保持一定数量的黄金储备，令它与该国货币收入水平维持恒定的比例，则每一国所承受的变化份额就是事先已经决定了的，两国之中较小的那个国家要承担主要部分。但如果两国准备让这个比例做些变动（并且这些变化实际乃是由对外投资的增加所引起，那么一般来

说，即便根本没有黄金从一国流入另一国，这些变化也仅会使黄金储备占总收入的比例发生微小的变化），那么，两国分担绝对报酬率变化的负担之比例就没有确定下来，而取决于事态的发展过程以及转移期间两家中央银行的政策。

为了阐明这一点，我们不妨举一些极端的情况。我们且假设 A 国不反对接收更多黄金，而且无论 B 国政策如何都把它的市场利率固定在与其自然利率相等的水平上，但 B 国则不愿意失去黄金，并把它的市场利率固定在与国际利率相等的水平（当然，后者极大地取决于由 A 国固定的市场利率）。在这种情况下，A 国就不会出现市场利率、自然利率和国际利率不相等的时期，而且其黄金存量也不会出现任何变化，因此，也就没有任何改变其报酬率的需要。是故，变化所带来的全部冲力即由 B 国的报酬率所承担。为了保有其黄金，B 国被迫要令其市场利率高于自然利率，这种情况一直持续到由此造成的紧缩过程使该国的报酬率低到必要的程度为止。

从另一方面来看，如果 B 国打算损失任何数量的黄金，也不愿使其市场利率高于其自然利率，那么，改变所带来的冲力就要由 A 国来承担，A 国要经历一场通胀，一直到它的货币报酬率相对于始终保持不变的 B 国报酬率而言提高到了一个必要的程度为止。

两国之间黄金流量的大小——如果有的话——在某种意义上对于该过程而言也不太重要。这是因为，黄金流动的潜在可能性所带来的结果与其实际的情况结果相同。A、B 两国报酬率的绝对变化量取决于两国中央银行关于自然利率和市场利率之关系所采取的政策。一国之政策基本上若与另一国之政策无关，且在整个转移过程中能令其市场利率最为接近自然利率，则该国的报酬率所遭受的绝对变化会最小。

由于一般而言大家都不愿意损失黄金，而是更愿意接收黄金，所以这就意味着，贷出国通常不得不承受这一变化所带来的冲力。只有当贷出国愿意，并且能够对损失黄金的风险采取超然之态度，它才能把这一改变所造成

的冲力推到借入国身上。

不过，如果是一个老国家借款给一个新国家这种情况，这就可能会存在必要的条件，这些条件使贷出国面临的转移困难有所减轻。这是因为，对外贷款可能是借入国自然利率相对于市场利率趋于上涨的结果（及征兆），这一趋势要受外部世界的条件所支配；在这种情况下，借入国报酬率的上涨可能会出现在贷款之前和贷款之时，在没有这笔贷款时，借入国会与外部世界达成一种非均衡状态。总之，对外贷款会使借入国的国内投资相对于国内储蓄而增加，同时又**不会**像其他情况下那样，由于物价上涨、黄金流失以及随之而来的市场利率提高，使国内投资量发生反应，以致这一发展过程被扼杀在襁褓之中。但是，读者诸君务请注意，所有这些只有在某些其他原因下已经使借入国的自然利率相对于国外利率而出现一种上涨的趋势时才会发生。因此，到底需要贷款是为了在国内新投资自发提高的潮流面前保持现有的均衡，还是涉及一个走向新均衡的引致性的转移过程，二者是有所区别的。

从另一方面来看，如果贷款是由于借入国市场利率的提高所造成，而其自然利率缺乏一种相应的趋势，那么，除非贷出国有能力支撑得起黄金流动大量发生，否则我们就必须得预期对贷出国产生紧缩的影响。这种状况可能是因为借入国银行当局希望增加其黄金存量而处心积虑出台的政策所造成。抑或他们乃是由于其银行体系的性质所造成的某种原因而被迫形成了这一状况，例如，贷款可能是由于借入国为应对金融流通需求的增加而使市场利率提高所造成，而不是因为它的自然利率上升而使市场利率提高所造成。举个例子，1928—1929 年间美国与世界其他国家之间 L 值的变化可能多半是由于美国的金融因素所造成——当时美国正在增加金融流通的需求，而不是由于投资因素所造成；然而，如果美国的高息资金（dear money）乃是因为该国相对于其他国家自然利率提高的缘故，那么，高息资金政策势必不会给世界其他国家带来任何严重的困难，或者压低世界的商品价格，因为伴随着它出现的乃是一种使美国对外贸易余额愈发不利的趋势。

因此，如果是借入国金融因素而非其投资因素所造成的情况，则黄金的流动就会持续地发生，或者——为避免黄金流动——世界其他国家的市场利率将不得不抬高到超过自然利率的水平，结果使各处的投资率下降到储蓄率以下，从而造成利润紧缩的局面。由此说明了利润紧缩（流入膨胀亦是如此）是如何从国际体系的一个成员国向另一个成员国感应性散播的方式；这种散播无须任何重大的黄金流动即可发生，如果其他成员不能或不愿将其黄金存量下降很大，那么他们努力保有黄金势必会使他们产生感应性紧缩。即便出现重大的黄金流动，如果发起这一黄金流动的国家能够吸收大量黄金而又不会被迫令其市场利率下降到与其自然利率相均衡的水平，那么，这种散播也不会发生。[1]

有关这一过程和论点之性质，我已经说得足够多。很显然，有许多例证可以给出。例如，一个不愿意损失许多黄金、且其报酬率对紧缩力量也不大敏感的贷出国，可能会经历从一种均衡状态到另一均衡状态的漫长而痛苦的过渡过程。但这会让我深陷在国际贸易理论的繁文缛节当中，而如果我打算在这方面继续深入下去，那么国际贸易理论本身就可以写出一本书来。如果读者对这一理论感兴趣，我只得让读者们自己去进一步思索了。

不过，如能允许，我可能顺便插入一段，以把上述的论点应用到我与俄林教授在《经济学刊》（1929）上所讨论的德国赔款问题上来。德国的赔款在交付那年发生作用的方式，与强制进行等量对外投资的过程是一样的，不同之处在于，德国在嗣后各年中无法享受对外投资所提供的累积性抵销款项，而且投资也不会与国外自发的变化相互因应，从而直接带来德国的出口需求。我设想俄林教授的观点是这样的，如果贷款接收国采取了适当的信贷政

---

[1] 正如我们将在本书第二卷第三十章看到的那样，在 1890 年代，英国拒绝按照当时国际关系已然调节过的规模对外贷款，此举致使其他每个国家都发生了紧缩。在 1929 年底，似乎法国也可能会重蹈覆辙，起到近乎相同的作用。因为它也是拒绝以恰当的规模（即使 L 适应于 B 的规模）对外贷款，正在引发世界范围的紧缩。

策，那么新的均衡取得的同时，而又无需让德国承担其本期报酬率方面的任何变化之冲力，也无需黄金的任何流动。

这一点无疑是正确的。从理论上来说，这种事情并不是不可能。但我认为，在问题的实际条件下，这很难成为现实。俄林教授要想反对这种看法，就必须对其结论成立所须满足的条件予以更为全面的探讨。

首先来看，这种观点与贸易条件所需的变化量全然无干，因此也就与德国和其他地方的**相对**报酬率以及德国实际工资率的变化大小无干。这一观点所论之问题，只不过是这种相对的变化到底主要是由德国货币工资率的绝对下降造成，还是主要因其他地方货币工资率的绝对上升引起。要找到一种情况，使前一种道路成其可能的条件更好地得到满足，会非常困难。这是因为，德国不可能舍弃那么多的黄金来对世界其他国家的信贷政策产生显著影响。对于借入国的自然利率，并没有一种预先已经存在的、相对于德国的自然利率上涨而上涨的趋势。德国也不可能借助于调整其对外投资增长率的权宜之计，来配合其相对货币报酬率所做的调节（或者毋宁这样说，德国只能通过增加其对外借款方能做到这一点，然而，较之于减少其自身的对外投资余额，对外借款乃是一项更为困难的任务）。我所得出的结论是这样的：如果支付赔款使贸易条件出现重大变化（这并不取决于货币条件，而取决于有关德国和世界其他国家生产力性质的事实情况），那么，通过痛苦（可能还无法实现）的紧缩过程而迫使德国的货币报酬率下降，可能就会势在必行。只有当世界其他国家有意或凑巧鼓励那些导致收入膨胀的趋势，结果减轻了德国达到相对调节这一问题所遭遇的实际困难，抑或出现新的外部条件，很自然地提高了世界其他国家的货币收入水平。

借用德国赔款问题当中如今大家耳熟能详的术语，我们可以在一般情况里使用类似的说法，意思就是用"赔款转移支付问题"来指代进行投资的地区情况发生变化时的转变问题。因此，当国际均衡（即每个国家国际利率与自然利率相等）要求不同国家相对报酬率变化时，则每一个国家的报酬率之

绝对变化量一般来说乃取决于以下两个因素：

（1）所需要的相对变化总量。这取决于由一种地区某类投资所需商品的生产转换到另一地区不同投资所需商品的生产之难易程度如何，效率损失多少，也即贸易条件的必要变化量有多大。

（2）落到每个国家头上的相对变化总量中的比例。这取决于各国中央银行各自在支撑黄金与流通货币之比例方面的政策、相对技术和优势。

第三节　对外投资的国家净收益

我们业已看到，当贸易条件随对外投资增加而变化时，这种变化乃是由于贷出国的生产要素相对于借入国的生产要素必须转换到效率比为转换之前更差（这里所谓的效率更差，既是指技术效率，也是指各类相关的需求弹性）的那类产品上去。也就是说，对于通过交换获取外贸产品而言，他们的边际效率下降了。这意味着交换条件变得对他们不利，这种不利的贸易条件不仅体现在相应于对外投资**增长量**的部分，也体现在他们整个的外贸领域上——当然这要假设在竞争条件下。因为按照我们的定义，生产出口商品以换取进口商品的生产要素的产出量是用交换中可以获得的进口商品量来衡量的，由此可以推断，贷出国生产要素总产出所减少的量，相当于在换取一定量的进口商品时多付的出口商品之损失，或者用本国生产的产品来替代之前的进口商品时所产生的损失。

在新的均衡状况下，实际货币报酬率将会下降，而实际报酬虽然下降的程度较小，也将会下降。但实际的效率报酬则不会改变，这是因为在均衡状况下，按照货币计算的效率报酬以及物价水平必然会按照同样的比例改变。换言之，实际效率报酬率 $\dfrac{E}{O \cdot \Pi}$ 将不会改变；而产出 O 和生产要素事实上的实际报酬 $\dfrac{E}{\Pi}$ 均会减少，且减少的比例相同，其程度与生产要素在新均衡状况

下的效率相比于旧均衡状况下的效率降低的程度相等。

从另一方面来看，用于对外投资的资本的效率则因所取得的更高的利率而得到提升。一国增加对外投资的比例，在权衡之后，到底是受益还是受损，取决于对外投资未来所增加的收入，以及这笔收入在获得支付时贸易条件的改善这两方面的预期收益，与进行对外投资时贸易条件的恶化所造成的直接损失进行比较后的情况；也即是取决于按利率计算的国内投资需求弹性以及我们对世界商品与世界对我们的商品之需求弹性。

为求简化，我们假设：出口行业的报酬与其他行业的报酬相同；在相关的变化范围内，工业收益恒定不变；储蓄总量不变，因出口商品相对于进口商品的价格下跌所带来的损失由 $E_2(p_1 - p_2) - F_2(q_1 - q_2)$，其中 E_2 是新均衡状况下的出口量，F_2 是新均衡状况下的进口量[1]；p_1，q_1 分别是原有均衡状况下出口商品和进口商品的价格；p_2，q_2 是它们在新均衡状况下的价格。另一方面来看，由于利率提高而带来的本期对外投资利益中取得的增益由 $s \cdot L'$ 表示，其中 s 是利率成比例的增加，L' 是新均衡状况下的对外投资贷出量。因此，对于计算中的这两种要素，本国净收益（或损失）为：

$$s \cdot L' - E_2(p_1 - p_2) + F_2(q_1 - q_2)$$

以我观之，对于这个量是正非负这样的结论我们推断不出来的。当一国国内投资弹性很大而进出口需求弹性很小时，我们会预计它是负值。传统学说认为，各种力量自由发挥作用时，对于投资国来说，对外投资量总是一个社会最优量。传统学说可能是根据这样的假设建立起来的：出口商品价格非常微小的下跌就将会造成 B 足量地增加。

另一方面来看，上述说法没有把嗣后进行利息支付时对外投资对贸易条件朝另一方面变化的影响考虑在内，也没有把开发世界资源之后贷出国间接取得的任何利益考虑在内——不过，如果对外投资由其他国家做出，该国同

1　此处忽略了用本国生产之商品替代进口商品所造成的消费者剩余的损失。

样也能取得这种利益。另一方面来看,上述说法也没有对任何转移过程都不可避免的损失计算在内。一般来说,货币报酬不会立即下降到必要的程度;其结果是将出现这样一个中间时期,此时市场利率超过自然利率,从而使总投资少于储蓄而带来营业亏损和失业现象。

如果上述分析运用到德国赔款的"转移支付问题"上来,那就不会有利率提高或贸易条件的随后改善这类抵消项;因此,为建设新均衡而造成的负担为德国带来的损失为 $E_2(p_1-p_2) - F_2(q_1-q_2)$,还要算上转移过程的阵痛与艰难,除此之外还包括实际支付的赔款量本身。

第四节　国际因素造成的变化困局

上文讨论的重要意义在于以下几点。只是国外借款者的需求发生变化,而无需货币状况本身发生任何变化,即可使国内现行货币收入水平陷入非均衡状态。如果借款者打算而且能够提供比以前更好的条件,国内借款者的需求表又没有变化,那么这就意味着对外投资贷款得到增加。结果,黄金将会流出国门,一直持续到货币报酬相对于同样的国外报酬充分下降(国外报酬可能会因黄金流动而略有提高)以使对外贸易余额也相应地增加为止。国内实际收入将要下降的程度则会一部分取决于国内借款者对贷款的需求弹性,另一部分取决于世界对该国出口商品以及该国对世界的进口商品的需求弹性。如果国内投资的需求富有弹性,对外贸易状况缺乏弹性,则这一转移过程所遇到的麻烦和不便可能会非常之大。

当下的公共舆论——至少在英国是如此——主要受十九世纪经验记忆的影响,彼时出于各种原因对外投资对国内货币收入水平的不利影响可能处在最低值。在今日不同环境之下,上述说法对国际贷款高度流动性的国家利益关系之意义,彼时几乎没有谁领会。

在一个古老的国家,尤其是人口不再迅速膨胀的国家,借款而投资于本国的人为吸收本国储蓄所能付出的利息必然会下降。而在新兴国家,这个利

率则将维持不坠，当这些国家渡过了筚路蓝缕的初创时期之后，贷款给它们的估计风险——只要它们注意其作为借款者的声誉——将会降低。因此，那些古老国家的总储蓄中投资国外的比例就会日益增大。这当中有一部分是由其先前的对外投资贷款所取得的利息来应对的。但其他部分必须由这些国家降低生产成本以刺激出口并增加贸易账户的顺差来取得。如果拒不降低生产成本，那么黄金就会外流，银行利率就会上涨，失业就会变成长期现象。如果普遍针对制成品征收关税（而且当这类商品进口增加时提高关税更是易如反掌），从而使外国对古老国家出口商品的需求失去弹性，同时古老国家的工会为货币工资的下降设置了重重障碍，那么，上述这种情况就极有可能发生。

设若国外利率高于本国所能取得之利率，以致大部分储蓄投到了外国，设若外国对本国的大部分出口商品均予征收关税，并且不时提高这些关税以抵消受关税保护国家因黄金流出贷出国所引起的成本水平的上涨趋势，那么，这个国家将会陷入怎样一种困境，具体情况读者不妨自己做一番推想。

举个例子，读者不妨这样来设想，大不列颠无论政府还是个人都不打算在利率高于5%时在国内进行投资，而社会主义化了的澳大利亚的政府却愿意在6%的利率水平上进行发展，二者遵从金本位制度，且彼此间具有着完全的投资贷付方面的流动性；此外，读者还要假定，这样一个假想的澳大利亚根据二者生产成本差异而对大部分的大不列颠的商品制定了滑度关税率（sliding-scale tariff），这个假想的大不列颠的工资实际上是按照货币予以固定的；最后还要假设一点来完成读者的想象图景：在大不列颠，有一场使储蓄占其国民收入比例异常之高的节俭运动，或者是存在一个受财政美德所支配的政府，为求提高偿债基金来使国家债务偿还一清而征收重税。[1]

---

1 读者会很容易地察觉出，我在写上述这一段时，心中一部分的所想乃是英国1929—1930年的状况。因此，需要进行补充的一点是，虽然我认为对外投资的相对吸引力是使困难进一步加重的重要因素，但我并不认为作为对外投资收支余额（转下页）

或者读者可以这样设想，黄金流入国的通货发行当局对其通货体系进行管理，使黄金的流入不会对该国银行利率或货币量造成任何影响。

我们必须重申，所有这些均要服从国际间投资贷付的高度流动性这一假设。若这一流动性不存在，则由于国外物价水平变化所引发的非均衡可能会比存在这种流动性的地方发生得更加突然，后果也更加不堪（原因在于银行利率的变化是不会有利于打破这种影响的）；但是，从另一方面来看，由于国外利率变化所引起的非均衡则可能仅具有次要的意义。此外，即使投资贷付在长期当中具有相当高的流动性，本国也不一定会使其自身承受——除非能够取得抵消流弊的其他利益——短期内国际投资的高度流动性。如果没有短期流动性，那么国外利率的短期变化就没有机会造成严重的不便。关于降低国际投资过高的短期流动性之方法，我们将在本书第二卷第七篇第三十六章进行讨论。

国际间的非均衡状况所带来的变化之严重性，一部分乃在于它们的**无可避免性**。如果我们处理的乃是一个封闭体系，因此只需要满足内部均衡的条件，那么确当的银行政策就总是能够防止发展当中出现的对现状的任何严重扰动。如果信贷的创造率得到规制，从而避免利润膨胀，那么就不存在任何理由遏制货币购买力和货币效率报酬率。但当外部均衡的条件也必须得到满足时，那么就不会有任何银行政策能够避免对内部体系造成的扰动。

这是由于——与国际价值本位的变化全无干系——在借款者的国内和国外需求表方面存在着国内和国外的不一致所致。对于国内和国外的借款者分别而言，这些需求表可能出现彼此截然不同的变化，而且事实上也在发生着这样的变化。当发生这种情况时，现行的对外投资率就会被推翻。因此，除

（接上页）与对外贸易余额不平衡的原因，它不如减少对外贸易余额的那些因素重要；对外贸易余额减少的原因乃是生产报酬和成本压缩没有截至 1925 年的那段时期当中英镑国际价值上涨的程度大。事实上的情况是，对外投资收支余额增加与对外贸易余额减少两种趋势结合而成。对外投资收支余额的增加乃是由外部的长期原因造成，我们对之几乎没有办法控制，对外贸易余额的减少则是由我们战后的货币政策所产生的短期结果。

非一国打算随时接受大量黄金并在其他一些时候放弃大量黄金，又不对国内投资条件和数量——而且无论如何这种情况都不能无限地持续下去——进行修改，否则的话，国外条件的变化，势必会在国内条件下造成非均衡的局面。此外，如果对外投资贷付的流动性高而国内工资率的流动性低，同时需求表对本国的出口商品缺乏弹性，借款对国内投资的需求富有弹性，那么为确保外部均衡而从一种内部均衡状况过渡到另一种内部均衡状况，这一过程可能会困难重重、迁延不决而又痛苦不堪。

即便银行利率的变化只是临时用来校正对外投资率，以保持外部均衡，我们也不可能防止得了它对国内投资率产生反应，因此——在时间太短以致来不及达成更低的工资水平之时期当中——我们也无法防止它对产出量和就业量产生反应。是故，我们早在第十三章就曾声言，作为一种恢复长期均衡的工具，当我们用它来遏制对外投资贷付时，银行利率的一个优点——即这优点朝**两个方面**发挥作用，一方面减少对外投资贷付，一方面增加对外贸易余额——就会变成缺点，或者至少是变成了一个麻烦。对外投资贷付过多可能是由于一些暂时的原因造成，无需我们有任何对工资结构进行痛苦的再调整的意愿，这一再调整的过程必定会先于对外贸易余额产生重大增长而发生。由于银行利率对对外投资收支余额的影响作用既快，理解上又较为容易，然而它对国内情况的影响发挥作用就要慢一些，分析上又较为困难，是故，我们对使用这类双刃剑一样的武器所带来的麻烦，在认识上是很慢的。

第五节　金汇兑管理制度下的相同现象

不仅作为一种权宜之计，而且作为恢复国际均衡的一种刺激手段，若称旧式的国际金本位制度下的黄金流动所具有的优点具有**双重的**效果，亦非溢美之词：也即它既对黄金流失国，也对黄金获得国产生作用，因此，这两个国家**共同分担**了任何必然变化所带来的冲力。这是因为，正如流失黄金会刺激一国立刻提高利率，之后再降低其生产成本一样，获得黄金则会带来相反

的效果。由于对外投资收支余额量 L 取决于本国和外国的**相对利率**，而对外贸易余额量 B 则取决于本国和外国的**相对价格**，所以上述这一点显得非常重要。这是因为，它意味着这一变化的全部冲力不会都压在我们一个国家身上；黄金的流动意味着其他国家被刺激着对我们半路相迎。

但是，如果我们的中央银行不是以实际黄金，而是以外国金融中心的流动资产这样的形式来保有其储备，情况又将怎样呢？ 这类资产量的变化会否也以相互作用的方式来恢复均衡呢？ 对金汇兑管理方法持批评态度的人士——虽然他们也对这一方法作为节省中央银行储备对黄金需求的一种手段表示赞赏——认为，流动资产而非黄金的变动不会以交互的方式起作用，而且还认为对于相关的那些方法，这是一个非常严重的反对理由。当在中央银行 B 所在国持有流动性储备的中央银行 A 为了维持其外汇平价而开始支取其储备时，这与它好像是在流失黄金以改变该国国内的投资贷付条件的动机是一样的。但中央银行 B——按照这种说法——不会有这样的动机；这是因为，B 国没有发生影响投资贷付条件的事情，原因是在 B 国除了某些流动资财所有权之外没有其他任何的改变。

在我们可以断言对于这一批评存在一个令人满意的答案之前，我们必须要对整个问题做一番更为深入的探究。如果中央银行 B 主要受其黄金储备对负债的比例之影响，那么，很显然，其体系内部所涵纳的对外贸易余额量之变化较之于其自身行为的**直接**影响就只是对因其他原因造成的净对外投资贷付量的变化之**直接**影响（这是因为两者的变化相当）。而且，除非 A 国以需求存款形式在中央银行 B 中持有其余额，否则的话，对外贸易余额量的变化就不会**强迫**中央银行 B 以一种根据其自己不受约束的判断来看不利于其自身的内部均衡利率的方式而过早地采取行动，就仿佛实际的黄金流动迫使中央银行 B 过早地采取行动一样。因此在这种情况下，那种对流动资产储备不存在交互的行动之指责，似乎难以站得住脚。

另一方面来看，如果中央银行 B 习惯上基本不把实际黄金的流动视为一

种疾病，而主要把它看作对外投资贷付激励和管理对外贸易余额量之间现存或预期关系的一种**表征**，那么，中央银行 A 与 B 之间流动性余额的变动作为象征，就会与两国间实际黄金之间的彼此流动一样重要而富有意义；因此，对于中央银行 B 而言，它在决定其货币政策时受到一种变动的影响与受到另一种变动的影响都有着充分的理由。但在这一点上，我们必须特别指出，按照前述假定，中央银行 B 手中持有的外国中央银行余额的增加，与中央银行 B 的黄金**损失**差相仿佛。因此，如果中央银行 B 全然把外国中央银行余额的流动与黄金之流动一般对待，那么，它必将（比方说）在其手中持有的外国余额增加时**提高**银行利率，它必须坚持这一政策，直到它所吸引的黄金数量等于外国中央银行余额的增量为止，或者坚持到它吸引外国中央银行所在国国民的资产，迫使这些中央银行放弃其余额为止——无论是这两种情况中的哪一种，对于全世界银行整体而言，这并没有带来黄金的节约。

因此，骤眼观之，我们无法两全其美。要么，批评人士对交互行为的匮乏之指摘合情合理；要么，就是无法真正节约黄金。但是，由于以下的原因，情况不必然如此之糟：

假设中央银行 A 存于中央银行 B 的流动性外国资产之增加或减少，是以中央银行 A′ 存于中央银行 B 的资产之减少或增加为代价而实现的，那么，虽然就中央银行 B 而言没有出现交互行为，但中央银行 A′ 却**存在**一种交互行为帮助中央银行 A 进行了重新调整。此外，如果中央银行 B 被当做其他国家中央银行的票据清算交易所，从而使一间中央银行在 B 中余额的变化通常由另一间中央银行同等数量但方向相反的变化所抵销，则对于中央银行 B 而言，不为其所存的外国中央银行余额之正常总量而保有较大比例的黄金，而是把这种对正常总量的任何量上的偏离视为一种象征，以表明这就需要作与黄金流动大致相同的处理。在这种情况下，我们应当在大家都接受的这一正常的总量范围之内行事，确保为世界真正节约黄金；同时，对于各个中央银行而言，当它们改变其对外贸易余额时，由其他中央银行做出的同样的交互行为

也可以得到节约，情况就仿佛这些中央银行在改变黄金存量一般。

然而，事实上，实际情形很不幸并不像这种理想情形那样好。这是因为，这种理性情况要求满足两个条件：首先，各个中央银行关于其金汇兑储备的正常总量当为何值，应有一个稳定的政策；其次，这些储备应全部集中于一个中心，或者若要分在几个中心，则每个中心的正常总量也应稳定，从而（在不同利率之类的影响下）使各个中心彼此之间不会出现流动的风险。如果这些条件无法得到满足，那么，就必定会有所牺牲，要么是牺牲交互行为，要么就是牺牲对黄金的节约。

不管怎么样，一种体制，如若整个世界的中央银行对金汇兑准备金的依赖程度与其对实际黄金的依赖程度相比高度不稳定，而且这种准备金又能够在利率变化的影响下大量从一个中心转移到另外一个中心，比如说在纽约和伦敦之间所做的这种转移，而这种利率变化可能是由对本地而非国际情况的考虑所决定，那么，这个体系一定极易以一种非常不稳定且让人感到不满意的方式运行。实际上，我认为上述讨论一般会导致这样一种结论的得出：金汇兑体制唯一令人感到满意的运行方式就是处于一间国际银行的庇护之下，这间国际银行是中央银行金汇兑准备金的唯一存款地；各中央银行的顺差总额将由国际政策方面的考虑决定；其余额一般不以黄金形式支取，而只会由一间中央银行转移到另外一间中央银行。在这样的体制下，各中央银行在该国际银行中所持有的准备金比例才真正是黄金的替代物，一国与另一国之间交互行为的好处才能充分维持。不过，对国际银行计划的进一步审视，要推迟到本书第二卷第三十八章再做讨论。

转过来看当下的现实问题，我们会发现金汇兑管理要想以完全让人满意的方式运作，也还是存在其他一些障碍的。首先，一个银行体系作为准备金而在另一个银行体系的范围之内保持的流动性资产量，我们并不能总是对之有着精准而及时的认知。因此，这些量上的变化不像实际黄金量的流动那样明显而易于觉察。诚然，允许中央银行的准备金在量上发生波动而不为人

普遍知晓，这样更大的秘密性有时候在该银行的眼中乃是其在自家金库保有外国流动性资产而非黄金的凭据。

至于我们对外国余额变动之认识所具有的模糊性，则是由于我们喜欢保密所致，对此各国中央银行就只能去责怪他们自己了。但是，这也可能是因为在目前的讨论当中就哪些应被视为外国银行准备金存在着某种模糊性而导致的。一类资产是逐步转化为另一类资产的——从中央银行余额转化为会员银行余额、银行票据、国库券、其他短期证券以及普遍地具有着国际市场的证券。在有些情况下，会员银行也习惯于大规模持有外国流动性资产，此时我们也不清楚我们为什么要把注意力完全集中在中央银行的资产上。这是因为，这些资产之间真正的区别乃在于，到底是将资产存在外国来作为应对本国整个银行体系的突发情况之准备金，还是央行把它当做投资所具有的吸引力而存到国外去的。这一困难的解决，只能从拥有着上述各个方面的最大量的可能信息，然后运用其实际的判断力判定对任何一项或多项下的变化应该给予多大程度重视的中央银行那里给出。的确，中央银行不但应该对本国范围内的任何外国资产的绝对量全部知晓，也应该对其变化完全了解。

另外一个实际的障碍是这样一个事实：虽然金汇兑管理的办法通常被当做节约黄金的手段而广受赞誉，而且实际上也在相当大的规模上这样付诸实践，但是，由于惯性力量，各中央银行仍然习惯于对黄金流动而非其他重要因素更加关注。

此外，经过这一番研讨之后，我们必须承认，设若国家体系发展出了一些举措，明确以有力量在短期内不过于敏感地受外部事件影响而维护国内均衡为目标而保有着大量流动性准备金资产，那么，交互行为一定更加不可靠——除了发生重大变动并在较长时期之外。这是因为，战前金本位被认为提供的那类交互行为使每个国家的内部均衡都要服从于无论多么微小或短暂的外部变化；而中央银行的总准备金安全的余裕越大，它对其他中央银行的莫测变化进行交互反应的意愿就越低。

第六节　没有国际贸易本位时的相同现象

到目前，我们一直假设存在一个有效的国际贸易本位。最后，我们必须考虑一下没有这类本位时的情况——例如，从战争刚刚结束到 1924—1929 年普遍回到金本位之前这段时间世界上很多国家就是这种情况。

当对外贸易余额 B 和对外收支余额 L 之间的不一致无法由允许黄金流动而予以弥补时，对外汇所造成的压力显然势必会改变本国与世界其他国家之间的汇率发生改变，其改变的程度一定要达到使这种不一致消失为止。总之，保持外部均衡的有效机制基本不再是银行利率的变化，而是对外汇率的变化。在保持外部均衡方面，银行利率始终是一个次要的工具，而在保持内部均衡方面则是一个主要的工具。但是，与上述假定存在国际贸易本位的情况相比，由外部扰动而造成的均衡转移之性质已经有了相当大的改变。

外汇汇率的变化所产生的影响虽然在某种意义上与银行利率的改变很相似，但是其产生效果的**方式却是相反的**——我们后文将看到。而且，它还可以立刻使某些力量发挥作用，这些力量在银行利率变化被用作恢复均衡之工具时全然不存在，至少起初的情况是这样。外汇汇率方法和银行利率方法之间的主要差别可以作如下分类：

(1) 我们把能够在预期的外汇汇率变化范围内，无论是进口品还是出口品，只要是进入外贸的一切商品，都称为对外贸易商品 (foreign-trade goods)，也包括那些实际上虽然没有进入对外贸易而在国内使用，但在上述意义下又与对外贸易商品确属同类的商品。是故，B 的增加与国内生产的对外贸易商品剩余的增加是一回事，此处所谓**国内生产之剩余** (surplus home production)，乃是指国内生产的此类商品超过国内投资或国内消费所用之量的过剩量。因此，一国增加其对外贸易商品的剩余产量，就可以增加其对外投资量。类似地，我们可以把国内生产的所有其他商品均以**国内贸易商品** (home-trade goods) 名之。当对外汇率改变时，所有对外贸易商品的价格按

照当地货币衡量时立时就发生了改变，然而最初的时候并不会起到什么作用来使国内贸易商品的价格发生改变。我们假设需要加以补救的非均衡状态是 B 相对于 L 来说不足，让我们来审视一下对外汇汇率政策与银行利率政策在作为恢复均衡的手段方面就此种情况下的作用方式而言有什么异同。

如果为了让本地货币进行适当程度的贬值而改变外汇汇率，那么，通过**提高**对外贸易商品的价格，同时使国内贸易商品价格保持不变，均衡即可得到恢复，这样一来，就可以吸引企业家增加前者的产量，结果是增加对外贸易商品的剩余产量，也即增加了 B。从另一方面来看，如果将银行利率提高到一个适当的程度，有些力量就会开始发挥作用，从而在**降低**国内贸易商品的价格，又使对外贸易商品的价格保持不变（我在谈的是大体的情况，并未涉及细节）。我们在前面说，这两种方法的作用方式相反，所指即在于此。在前述的假定情况下，外汇方法通过膨胀的作用来恢复均衡，而银行利率方法则是通过紧缩的作用来产生类似的相对变化。从另一方面来看，如果这种非均衡是由于 B 相对于 L 来说过大导致，那么，通过紧缩而发生作用的方式就是外汇方法，而通过膨胀而发生作用的方式就是银行利率方法。因此——如果摩擦并不是大麻烦——遭遇最小抵制的路线就是在前一种情况下使用外汇方法，在后一种情况下使用银行利率方法（不过，如果我们在具体环境当中始终遵循最小抵制的路线，则结果将是物价的长期趋势始终上涨）。

但是，这可不是这两种方法之间唯一存在差别的地方。对外汇率方法的特征是**直接**对相对价格水平发挥作用（无论是上涨还是下跌），而银行利率方法的特征则是**间接地**发挥这种作用，因此就有一定的时滞。另一方面来看，银行利率方法的特征是**直接**对 L 发挥作用。这些特征中哪一个更好，取决于 B 和 L 之间的非均衡到底是由国外利率的变化造成，还是由国外物价水平的变化造成。在前一种情况下，新的均衡状态无法仅由汇率政策达到，而迟早必须伴之以银行利率的变化。的确，假设国内外货币收入的平均水平最终保持不变，则新的对外汇率均衡利率与先前均衡利率之间的差别，将仅会

达到与贸易条件的改变相符合的程度，而贸易条件的改变量则与之前一样，须取决于两国生产和投资的事实情况而定。但在后一种情况下，银行利率方法在投资率上造成了一种并不必要、且就其自身而言还有害的扰动，只有为最后对生产的货币成本造成影响才应用这一方法，将来还一定会返转回来。为了达到国内货币收入与之前处于同样水平的新均衡状况，除了在对外汇率上做出适当改变之外，并不需要做出任何其他的变化。

现在，我们可以把选择问题总结如下：如果非均衡是由于改变国外物价水平所致，则对外汇率方法有好处，因为该方法保持了外部均衡的同时又全然不必打破内部均衡；但是，如果非均衡是由于国外汇率变化所致，则长期来看采取银行利率方法就是必要的，而且只有在相对利率变化涉及了贸易条件的重大变化（假设维持国内货币收入的稳定是我们的目标），对外汇率方法才有兼而用之的空间。其次，如果这种非均衡纯粹是暂时的，无需做持久的重新调整，那么，暂时使用对外汇率方法的好处在于，它可以迅速而直接地对物价产生作用，而银行利率方法则可能只有到了对外汇率方法为时太晚以致无法产生作用时才会带来预期的结果。这是因为，在这种情况下，对外贸易商品和国内贸易商品物价水平彼此相对的震荡可以对 B 进行充分的改变，从而克服昙花一现的非均衡原因，而无需在货币收入或储蓄与投资均衡方面造成严重的扰动。

因此，如果假定中央银行各个明察秋毫、智虑超凡，那么——在符合下文（2）中的条件下——似乎中央银行在它们的武器库中还同时有两种武器可用，只要时机合宜即可。

（2）但是对外汇率方法还有一个重要的副产品。关于外部世界的预期汇率的不稳定性，将对 L 的大小产生深远的影响，这种影响趋向于减少对外投资贷付额，而且还同样（如果本国是借入国的话）会倾向于减少对外投资的借入量。因此，在这两种方法之间的选择，可能不仅要考虑到上述列举的技术性货币条件，也要考虑到我们基于一般性的社会和国家政策而到底是鼓励

还是阻抑对外投资贷付（或借入）。

(3) 而且，由于短期投资贷付量上的波动取决于国内外利率之间相对微小的差额，所以这些波动在本国国内经济中所起的作用更要小一些。这是因为，还将有另外一个支配 L 的因素出现，这就是对于外汇未来行情的预期。这一点已经为大家所熟知——此乃战后经验的结果——以致我无需再对之进行详述。如果对外汇率上的波动预计围绕一个缓慢移动的法线进行短期的上下摆动，那么 L 相对于 B 的每一次过剩或不足一旦有时间影响到对外汇率，就会趋向于使矫正力量发挥作用。这是因为，当对外贷款得到偿还时盈利或亏损的前景会始终使 L 沿着从保持外不均衡的立场看值得期许的方向运动。[1] 但如果对外汇率的变化被认为是朝着同样的方向累积和继续向前变化的开始，那么其影响将会不断加重非均衡情况，并使 L 沿着所期许方向的反方向运动。

在下文中，我们且忽略当地非**兑换**货币 (local *fiat* money) 的情况不谈，此种情况下这种货币无客观本位，而且完全处于软弱或错误的管理之下；我们要假设的情况是，对当地货币的管理长期来看要受货币价值内部稳定的某类标准所支配。

根据这一假设，这类货币体系的行为与国际贸易本位下货币体系的行为之间的显著差异在于：首先，B 对外部变化的敏感性更为直接；其次，L 对国内外相对利率的变化敏感性更迟缓；第三，引入了一种新的影响 L 而非相对利率变化（即对外汇率的变化）的新方法；第四，可能使对外投资率发生变化而无需改变货币收入的平均水平。

在本章当中，我不打算对国际贸易本位和本地贸易本位各自的优劣短长做一番比较——这个主题当属于第二卷的内容，事实上，在那里我会对两者

---

1 我们将在本书第二卷第七篇第三十六章对此方法的技术性质予以更为详尽的检视。

做一番折中。不过，以我观之，二者最重要的区别——无论哪一种本位更加有利——乃在于以下方面：

对于本地贸易本位，中央银行有时候所面临的两难困局——即无法同时维持内部均衡和外部均衡的问题——本身就远不那么剧烈了。如果中央银行能够自由改变外汇汇率及其市场利率，适时适量地运用每一种方法，那么因普遍失业而流行的损失财富和产出的风险就会小很多。这是因为，对外贸易商品价格的直接变化基本上可以代之以失业，以之作为保持和恢复外部均衡之因果链中的第一环节。其不利之处在于对外投资流动性的下降（如果这是一个不利之处的话）。

很显然，我们并没有关于哪一边好处更大这个问题的一般性答案。对这个问题的回答，一部分取决于对外贸易产业部门在本国国民经济中所具有的相对重要性。但这并不是全部答案。这是因为，这个问题同时也取决于在没有对本地利率的剧烈变化进行人为抑制时，相对于那些可以由贸易条件的适度变化所迅速引起的对外贸易余额量的相应波动而言，对外投资贷付量的潜在波动幅度是不是很大。对于最后这一点的回答是并不会导致对世界其他国家关税政策的影响——这是因为对外投资贷付率对于微小变化所具有的高度敏感性若不伴以对外贸易对于微小变化同等程度的敏感性，那它可能就会带来不便，甚至还很危险。

附 录

录自 1932 年 9 月与 10 月号的《美国经济评论》（*The American Economic Review*）。[1]

凯恩斯《货币论》中的一个根本错误

在这篇短论中，我希望大家能够注意到凯恩斯基本方程中的一个重要错误。就这整部书而言这一发现的含义及其意义，要求本书作者日后尝试着给出进一步的处理。

凯恩斯先生的第一个方程——处理的是消费品物价水平——是由下面这个不证自明的命题推出的：$PR = E - S$。以此方程为起点，可以得到最终的形式 $P = \dfrac{E}{O} + \dfrac{I' - S}{R}$，这其中新投资成本 I' 表示的是 $E\dfrac{C}{O}$，后者表示资本品的实际单位与整体产出的实际单位之比再乘以包括企业家正常回报在内的所有生产要素的报酬。

这个恒等式虽然对于基年而言正确无误，[2] 但除非是在一种绝不可能从

1　此番重印，得到了《美国经济评论》杂志编辑以及汉森教授（Professor Hansen）本人的允准。

2　我要在此对我的同事赫伯特·托特先生（Mr Herbert Tout）表达我的感激之情，正是他向我表达了这样的意见：凯恩斯在测量产出的实际单位时使用的方法或许存在问题。

现实世界当中发现的条件下，否则对于往后年份它就不成立了。这个条件是这样的：生产技术的变化对生产资本品的要素效率报酬的影响和对消费品生产的要素效率报酬的影响必须完全相同。我们举例来说明一下：假设一项新技术使从事资本品生产的工人的效率提高一倍，但消费品生产领域却未曾发生这样的技术革新。由此可知，C 提高了一倍，O 增加的大小与 C 的新增产出量相同（我们且认为增加量可能是七分之一或十分之一）。因此，$E\dfrac{C}{O}$ 是增大了的。但我们并没有理由认为生产更大量的 C 所造成的货币支出超过从前，因为所增加的产出并不是由于使用了更多的要素所致，而是提高了生产资本品的那些生产要素的技术效率所造成。总之一句话，虽然 $E\dfrac{C}{O}$ 增加了，但 I' 却保持不变。

从这个例证中我们将看到，在除去基年之外的其他年份里，只有当技术进步同时发生，而且在资本品领域和消费品领域其发展的程度相同时，$E\dfrac{C}{O}$ 才等于 I'。

阿尔文·H. 汉森（Alvin H. Hansen）

明尼苏达大学

凯恩斯的基本方程：一个注释

在一篇名为《凯恩斯〈货币论〉中的一个根本错误》的短论中，阿尔文·汉森教授提出了一个关于在我的书第 135—137 页 ［本版中（原书）第 121—124 页］所使用的单位问题。我承认他发现了我的疏忽之处，因为在我的基本方程里我所使用的单位事实上与我所定义以及我自称将在（原书）第 135 页使用的那些单位并不相同。但这一点很容易得到纠正，而且我认为汉森教授觉得它具有深远的重要意义并不正确——因为恰如我们所预计的那样，以一种根本不引入这些单位的形式来表达方程的实质内容亦无不可。

我犯下的错误可以像下文这样予以纠正：

在（原书）第135页我写道："我们以这样一种方式来选择商品量的单位，即要使一单位的每种商品在基期（base date）具有着相同的生产成本"，然后我继续把 O 单位产出分成 R 单位消费品和 C 单位投资品。如果一旦（如此定义的）一单位投资品的生产成本在某个后面的日期下降到一单位消费品成本的 k 倍，而不是像基年中那样彼此相等，遇到这类情况我们都必须要加点小心才是。到底是像我在书中呈现的那样对方程稍加复杂化，还是对我关于单位的定义略做改变，我们可以做个选择。且让我们依次对这两个选项进行深究：

(1) 如果继续像（原书）第135页所实际定义的那样使用这些单位，我们可知，由生产消费品而得到的收入量将为 $E\dfrac{R}{R+k\cdot C}$ 而非 $E\dfrac{R}{R+C}$，因此我的方程本应写作：

$$P\cdot R=E-S=E\frac{R}{R+k\cdot C}+I'-S$$

以及

$$P=\frac{E}{R+k\cdot C}+\frac{I'-S}{R}$$

(2) 但本书所印的方程为：

$$P\cdot R=E-S=E\cdot\frac{R}{O}+I'-S$$

以及

$$P=\frac{E}{O}+\frac{I'-S}{R}$$

如果我们像下面这样更改对单位所下的定义，那么这两个方程仍可保持不变："我们把消费品的单位选为基年单位成本所指向的量，把任意一年投资品的单位选为该年与一单位消费品的生产成本相同的量。"

我定义的单位与我的方程式中实际所指的单位之间的这种不一致，曾由新南威尔士工业委员会（the Industrial Commission of New South Wales）的 D. T. 瑟金斯先生（Mr D. T. Sawkins）指出来给我过，在此之前一段时间，剑桥大学国王学院的 R. F. 卡恩也曾指出来过，汉森教授是第三个，他们三人都是独立地发现这一点的。以后再版，我会把这一疏忽按照上面两种办法中的第二种来进行更正，也即修改对单位所下的定义，这可以让现有书中的所有方程式一仍其故，不必再作更改。

J. M. 凯恩斯

剑桥大学国王学院

1932 年 10 月 11 日 R.F.卡恩致凯恩斯的信

这看起来很不错。平心而论，很多年前我就一直想告诉你这一点，但你不愿意考虑任何不相干的困难，以免使你的方程复杂化。[1]我明白，你已经指出过，这个错误无关紧要。

当你谈到"由生产消费品而得到的收入比例"时，难道不是 $\dfrac{R}{R+kC}$ 要比 $E\dfrac{R}{R+kC}$ 更合适吗？

你的

R. F. K.

---

1 彼时我本人的看法是，你的态度完全正确，但你或许本应给出一个脚注，以指明你的假设。不过，我们应该已经把问题说清楚了。